【旅游产业创新与发展丛书】

# 城市旅游竞争

## 过程、动力机制及空间效应

徐喆 甘静◎著

本书得到国家旅游局旅游青年专家培养计划项目（TYEPT201415）、吉林师范大学博士启动基金项目“城市旅游竞争的过程、动力机制及空间效应研究”(吉师博2017017)、吉林省社会科学基金项目“吉林省与毗邻省份城市旅游竞争的动力机制及空间效应研究”（2018B56）的资助。

TOURISM COMPETITION IN CHINESE CITIES

The Process, Dynamic Mechanism and Spatial Effect

经济管理出版社
ECONOMY & MANAGEMENT PUBLISHING HOUSE

**图书在版编目（CIP）数据**

城市旅游竞争——过程、动力机制及空间效应 / 徐喆，甘静著. —北京：经济管理出版社，2020. 8

ISBN 978-7-5096-7313-3

Ⅰ. ①城… Ⅱ. ①徐… ②甘… Ⅲ. ①城市旅游—市场竞争—研究 Ⅳ. ①F590. 75

中国版本图书馆 CIP 数据核字（2020）第 139200 号

组稿编辑：王光艳
责任编辑：魏晨红　詹　静
责任印制：黄章平
责任校对：陈晓霞

出版发行：经济管理出版社
（北京市海淀区北蜂窝 8 号中雅大厦 A 座 11 层　100038）
网　　址：www. E-mp. com. cn
电　　话：（010）51915602
印　　刷：三河市延风印装有限公司
经　　销：新华书店
开　　本：720mm×1000mm /16
印　　张：12. 25
字　　数：214 千字
版　　次：2020 年 8 月第 1 版　　2020 年 8 月第 1 次印刷
书　　号：ISBN 978-7-5096-7313-3
定　　价：68. 00 元

# 目录

# 第一章 绪论

## 第一节 研究背景

### 一、"旅游+"深度发展成为稳定经济发展的新增长点

工业社会初期旅游与城市发展是背道而驰的，工业化城市的迅速发展导致环境污染、生态破坏、工作生活紧张、身心疲惫等所谓的"城市病"，推动人们逃离城市，渴望回归清新、安逸的自然界，此时寻求某一旅游品牌的城市自然成为了旅游客源产生地（刘素平等，2008）。随着工业化进程的推进，城市综合实力不断提升与增强，城乡一体化建设进一步推进，城市全域范围内的基础设施得以进一步完善，生态环境得到治理与改善，人文环境也得到全面提升，城市的有机更新使之具备了休闲、游憩、度假、娱乐、接待等旅游功能，旅游这一新兴业态也渗透到每一个角落。在这无论是"旅游+"还是"+旅游"的进程中，无不说明旅游具有高度的融合性与嵌入性。其反映在现实发展中：一方面，旅游业与城市环境、文化、体育等产业的关联度越来越高（王慧敏，2007），城市内的诸多产业通过一定改造，与旅游业融合，不仅增添了旅游功能，还创造了附加价值；另一方面，城市其他产业围绕旅游消费新趋势，利用原有生产能力，不断发展旅游装备制造业和旅游中介服务产业等，创造了新的产业体系（徐福英等，2012）。在我国稍有特色的城市都会把发展城市旅游作为经济发展的增长点，甚至将其作为一个城市的名片；很多老工业城市将发展城市旅游作为城市转型与复兴的重要战略（郑嫜婷等，2006），陆林（2005）甚至认为旅游是促进老工业地区或城市"再生"的重要动力；西部经济落

后的偏远地区，更是通过旅游资源的挖掘和旅游市场的培育给城市带来了新的发展动力与机遇。根据旅游产业贡献程度，我国已有相当多的城市将旅游产业列为主导产业、支柱产业来重点培育和扶植，以此成就城市或区域的可持续发展。

## 二、城市旅游竞争是参与全球化和区域一体化的重要特征

旅游作为新兴产业，以其带动相关产业发展、刺激消费需求、创造直接就业机会、扩大对外影响、改善民生、提升国民精神文化享受等优势为众多参与竞争的城市所青睐。据《中国旅游报》报道，2013 年中国旅游业增加值占全球 GDP 的 9.5%，对全球经济增长的贡献率达 3.1%，创造了 1 亿多个直接就业岗位。由于这一经济利益驱动，促使越来越多的城市不仅把旅游当作一个产业来发展，而且还直接将整个城市作为旅游吸引物或是旅游目的地来“营销”自己，从而走向世界旅游业和全球经济市场的竞争舞台。

正因如此，城市之间的旅游竞争也成为一种全球化发展中的“新常态”，很多城市都把建设现代化国际旅游城市作为积极参与全球经济竞争和世界旅游竞争重要举措（见表 1-1）。世界旅游组织预言，2020 年中国将成为世界最大的旅游目的地国家和全球第四大旅游输出国。目前，北京、上海、杭州、广州、深圳等众多城市已相继提出建设“国际旅游城市”的宏伟目标，旅游国际化已是我国很多城市响应全球竞争的积极之举。在国内，竞争也依然如此，以创建中国优秀旅游城市为例，1995 年 3 月国家旅游局发出《关于开展创建和评选中国优秀旅游城市活动的通知》，该活动一经推出，立即引起全国上下众多城市的响应。截至 2009 年，全国共有 339 个不同规模和级别的城市通过努力与竞争获此殊荣（见表 1-2），这一方面说明 20 世纪 90 年代末期至 21 世纪初是我国城市旅游迅速成长的阶段，积极参与竞争是众多城市发展的共同选择；另一方面也证实了我国旅游业的竞争已经从资源竞争到产品竞争、产业竞争转向区域竞争阶段（倪鹏飞，2004）。相较于过于宏观的省域旅游和发展尚不成熟的县域旅游，城市旅游业发展更加成熟，基础设施、人才建设、资金保障、旅游统计等各方面建设更加完善（沈惊宏等，2012；方叶林等，2013）。市域旅游经济是我国旅游业发展的基础，区域旅游竞争主要是通过以市级行政单位为载体的城市旅游竞争来进行。

**表 1-1 以建设国际旅游城市为目标的城市**

| 城市 | 建设目标 | 提出时间（年份） | 城市 | 建设目标 | 提出时间（年份） |
|---|---|---|---|---|---|
| 黄山 | 国际旅游城市 | 1996 | 大连 | 国际旅游城市 | 2005 |
| 上海 | 国际旅游大都市 | 2002 | 厦门 | 国际知名旅游城市 | 2005 |
| 青岛 | 国际旅游城市 | 2003 | 洛阳 | 国际旅游城市 | 2006 |
| 西安 | 国际旅游城市 | 2004 | 乌鲁木齐 | 国际旅游城市 | 2006 |
| 杭州 | 国际旅游城市 | 2004 | 拉萨 | 具有高原和民族特色的国际旅游城市 | 2009 |
| 苏州 | 国际旅游城市 | 2004 | 南京 | 国际旅游城市 | 2011 |
| 北京 | 国际旅游城市 | 2005 | 天津 | 国际旅游城市 | 2013 |
| 深圳 | 国际特色旅游城市 | 2005 | 承德 | 国际旅游城市 | 2014 |

**表 1-2 中国优秀旅游城市统计** 单位：个

| 省份 | 数量 | 省份 | 数量 | 自治区、直辖市 | 数量 |
|---|---|---|---|---|---|
| 河南 | 27 | 江苏 | 28 | 广西 | 12 |
| 四川 | 21 | 浙江 | 27 | 西藏 | 1 |
| 贵州 | 7 | 安徽 | 10 | 内蒙古 | 11 |
| 山东 | 35 | 福建 | 8 | 宁夏 | 1 |
| 山西 | 5 | 江西 | 9 | 新疆 | 13 |
| 陕西 | 6 | 湖北 | 12 | 天津 | 1 |
| 河北 | 10 | 广东 | 21 | 北京 | 1 |
| 云南 | 7 | 辽宁 | 18 | 重庆 | 1 |
| 海南 | 5 | 吉林 | 7 | 上海 | 1 |
| 青海 | 2 | 湖南 | 12 | | |
| 黑龙江 | 11 | 甘肃 | 9 | | |

资料来源：中国旅游网（http：//www. cnta. com/）。

## 三、快速城镇化进程为旅游深度发展营造了更广阔的空间

根据《2014年国民经济和社会发展统计公报》，2014年末我国大陆总人口为136782万人，其中城镇常住人口为74916万人，城镇化率已经达到54.77%，参照世界主要发达国家城市化进程的“S”形曲线（见图1-1），我国城镇化正在经历快速发展的时期（李德华，2001）。城镇化的快速推进赋予城市新的发展要求，如“经营城市”“以人为本”“多产业融合”，用多元城镇化动力替代以往一元或二元城镇化动力（李越敏，1998）。一方面，在推动城镇化发展的诸多动力因素中，旅游作为一种特殊的动力因素（蔡建明，1997），由于具有准入门槛低、产业关联度高等产业属性，能有效地刺激与带动商贸、地产、交通、娱乐、饮食以及服务等行业的发展，被认定为一种新的城镇化发展模式（陆林，2005）。因此，在城市经济的快速发展过程中，旅游业为众多产业增添了翅膀，加速工业、文化、教育、健康等产业与旅游的深度融合，繁荣城市经济。另一方面，城市化的加速推进，集聚了更多农村人口，也进一步为农村旅游资源挖掘、土地空间整合、生态环境优化和旅游大项目的招引带来了更多契机，从而使更广阔的农业空间、山地资源、水域资源迎来了从单一的保护和低效益产出向低碳、集约、美丽的旅游经济时代迈进。

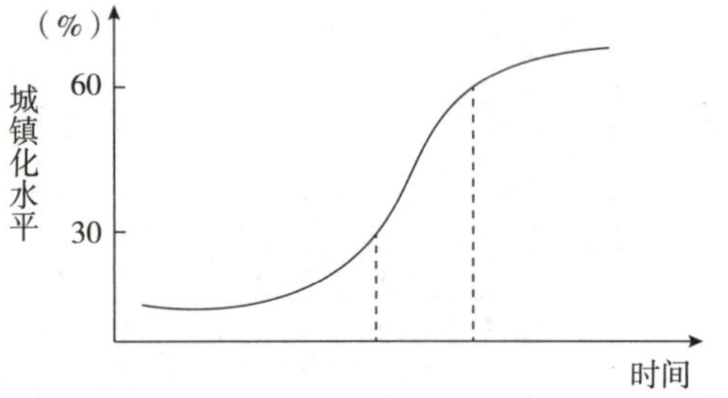


**图1-1　城镇化水平发展的“S”形曲线**

## 四、“全域旅游”的兴起激发了城市旅游竞争的进一步升级

我国旅游产业发展由20世纪80年代的小旅游、90年代的中旅游，跨

越新世纪又升级为大旅游，而今又转向“全域旅游”发展的新征程。从概念上看，“全域旅游”是指在一定区域内，以旅游业为优势产业，通过对区域内经济社会资源尤其是旅游资源、相关产业、生态环境、公共服务、体制机制、政策法规、文明素质等进行全方位、系统化的优化提升，实现区域资源有机整合、产业融合发展、社会共建共享，是以旅游业带动和促进经济社会协调发展的一种全新的区域协调发展理念（李金早，2016）。其作为当下炙手可热的一项旅游产业重要战略部署，受到了学者们的普遍认同与关注（石培华，2016；张辉等，2016；李志飞，2016；厉新建等，2013；厉新建等，2016）。在某种程度上可以理解为是对“大旅游”的空间认知延伸，是人们对于旅游业的认知从产业层面扩展到了空间层面，使旅游产业的空间分布特点及其所依托空间得到了充分重视（郭毓洁等，2016），而以市域为单元的行政区域则无疑是承载“全域旅游”的重要载体和依托。目前，“全域旅游”发展理念一经提出便得到了不同等级城市的积极响应，2016 年分两批次共计 261 个市县区域成为国家全域旅游示范区创建单位（见表 1-3），通过旅游寻找发展出口必将促使城市旅游在资源、资本、技术和市场等多方面展开激烈竞争，“全域旅游”将促使城市旅游竞争不断升级。

**表 1-3 全域旅游示范区创建单位在我国的分布** 单位：个

| 省份 | 数量 | 省份 | 数量 | 自治区、直辖市 | 数量 |
|---|---|---|---|---|---|
| 河北 | 11 | 河南 | 10 | 北京 | 3 |
| 山西 | 5 | 湖北 | 12 | 天津 | 3 |
| 辽宁 | 11 | 湖南 | 13 | 上海 | 3 |
| 吉林 | 15 | 广东 | 7 | 重庆 | 5 |
| 黑龙江 | 6 | 海南 | 19 | 内蒙古 | 5 |
| 江苏 | 8 | 四川 | 11 | 广西 | 10 |
| 浙江 | 9 | 贵州 | 11 | 西藏 | 2 |
| 安徽 | 11 | 云南 | 6 | 宁夏 | 6 |
| 福建 | 9 | 陕西 | 13 | 新疆 | 7 |
| 江西 | 11 | 甘肃 | 5 | | |
| 山东 | 12 | 青海 | 2 | | |

资料来源：中华人民共和国国家旅游局网站（http：//www. cnta. gov. cn/zwgk）。

## 第二节 研究意义

### 一、理论意义

城市是我国旅游业发展的重要空间载体和依托，城市旅游发展是我国城市经济的重要组成部分。在经济全球化与区域经济一体化背景下，竞争是经济发展和制度变迁的主要动力之一，其已成为城市旅游的主流、特征及最重要的机制，因而关于城市旅游竞争的研究意义重大。

目前，关于城市旅游竞争的研究成果较多，从相关研究文献来看，依据研究发展的先后顺序及主体内容分别是对旅游资源禀赋及旅游吸引力竞争，旅游需求竞争，城市旅游形象竞争，知识、技术与人才对城市旅游竞争的影响，以及城市旅游竞争力及提升策略等方面的研究，其中较多的成果停留在城市旅游竞争力评价与指标体系构建的探讨之中。竞争是竞争力形成的本源，城市旅游竞争力形成表现于竞争的过程和结果中，但是城市旅游竞争的结果未必会带来所有城市旅游或旅游城市的整体发展与竞争力的有效提升。城市旅游竞争的影响因素有哪些？其作用机制又是如何运行的？城市旅游竞争是否存在空间效应？空间效应表现如何？目前鲜有学者对其进行归纳和总结。本书试图解答上述提出的问题，即探究城市旅游竞争产生与发展的过程、动力机制及其空间效应，在一定程度上能够丰富和拓展城市旅游竞争研究的理论内容。

### 二、实践意义

目前，我国旅游产业以城市作为最重要的根据地已开展起来，旅游功能是城市职能的重要构成，并且在新一轮城市化推进过程中扮演着越来越重要的角色，其甚至成为城市化的一种特殊动力因素。许多城市都将发展旅游业作为促进城市转型，调整产业结构的重要引擎，城市之间的旅游竞争也随之加剧。因此，探究城市旅游竞争产生与发展所需动力的作用机理及空间效应，除了可为地方政府在政策制定、规划落实、旅游产业扶持、依法治旅、城市建设及项目投资等方面提供理论支撑之外，还能够在城市个性旅游形象塑造、城市环境构建、旅游产品差异化及创新等方面采取良性竞争措施，以避免盲目、无序及恶性竞争对城市及其旅游产业所带来的不利影响。

## 第三节 研究方法

### 一、文献归纳法

文献的检索、阅读、整理和提炼是理论研究的前提条件，借助已有的理论基础、知识积累是进行知识创新、实证研究的基础依据。通过对国内外专著查阅、权威学术期刊搜集与汇总、统计文献的检索与统计、最新硕士和博士学位论文的搜索与查阅，梳理出有关城市旅游竞争研究的主要内容、发展过程及国内外研究进展。依据现有的国内外研究现状，找出目前研究中的缺失和不足，定位本书的研究方向与研究内容，厘清研究的技术路线，设计出具体的研究方法和实施方案。

### 二、专家咨询法

为构建科学、客观、合理的城市旅游竞争相关内容指标体系，深刻揭示影响城市旅游竞争的主导动力因素，将咨询来自旅游规划、区域规划、经济地理、人文地理等相关领域的专家对构建的指标体系进行修改与评定。

### 三、定量研究法

采用计量统计方法分析东北三省 34 个地级市旅游竞争的区域差异，采用地理加权回归模型、空间马尔可夫链等计量地理学方法探究城市旅游竞争动力机制及其空间效应，采用生态位方法分析各市旅游竞争优势及压力等。

### 四、比较分析法

在空间方面，通过横向对比东北三省34个地级市旅游竞争动力因素的差异，揭示区域内部城市旅游竞争主导动力因素的不同；在时间序列方面，基于对不同时间截面的东北三省城市旅游竞争动力机制的对比分析，探讨城市旅游竞争主导动力因素的变化与调整，从而揭示城市旅游竞争主导动力因素的演化特征。

## 第四节　研究内容

### 一、城市旅游竞争的相关概念研究

梳理和分析城市旅游发展相关研究成果，总结目前研究存在的不足和改进之处。借鉴竞争、城市竞争等相关概念基础，提出城市旅游竞争的内涵及特征。

### 二、城市旅游竞争的过程研究

回顾我国城市旅游竞争发展阶段，以东北三省34个地级市为研究对象，分别从数量、质量和结构三个方面构建城市旅游业绩指标及竞争程度识别模型，系统分析2000~2015年东北三省城市旅游竞争差异的时空格局演化特征。

### 三、城市旅游竞争的动力机制研究

从政府和市场两方面分析这两大动力主体是如何作用于旅游竞争的。构建城市旅游竞争的动力机制模型，并提炼、归纳影响城市旅游竞争的重要影响因素，在此基础上，通过构建地理加权回归模型，以2000~2015年东北三省地级市为研究对象，揭示各作用力的影响方向和力度。

## 四、城市旅游竞争的空间效应研究

基于传统和空间马尔可夫链方法，分别构建城市旅游业绩的非空间和空间马尔可夫转移概率矩阵，对 2000~2015 年东北三省城市旅游竞争的空间效应进行时空动态分析。

## 五、城市旅游竞争的策略研究

引入生态位理论，构建城市旅游竞争生态位宽度、生态位重叠度及生态位净压力指标，以东北三省 34 个地级市为研究对象分析各市旅游竞争发展策略。

# 第二章 国内外研究进展

20 世纪 60 年代城市旅游开始兴起，20 世纪 70 年代城市旅游的重要性引起西方学者重视，其中最早对城市旅游进行关注的是 Stansfield（1964），他在其著作《美国旅游研究中的城乡不平衡》（*An Note on The Urban-non-urban Imbalance in American Recreational Research*）中首次阐述了旅游业发展中一个重要的研究领域——城市旅游研究的重要性。因城市具有了旅游接待、管理、休闲、度假、娱乐等功能，旅游开始城市化（Mullins，1991），并逐渐成为现代旅游的支撑点（Page Stephen，1995），成为旅游研究的热点。伴随城市旅游的迅速发展，城市之间旅游竞争的力度居高不下，关于城市旅游竞争的研究也得以不断深化与扩展。

由于城市旅游发展所处的阶段不同，城市旅游竞争的内容亦不断演变，竞争研究的主题也随之发生变化。以城市旅游为核心的城市旅游竞争研究始于 20 世纪 60 年代，国内外学术界大体经历了旅游资源禀赋及旅游吸引力竞争、旅游需求竞争、旅游形象竞争、知识和技术与人才对城市旅游竞争的影响、城市旅游竞争力及竞争力提升策略等演进阶段。由于历史传统、文化体制、教育观念及思维方式等的不同，导致国内外城市旅游竞争研究呈现研究视角的多维化、研究观点的多样化、研究内容的多元化等特点。

## 第一节 国内外研究概况

### 一、以旅游资源禀赋或旅游吸引力来源为核心的城市旅游竞争研究

旅游资源作为旅游活动的对象与客体，是吸引旅游者产生旅游动机的

根本原因（马耀峰，2005），是形成旅游活动最基本的因子，也是产生空间旅游竞争的最重要的物质因素和客观基础。在城市旅游发展的初期，旅游资源开发不足，旅游产品单一，旅游者行为具有资源趋向性特点。人们常常趋向于资源禀赋丰度高、名大质优的旅游景点，或者说旅游者的旅游行为受旅游资源品质影响较大（窦文章等，2000），从而形成了早期的以旅游资源禀赋或旅游吸引力为核心的城市旅游竞争研究。

Deasy 和 Griess（1966）通过运用旅游无差异曲线研究美国宾夕法尼亚存在相互竞争的两个旅游景点，得出结论即旅游景点与客源之间的引力表现为资源指向性，进而印证了空间旅游竞争优势源于旅游资源的比较优势。Smith（1989）对资源和引力模型、概率旅行模型进行总结与修正，研究了旅游资源和旅游流之间的关系，探讨资源对旅游流的驱动作用，促使旅游目的地引力评价趋于合理化。Jansen-Verbeke（1988，1994）提出城市是休闲与娱乐的产生地，主要的旅游吸引物都集中在城市里，对旅游者产生吸引力。此外，通过后续研究，提出城市旅游吸引要素的层次性概念，即把城市旅游吸引力划分为三个等级，指出历史性建筑物、都市风光、博物馆、画廊、戏院、体育和其他各项活动构成旅游吸引力的第一要素；将饭店、餐厅、商场、购物场所和其他服务列为第二要素；交通和旅游基础设施则被视为辅助因素。Lew（1987）通过对旅游吸引模式进行探究，从表意、组织上和感知三个层面对城市旅游吸引力进行分析。Leiper（1979）明确提出旅游吸引的定义，认为人的需要、有吸引力的地方以及相关的信息推介，三者构成城市旅游大系统中的“吸引”子系统，同时强调了旅游者的需求、旅游企业行为对城市旅游竞争的影响。Shaw 和 Williams（1994）指出购物场所、饭店等对于某些城市可能是最大的吸引力来源。

国内对城市旅游的研究起步要比国外略晚一些。最初关于城市旅游的相关研究多见于《旅游学刊》中，而地理学界对于城市旅游的探讨则相对较少（汪德根等，2003）。真正有关城市旅游竞争的研究始于 20 世纪 90 年代初期，此时旅游开发所要解决的关键问题就是旅游资源的不可移动性和旅游者可选择性之间的矛盾，旅游资源在区域旅游空间竞争中的作用成为学者们研究的热点，如保继刚等（1991，1994）先后对广州茂名市两处海滩旅游资源、云南三处喀斯特石林、皖南三大名山的空间竞争分别展开研究，指出拥有沙滩、名山等自然资源是影响城市旅游的重要因素。苗红（2004）对甘南藏族自治州各县市旅游目的地间的空间竞争关系进行研究，指出旅游资源的知名度是影响旅游地空间竞争的主导因素。与此同时，很多学者认为旅游发展主要依赖的就是旅游资源，由此促使了以旅游资源为核心的“旅游资源说”“引力说”及“区域旅游持续发展潜力模型”等学说的产生（苏伟忠等，2003）。黄秀娟（2008）又以北京和上海为例，通过理论与实证分析得出结论，即旅游资源影响到区域参与国际旅游竞争的机会与比较优势。旅游者对旅游资源选择的结果一方面导致各地旅游流的空间分异，另一方面说明旅游地的空间竞争本质为旅游资源间的相互竞争，旅游资源是吸引旅游者前往该地旅游的主要因素。因此，在旅游资源开发中，学者主张通过开发特色旅游产品来扩大城市旅游的吸引范围，以提高城市旅游竞争力。城市旅游发展的早期，旅游资源以其固有的形式、本真的面貌呈现出来，缺乏深度开发和有效整合，旅游资源禀赋及旅游吸引力作为城市旅游竞争的原动力，成为驱动人们游览的关键因素。因此，城市旅游竞争主要体现在旅游资源及吸引力的比较优势上，其对城市旅游竞争的重要性引发了学术界的关注，甚至在旅游学者中已经达成共识，认为旅游资源对区域国际旅游竞争力的重要作用远远超过波特竞争力理论中一般资源对一个国家竞争力的作用（黄秀娟，2008）。开发传统旅游资源来满足旅游者的需求，以此提高旅游市场占有率，成为城市旅游竞争研究的主旋律，而对其他区域旅游竞争影响要素如旅游者的需求特点、旅游形象、旅游营销的研究则相对较少。

## 二、以旅游需求为焦点的城市旅游竞争研究

20 世纪 70 年代末，大量旅游个案研究促使城市旅游竞争逐渐趋向成熟并取得了较大的进步。进入 20 世纪 80 年代，旅游资源比较优势对城市旅游竞争的主导作用逐渐减弱，城市旅游竞争又面临新的挑战，即争夺与开拓客源市场、提高客源市场份额成为竞争的目标，促使竞争研究的重点发生改变，取而代之的是以旅游者的消费需求为核心的城市旅游竞争的研究。在此期间出现了若干分析旅游需求和客源市场的专题性研究（汪德根等，2003），且这种以需求为导向的竞争思维促进城市旅游新产品如主题公园的大规模规划与开发（Jansen-Verbeke，1986）。对旅游客源市场需求状况的研究，一方面着眼于对进入旅游目的地旅游者行为的分析，另一方面基于对旅游者的旅游需求角度进行研究。

国外学者主要从两个方面对其进行研究，一是对进入旅游目的地旅游者行为的分析，Loed（1982）研究了影响美国旅游需求变化的主要因素，最后认定收入水平、相对价格水平、相对汇率、旅游目的地的特殊事件是

影响一个国家国际旅游需求的主要因子，其中相对价格差异是首要因子。Bill Bramwell（1996）认为城市旅游产品的开发必须以游客满意为前提。Wober 和 Gretzel（2000）通过选取旅游需求、过夜旅游增长率、游客季节分布及旅游地承载力等五项指标对欧洲 39 个首都城市旅游竞争力进行测量，认为旅游需求是影响城市旅游竞争力的主要因子之一。Haiyan Song（2003）等通过对中国香港主要客源国的旅游需求进行分析，发现影响旅游者需求的最重要的因素之一就是竞争旅游目的地的旅游费用。二是从旅游者的角度进行分析，Pearce（1982）将行为理论运用到旅游需求研究之中，通过对游人的旅游意境进行评估，提出在旅游地开发中尽量设计一些能够满足旅客偏好的人造旅游产品是很有必要的。如 Morley（1992）认为旅游是一种休闲形式，普通居民要使个人休闲行为效用最大化，就应根据个人的闲暇时间、收入水平及休闲偏好等来决定采取何种休闲形式。

20 世纪 90 年代后期起，关于旅游需求和客源市场研究也为我国学者所关注，一是关于旅游者行为的分析。万绪才等（1998）在对旅游客源市场结构理论进行综述的基础上，就开拓南京客源市场进行分析。保继刚（1997）对影响主题公园发展的因素进行系统分析，其关注的与旅游者相关的主要因子包括客源市场、决策者行为以及空间集聚和竞争。董观志（1999）以深圳华侨城主题公园为例，通过游客调查对客源市场时空分异规律进行量化分析，指出客源市场与城市辐射力、游客出游偏好紧密相关。汪侠等（2004）针对北海市旅游市场进行调查，对国内旅游者的旅游目的，感兴趣的旅游资源、服务和接待设施的需求等进行了详细的分析。二是对旅游者旅游需求的研究。刘敦荣等（1998）以北京市为研究对象，提出旅游产品开发要以服务市场为原则，满足旅游者需求。宋章海（2000）从旅游者角度探讨了旅游目的地形象的可感知性与不可感知性，并提出旅游目的地应根据旅游者的需求特征来进行形象设计。苟自钧（2001）提出旅游资源的挖掘及旅游产品开发要迎合旅游者的消费需求。滕丽等（2004）提出在旅游开发市场导向性增强的情况下，旅游开发要以旅游需求分析为基础，对我国 39 个城市居民的旅游需求进行分类并对需求差异进行分析。

以旅游需求为导向的城市旅游竞争的研究，使城市旅游发展摆脱了以“旅游资源说”“引力说”的狭隘思想的束缚，以“旅游资源决定论”赢得城市旅游竞争的时代已成为历史，作为旅游活动主体的人——旅游者的需求成为关注与研究的焦点，这无疑是城市旅游发展与竞争里程上的一大进步。以旅游者需求为导向，设法认识与识别旅游者的需求状况、需求特征、需求规模及产品类型，强调旅游需求的满足成为城市旅游竞争的有利因素。

## 三、以旅游形象为主题的城市旅游竞争研究

20 世纪 90 年代，城市基础设施的完善、综合环境的改善、服务能力的提高和综合实力的增强，城市成为区域重要的旅游集散地与接待管理中心。城市旅游主体地位进一步确立，城市之间对于客源市场的争夺空前激化，“大而全”“小而全”“千城一面”及“缺乏形象塑造”导致城市旅游竞争出现恶性结果。研究者们认为旅游城市发展的核心应该树立独特而又鲜明且具有一定招徕力的旅游形象，才能提高自己的知名度和美誉度。一方面，城市可以通过塑造典型形象激发旅游者的旅游动机和需求（汪克会，2004）；另一方面，旅游形象作为一种经营资源，能使旅游城市在众多竞争对手中脱颖而出，从而拥有竞争的优势与条件，由此引发 20 世纪 90 年代末城市旅游竞争研究热点再次发生变迁，“形象”占据城市旅游竞争研究的制高点，众多学者开始关注对城市旅游形象的研究。

Bill Bramwell（1996）通过对英国五个典型的工业城市的形象进行衡量，总结出“世界性”的大城市是五个城市共有的特点，并且能够吸引高端消费群体。Heidi Dahles（1998）认为荷兰阿姆斯特丹能够吸引众多游客是与其伟大的历史形象紧密相关，指出了阿姆斯特丹需要通过塑造以当地文化为特色的旅游形象，使其成为未来世界旅游中心地。Choi（1999）运用质量综合法得出中国香港的核心旅游形象为“购物天堂”，这张“名片”能够产生一定的招徕力，也充分说明城市旅游形象的重要性。William Douglass（2004）对世界知名的度假胜地拉斯维加斯进行综合广泛的研究，认为其发展成为世界旅游中心之一的重要形象是其不断的创造精神。

随着我国城市旅游的不断发展，城市旅游形象的研究也逐渐成为我国城市规划界和城市科学领域探讨的热点问题。白祖成（1994）认为凡是旅游兴旺发展并有持续的吸引力和生命力的地方，不论是一个国家、城市还是地区都有自己独特的旅游形象，北京要想成为发达的现代化国际旅游城市，其中重要的课题是建设旅游形象、优化旅游产品以提高国际旅游市场竞争力。屈海林等（1996）认为香港都市旅游成功的关键要素是特色的旅游形象及有针对性的市场营销策略，这也是香港旅游竞争优势所在，通过实证得出旅游产品形象设计和不同的推销策略能够保持都市旅游“魅力永

存”。李蕾蕾等（1998）提出必须通过推出城市旅游形象战略来全面发展旅游，其主要的途径有定位旅游形象、提出主题口号、设计与推广视觉形象，以增强城市旅游发展潜力。刘住等（1999）认为，城市形象是吸引旅游者的重要拉动力，还是城市旅游持续发展的重要保证。秦学（2001）认为现代城市旅游发展的核心是要依靠旅游形象来激发旅游者的旅游动机。夏学英（2002）认为城市形象具有旅游导向性，其建设是促进区域旅游发展的重要举措。此外，还有众多学者对城市旅游形象进行了相关研究（聂献忠，1998；李娟文，1999；孟凡荣等，2003；刘炎钊，1995）。

城市旅游的内涵与外延不断丰富和拓展，城市旅游竞争已不再单纯以旅游资源、旅游景区为焦点，宣传与树立鲜明、独特且富有吸引力的旅游形象被提升到城市旅游发展与竞争战略的核心层次，从而也助推城市旅游竞争从旅游资源驱动、旅游需求驱动走向旅游形象驱动，塑造城市旅游形象成为提高旅游竞争的有效手段，这也是城市旅游积极参与市场竞争、创造竞争优势、主动谋求发展而取得的必然结果。

## 四、以信息、技术、人才为热点的城市旅游竞争研究

随着知识经济时代的到来，技术、知识、人才与经济相互交融，全方位的影响着各行各业，城市旅游竞争也不例外。20 世纪末至 21 世纪初，信息、技术、人才成为强化城市旅游竞争、提高市场竞争能力的重要手段，并且对旅游消费者行为产生指导作用。

Moutinho（1987）指出旅游者对旅游地信息量掌握情况会影响到旅游地选择，网络信息对旅游消费将产生越来越大的影响。Mcintosh 和 Coeldner（1990）提出未来的旅游者将在网络中找寻自己满意的旅游地，并提出了网络中旅游产品竞争的信息指向概念。Fodness 和 Murray（1997）指出在市场竞争中，消费者对旅游产品的选择受其所掌握的旅游信息影响，信息网络成为连接城市旅游供给与消费等的重要途径。Jhaahti（1986）提出信息是提高旅游认知的重要手段，有助于旅游者对城市旅游目的地的选择，拥有信息就意味着拥有了竞争优势。Schertler（1998）指出城市旅游竞争力可以通过信息质量、结构、可达性等方面表现出来。Buhalis（2000）认为信息技术普及与互联网的使用，对于城市旅游目的地知名度的提高产生非常明显的影响。信息技术推广，尤其是计算机预订系统的扩张给旅行社带来了一定的冲击，但美国旅行社积极引入信息技术，使得多数旅行社因此增加了预订，并且在激烈的市场竞争中站稳了脚跟（刘赵平，1999）。借助

信息技术，旅游者对旅游地掌握的信息量越多，选择旅游地的可能性就越大。

随着信息高速公路的建设，我国学者开始关注信息、技术及人才对我国城市旅游竞争所带来的深刻影响（邓祝仁，1998）。谢礼珊（1998）指出知识经济时代，旅游业面临的竞争就是知识、技术与信息的竞争，其中最为关键的就是人才竞争。郭来喜（1999）剖析了21世纪的中国旅游业急需高新技术支撑的原因，指出高新技术成为加强国际旅游市场竞争的重要手段。郭旭阳（2000）认为一切竞争都是知识、人才的竞争，提升重庆旅游竞争力关键在于发挥旅游管理者和旅游活动者的作用。甘萌雨等（2003）提出从长远发展来看，信息获取能力、技术、旅游管理等是城市旅游竞争所依赖的基本条件，特别强调信息化发展战略对于特大城市旅游竞争力的发展是必不可少。郭舒等（2004）认为在高度竞争的环境中，城市对外联系的信息网络功能、结构、质量及可信性成为影响城市旅游竞争力的关键要素。

科学技术的进步与信息的多元化促进了旅游产品的转型，改变了城市旅游信息传递的方式，改变了城市旅游营销的方式和手段，也改变了旅游消费者获取、参与、体验、消费旅游的传统理念与方式。城市旅游要在激烈竞争中赢得相对优势，就应该将信息、技术的创新与变革渗透到城市旅游的发展中，以积极的姿态参与到“信息网络化”“知识经济”时代中，从而获得竞争的主体地位。以知识、人才、信息为重点的城市旅游竞争研究，符合现代旅游发展的主体脉络，也反映了城市旅游竞争已经面临新的转向。

## 五、以竞争力为重点的城市旅游竞争研究

旅游业的国家竞争和区域竞争是通过城市竞争得以实现，城市旅游是否具有竞争力，能够在一定程度上决定其旅游业的生存和发展，城市旅游竞争力受到了国内外学者的关注（刘素平等，2008），并成为研究的热点课题。进入21世纪，伴随着城市旅游市场竞争的加剧，竞争力的认识、培养和提升成为各竞争主体实现生存及可持续发展的重要目标。城市旅游竞争力的研究进入多元化阶段，主要集中在城市旅游竞争力影响因素分析、城市旅游竞争力量化评价与实证研究、城市旅游竞争力提升策略探索三个方面。

### （一）城市旅游竞争力的影响因素分析

城市旅游系统作为一个开放的系统，其发展始终要受到系统内外诸多因素和压力的影响。城市旅游竞争力的形成、发展与演进也是受众多因素共同影响、共同作用的结果，因此，城市旅游竞争力影响因素分析成为研究的着眼点。

学者们最初关注的吸引力对城市旅游竞争力的影响。Leiper（1979）强调由“人的需要、有吸引力的地方以及相关的信息推介”所构成的“吸引”系统、旅游者的需求、旅游企业行为对城市旅游竞争力的影响。Enright 等（2005）认为目的地吸引物特性、产业管理因素为旅游目的地竞争力的影响因素，特别强调能否对潜在旅游者产生吸引力是一个旅游目的地具有竞争力的关键因素。城市旅游竞争力影响因素由旅游吸引物逐渐拓展开来，旅游需求、旅游地环境条件、目的地旅游业支持因素及管理状况日渐成为关注的重点。Wober 等（1980）明确提出旅游需求、过夜旅游增长率、游客季节分布及旅游地承载力是影响欧洲 39 个首都城市旅游竞争力的主要因子。Wight（1993）指出，一些相对优势因素如气候、区位、自然资源、当地人的旅游意识和本土文化等对于旅游目的地的可持续发展是非常重要的。Eccles（1995）指出目的地的可进入性、土地利用情况、环境承载力、基础设施和劳动力资源也是旅游目的地竞争力重要的影响因素。Crouch 等（1999）梳理出影响城市旅游目的地竞争力的主要因素有目的地核心旅游吸引物、目的地管理状况、目的地综合状况和支持资源因素。Murphy 等（2002）通过对加拿大维多利亚进行实证分析，提出旅游者对产品质量和价值的感知决定旅游目的地竞争力的强弱。

20 世纪末，美国哈佛商学院教授 Poter 提出了著名的“竞争优势理论”，并构建“产业国际竞争力钻石模型”（见图 2-1）。随后学者们以波特的“钻石模型”作为分析思路与分析工具，将其运用到旅游竞争力的研究中，构建城市旅游竞争力模型并对城市旅游竞争力影响因素进行解析。

Crouch 和 Ritchie（1994，1995，1999，2000，2003）通过多年来对目的地旅游竞争力的系列研究，提出了旅游目的地可持续发展的竞争力模型（见图 2-2），模型包含影响旅游竞争力的内外环境因素，他们认为决定旅游目的地竞争力的五因素分别为目的地综合状况、目的地政策、规划及开发、目的地管理、核心资源和吸引物及支持因素，各因素的重要性是不同的，主要取决于目的地的市场腹地、所处的生命周期阶段及其特点（Ritchie et al.，2000）。

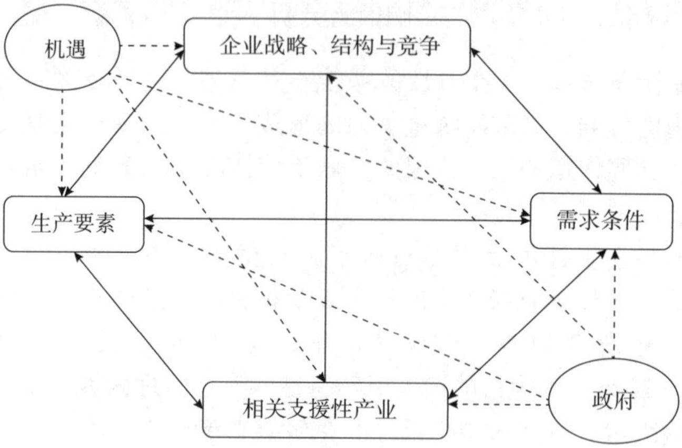


**图 2-1 波特的竞争力钻石体系模型**

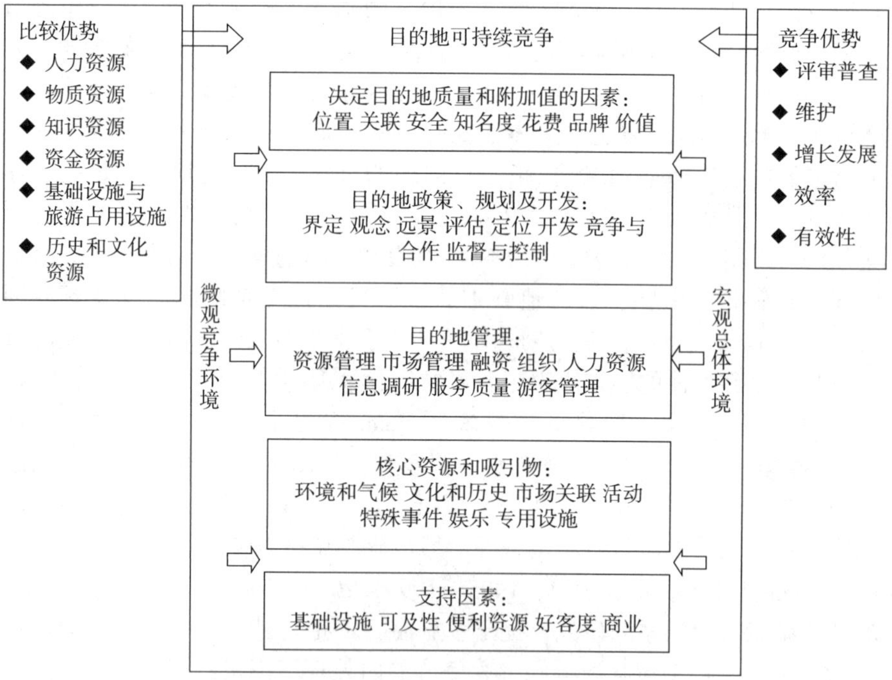


**图 2-2 旅游目的地可持续发展的竞争力模型**

Buhalis（2000）指出，Crouch 和 Ritchie 模型的重要意义体现在其对影响旅游目的地竞争力的因子考虑得非常周全，可以对目的地旅游竞争力进行较为全面的分析，同时还对这些因素的协同对目的地吸引力的作用进行了探讨。

Yoon（2002）基于利益相关者的视角来研究旅游业竞争力，构建了五要素旅游目的地竞争力的结构模型（见图 2-3），认为相关利益者对旅游规划和发展的支持是旅游目的地可持续发展的关键，此外对旅游业发展的影响预期、环境态度、当地居民对场所依附性、旅游吸引物或资源优先发展程度也是旅游目的地成功运营、管理的重要影响因素。

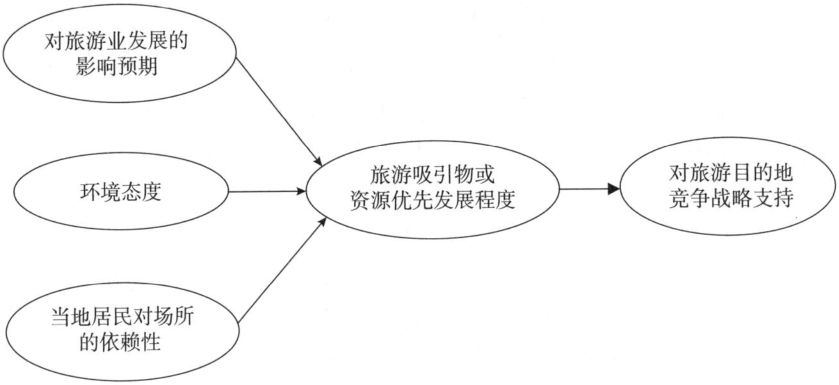


**图 2-3　Yoon 五要素结构模型**

Dwyer 和 Kim（2003）将影响旅游目的地竞争力因素划分为资源禀赋条件、需求条件、环境条件、支持性因素和目的地管理五个方面，并提出了旅游目的地竞争力综合模型（见图 2-4）。

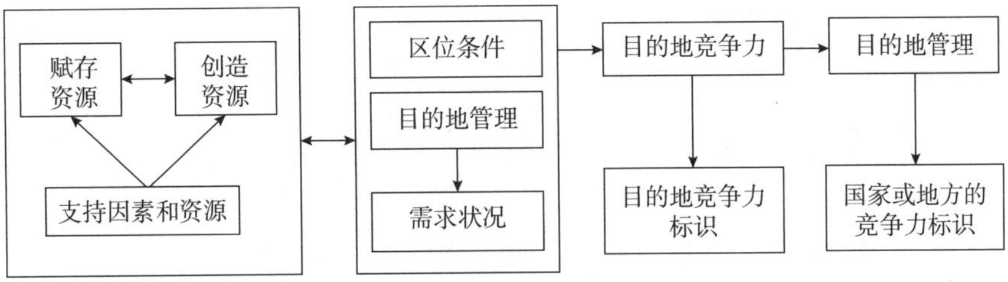


**图 2-4　旅游目的地竞争力“综合模型”**

国内学者对城市旅游竞争力影响因素进行了丰富而深入的探讨（郭清霞等，2011）。杨英宝（2002）借鉴系统理论，分析了旅游资源、旅游需求、旅游企业、旅游人才、经济条件、科学技术六要素对城市旅游竞争力系统的影响。郭舒（2004）借鉴竞争力理论，认为核心吸引物、基础性因子、支持性因子、发展性因子等对城市旅游竞争力具有重要影响。邢珏珏（2005）以50个城市为研究单元，从影响因素的角度，分析了城市国际旅游竞争优势与国际旅游收入、旅游特色资源、城市区位优势、经济活跃度有关。吴军（2005）以山东省17个城市为研究对象，对2003年非典疫情影响下的区域旅游竞争力进行分析，将影响区域旅游竞争力的因素划分为四种类型，分别为稳定主导因素、弹性主导因素、稳定次要因素、干扰催化因素，并总结出城市旅游竞争优势主要依赖于旅游产品的规模和社会经济发展水平。臧德霞（2007）将影响滨海旅游目的地竞争力的因素归纳为11个方面，按其影响程度强弱依次排列为自然吸引物、资源与环境维护、社会灾难、目的地可进入性与知名度、目的地经营管理、旅游服务设施、旅游发展保障因素、目的地组织及其相关政策、目的地基础设施、人文吸引物、物价水平。

此外，很多学者在对城市旅游竞争力影响因素分析的同时，构建了关于城市旅游竞争力影响因素模型。郭舒（2004）运用区域竞争的相关理论考察旅游竞争力与目的地发展之间的关系，基于游客体验、居民生活质量角度，提出影响旅游目的地核心竞争力的六因素联动的旅游目的地竞争力模型，以描述各因素之间的相互关系（见图2-5）。

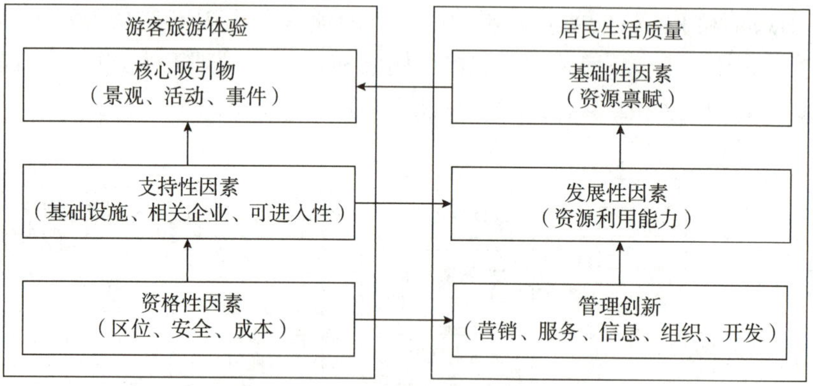


**图2-5　六因素联动模型**

周常春（2005）将城市作为旅游目的地进行研究，将影响城市旅游竞争力的因素分为两类，一是由区位、形象和政策构成的绝对因素，二是由景区景点、交通、住宿、购物、餐饮及娱乐组成的相对因素，并以肇庆市为例，分析了其旅游竞争力所处的地位及影响因素，为城市旅游竞争力提供了一种分析框架（见图 2-6）。

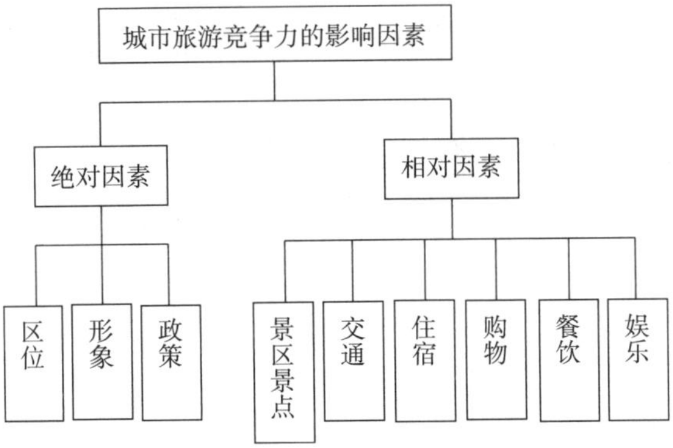


**图 2-6　城市旅游竞争力的影响因素**

梁明珠（2006）提出激烈的旅游市场竞争态势对主题旅游城镇发展具有新要求，他认为主题旅游城镇的旅游竞争力影响因素：一方面是由游客需求、游客规模及游客市场成长速度形成的需求要素，另一方面是由旅游核心吸引物、旅游环境、区位、旅游形象、品牌要素组成的供给要素，供需两方面的因素共同决定了主题旅游城镇竞争力的大小（见图 2-7）。

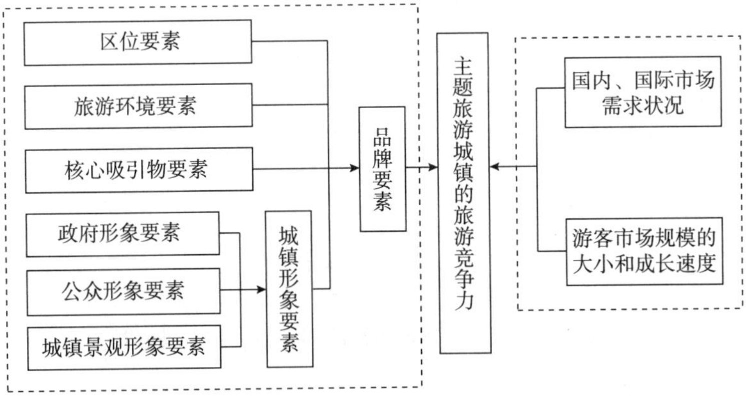


**图 2-7　主题旅游城镇的旅游竞争力影响要素**

易丽蓉（2007）在综合分析国外有关旅游目的地竞争力模型的研究成果基础上，提出由旅游资源要素、旅游支持因素、旅游目的地管理、区位条件及需求状况组成的旅游目的地竞争力“五因素模型”（见图 2-8）。

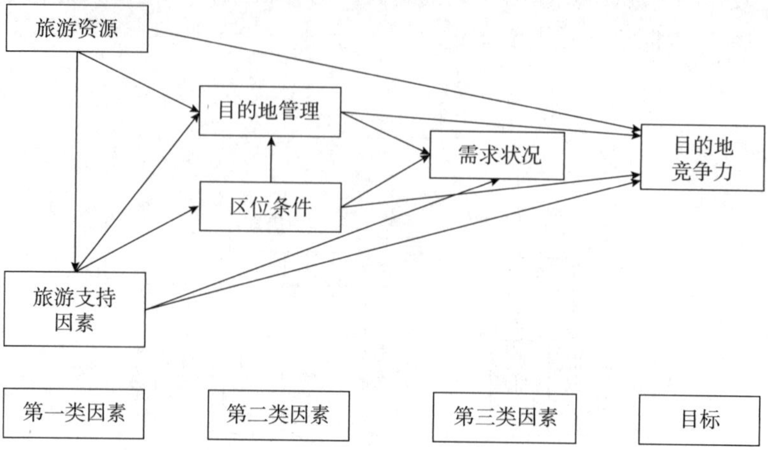


**图 2-8　旅游目的地竞争力“五因素模型”**

郭亚军（2008）基于波特的“钻石模型”，建立区域旅游竞争力分析框架，通过对深圳、大连、开封、丽江、碧峰峡的比较研究，进一步证实生产要素、需求条件、相关与支持性产业、区域旅游战略及其结构以及区域竞争是影响旅游竞争力的普适性因素（见图 2-9）。

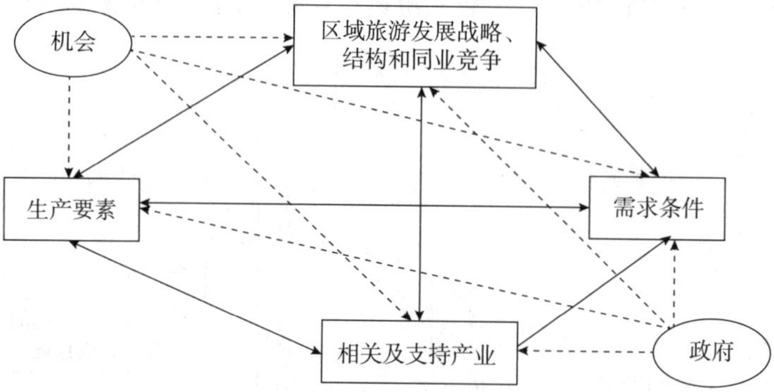


**图 2-9　区域旅游竞争力影响因素的“钻石模型”**

杜轶凤（2011）基于国内外学者的相关研究，通过文献综述、专家访谈等方法提出广州旅游竞争力的五大类影响因素，分别是旅游资源类因素、支持类因素、管理类因素、区位因素及创新因素（见图 2-10）。

城市旅游竞争力的状况取决于各种影响因素组合而形成的竞争优势。基于上述分析，可以看出国内外学者对城市旅游竞争力影响因素进行了充

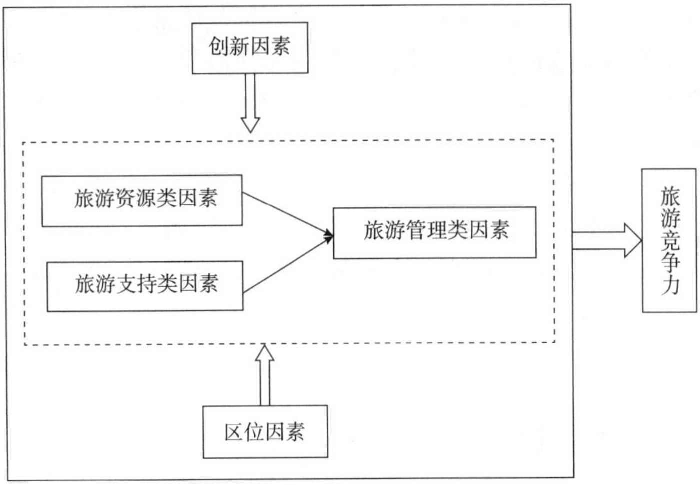


**图 2-10　广州旅游竞争力影响因素概念模型**

分的研究，并取得了较丰富的研究成果，学者们倾向于将各种影响因子分析涵盖在城市旅游竞争力分析模型研究之中。由于城市旅游系统具有高度的综合性与复杂性的特点，因此决定研究者对城市旅游竞争力的影响因素分析必然是全方位、多面性的。

### （二）城市旅游竞争力的定量评价与实证研究

从定性的角度探索城市旅游竞争力影响因素，不足以准确把握旅游竞争力，且容易陷入泛泛而谈且缺少实际意义，因此国内外学者结合具体案例展开了对城市旅游竞争力的定性、定量评价与实证检验，用以认识、衡量、评价及比较城市旅游竞争力的状况。

Ma-cLaren Plansearch 等组织（1987）在对英国哥伦比亚大牧场进行竞争力研究时，采用案例分析法，选择加拿大的阿尔伯特省、美国的华盛顿州、俄勒冈州及科罗拉多州作为主要竞争对手进行分析。Kozak 等（1999）构建了包括软、硬指标在内的评价指标体系，运用方差分析法，对法国、土耳其、意大利、葡萄牙、西班牙、希腊等国的竞争力进行定量评价比较研究。Muzaffe 等（2000）从核心吸引物、文化体验、休闲活动和游客态度等角度构建指标体系，将弗吉尼亚与美国其他 9 个州进行旅游竞争力的比较，以认清弗吉尼亚的竞争状态，以及根据评价结果制定未来的营销策略。Hailin Qu 等（2000）使用不一致性分析法，以新加坡作为主要竞争对手，对中国香港作为东南亚地区的国际会议旅游目的地的竞争状况进行了分析。Douglas Pearce（2001）在总结前人研究的基础上，建立了一个专门评价城市旅游的指标体系，指标主体强调矩阵定义的范围（网站、地区、全市、区域、国家和国际）和主题（需求、供应、开发和影响），为后人研究城市旅游提供了借鉴。Sahli 等（2003）运用线性回归分析法，评价研究 19 个 OECD 国家的竞争力。Enright 和 Newton（2005）先后采用重要业绩分析法和方差分析法，选取与旅游吸引物相关的 15 个指标与产业关联的 37 项要素，对中国香港与曼谷、新加坡三城市旅游竞争力进行评价。Cracolici（2008）运用主成分分析，对意大利南部的六个地区的竞争力进行实证分析。Gomezejia（2008）建立了由禀赋性资源、支持性资源、创造性资源、环境条件、目的地管理和需求条件六个方面组成的评价指标体系，运用 SPSS 统计分析法对斯洛文尼亚进行实证分析。

国外学者通常是以包括城市在内国家或地区为案例地作为评价对象，采用定性与定量相结合、以定量为主，且定量方法比较丰富（见表 2-1），不仅完善了旅游目的地竞争力研究的方法体系，而且大大推进了该领域的深入展开（臧德霞等，2008）。

**表 2-1 国外学者对城市旅游竞争力评价简述**

| 学者 | 年份 | 评价方法 | 评价对象 |
|---|---|---|---|
| Kozak | 1999 | 方差分析法 | 土耳其及与之竞争目的地 |
| Qu | 2000 | T 检验；ANOVA | 中国香港、新加坡 |
| Sahli | 2003 | 线性回归分析法 | 19 个 OECD 国家 |
| Enright 和 Newton | 2004 | 重要业绩分析法 | 中国香港 |
| Enright 和 Newton | 2005 | 方差分析法 | 中国香港、曼谷、新加坡 |
| Cracolici | 2008 | 主成分分析法 | 意大利南部六个地区 |
| Gomezejia | 2008 | SPSS 统计分析法 | 斯洛文尼亚 |

在城市旅游竞争力评价方面，国内学者进行了积极探索，基本遵循着概念界定、构建评价指标体系或模型、选择评价方法（定性和定量）、具体城市进行评价分析、提出政策建议的脉络进行研究。

甘萌雨等（2003）根据社会、经济、制度等要素，选取城市旅游经济现状指标、旅游功能地位指标、城市旅游业发展趋势指标及城市生活质量指标，建立评价指标体系。苏忠伟等（2003）主要从城市旅游竞争业绩、竞争潜力和环境支持力三个方面构建评价指标体系，通过采用层次分析法将郑州与西安、南京、北京三个城市的旅游竞争力进行实证对比分析。张争胜等（2005）采用主成分分析和系统聚类的方法对广东省地级市旅游竞争力进行对比分析，进一步将城市旅游竞争力分解为客源地型、目的地型、综合型及待开发型。丁蕾等（2006）以软竞争力和硬竞争力为出发点，从经济、人才、环境、设施、业绩、制度和开发的角度构建旅游指标体系，运用层次分析法对南京市的旅游竞争力进行实证研究。陈晓和李悦铮（2008）将城市旅游竞争力指标体系分解为旅游业绩、旅游环境支持、旅游潜力三类，运用因子分析法对环渤海 6 个主要滨海城市的旅游竞争力进行定量研究。张洪等（2009）在对旅游业基本概念界定和对城市旅游竞争力内涵理解基础上，构建城市旅游竞争力四级评价指标体系，同时采用信息熵赋权和 TOPSIS 法，对长江三角洲 16 个城市竞争力进行分层。张延飞和汪国华（2010）通过采用 PCA 和 FCA 的多元统计分析方法，对江西省 11 个地级城市旅游竞争力进行了综合评价研究。徐喆等（2010）从旅游现状、旅游环境、旅游潜力三个方面出发，构建吉林省城市旅游竞争力评价指标体系，在定量评价基础上，探讨旅游竞争力分异的原因。岳川江等（2010）基于旅游资源、旅游发展、旅游环境三方面建构指标体系，采用层次分析法和 TOPSIS 求逼近对包括大连、青岛、宁波、厦门、深圳 5 个滨海城市的竞争力进行测度与客观评价。李雪鹏（2010）对“中国最佳旅游城市评定系统”进行了修订，并与城市旅游竞争力研究结合起来，对三个最佳旅游城市进行定量评价。钟敬秋等（2013）建立城市旅游竞争力的三级指标体系，利用主成分分析与系统聚类分析方法测算 25 个主要沿海城市旅游竞争力的排名及分级，并对城市间、等级间、区域间旅游竞争的优势和劣势进行详尽的比较分析。李鹏升等（2014）构建沈阳经济区城市旅游竞争力评价指标体系，通过定量评价结果进行分析，据此提出一体化合作机制是实现单个城市主体和区域整体旅游竞争力的有效措施。

根据表 2-2 可以看出，在评价方法的选取上，国内以层次分析法、因子分析法、聚类分析法最为常见，相比较而言不如国外丰富；在指标体系的设计上，尚不存在被大家广泛接受的方案，缺乏统一性；在案例城市的选择过程中，最初是对单个城市竞争力进行评价，然后是对区域内城市间或相似城市间的比较研究，伴随区域经济一体化深入人心，打破行政区划分的区域间或城市群旅游竞争力成为研究的热点。综上所述，由于对城市旅游竞争力内涵理解的偏差及旅游竞争力影响因素认识的非一致性，导致模型的建立、量化指标的选取及量化方法的选择存在明显的差异性，因此关于城市旅游竞争力的评价研究需要做进一步持续、科学的探索。

**表 2-2 学者对城市旅游竞争力评价简述**

| | 学者 | 评价方法 | 评价指标 | 细化指标 | 案例地 |
|---|---|---|---|---|---|
| 单个城市旅游竞争力评价 | 杨英宝（2002） | 层次分析法 | 城市旅游竞争业绩、城市旅游竞争潜力、城市旅游竞争环境支持力 | 25 项 | 郑州 |
| | 丁蕾等（2006） | 层次分析法 | 硬竞争力、软竞争力 | 28 项 | 南京 |
| | 白晶（2006） | 层次分析法 | 城市旅游竞争业绩、城市旅游竞争潜力、城市旅游竞争环境支持力 | 41 项 | 长春 |
| | 郝美田（2012） | 因子分析法 | 业绩竞争力、环境竞争力、潜力竞争力 | 26 项 | 深圳 |
| 相似城市旅游竞争力评价 | 苏忠伟（2003） | 层次分析法 | 城市旅游竞争业绩、竞争潜力、环境支持力 | 25 项 | 郑州、西安、南京、北京 |
| | 岳川江等（2010） | 层次分析法、TOPSIS 法 | 旅游资源综合竞争力、旅游发展竞争力、旅游环境竞争力 | | 大连、青岛、宁波、厦门、深圳 5 个副省级城市 |
| | 李雪鹏（2010） | 层次分析法 | 城市经济环境等 9 个方面 | 134 项 | 大连、杭州、成都 |
| | 钟敬秋等（2013） | 主成分分析、系统聚类法 | 城市旅游基础设施、城市旅游发展现状和城市旅游生态环境竞争力 | 25 项 | 25 个主要沿海城市 |
| 区域内城市间旅游竞争力评价 | 张争胜等（2005） | 主成分分析、系统聚类法 | 旅游发展规模、出游力、旅游组织能力、旅游接待能力 | | 广东省 21 个地级市 |
| | 张延飞和汪国华（2010） | PCA、FCA 多元统计分析 | 旅游吸引力、旅游表现性支持力、旅游网络信息支持力、旅游竞争环境支持力 | 20 项 | 江西省 11 个地级城市 |
| | 王琪延等（2009） | 层次分析法、专家打分法 | 旅游的市场竞争力、服务竞争力、产品及资源竞争力、城市发展竞争力 | 52 项 | 中国 293 个地级以上城市 |
| | 徐喆和张立峰（2010） | 因子分析法 | 旅游现状竞争力、旅游基础环境竞争力、旅游潜力竞争力 | 32 项 | 吉林省 9 个地级市 |

续表

| | 学者 | 评价方法 | 评价指标 | 细化指标 | 案例地 |
|---|---|---|---|---|---|
| 区域间或城市群旅游竞争力评价 | 陈晓和李悦铮（2008） | 因子分析法 | 旅游业绩、旅游环境支持、旅游潜力 | 35 项 | 环渤海城市圈 |
| | 李雪等（2008） | 系统动力学 | 旅游业发展动力、旅游业发展水平、旅游影响、旅游经济联系、不同城市区域旅游贡献度 | 62 项 | 山东半岛城市群 |
| | 汪德根（2007） | 因子分析法 | 旅游行业实力、旅游发展潜力、旅游组织接待能力、旅游经济社会支持力、旅游环境支持力 | 28 项 | 长江三角洲 16 个城市 |
| | 黄耀丽（2006） | 因子分析法、聚类分析法 | 旅游发展规模、旅游接待能力、资源禀赋指数、相关依托因子 | 12 项 | 珠江三角洲 9 个城市 |
| | 张河清（2010） | 因子分析法、聚类分析法 | 经济竞争力、社会竞争力、环境竞争力、旅游产业竞争力 | 24 项 | 珠三角与长三角 25 个城市 |
| | 张永锋（2009） | 层次分析法 | 旅游现实竞争力、旅游发展潜力竞争力、旅游发展环境竞争力 | 27 项 | 西北地区“丝绸之路”沿线 10 个城市 |

### （三）城市旅游竞争力提升策略与可持续发展的探索

拥有了竞争优势并不一定能拥有强大的竞争能力。伴随城市旅游竞争日趋激烈，如何把竞争优势转化为竞争实力，怎样把现状的竞争力转化为可持续的竞争力，需要竞争者通过制定和实施一定的竞争策略和可持续发展战略得以实现。因此，关于城市旅游目的地竞争提升策略及可持续发展成为城市旅游竞争研究的重要领域，并形成了许多精辟的见解。

Go Frank 和 Govers（1999）以欧洲 4 个国家的 8 个最佳的旅游目的地为研究案例，认为保持和提高高品质的供应是欧洲面临竞争挑战，提高市场份额，保持世界旅游目的地领先地位的重要战略。Anne（1999）以福克斯伍德为研究案例，指出面临日益激烈的竞争，通过调整市场定位目标、推动娱乐发展多元化、加强员工的使命感是建成综合旅游目的地，从而使地区受益和保持竞争优势的关键。Dimitrios Buhalis（1999）在剖析目的地概念、管理及战略营销模型的基础上，认为加大市场营销是赋予旅游目的地竞争优势的重要战略，目的地营销会形成旅游影响的优化和实现所有利益相关者的战略目标。同时利用新技术和互联网优势等手段促进营销，可以增加可视性、降低成本、推动地区合作，从而提高旅游竞争力。Bruce Prideaux（2000）指出交通作为连接旅游产生地和旅游目的地的作用往往被忽视，他通过构建运输成本模型，证实运输在旅游目的地发展与游客意愿选择中的重要作用，指出改善交通系统能够提升旅游目的地竞争力。Tanja Mihalic（2000）指出从管理的角度系统研究环境竞争力一直被忽略，他借鉴卡尔加里（Calgary）旅游竞争力模型，选择性地使用管理要素作为工具连接竞争力和环境管理，证实适当的环境管理措施和方法，有利于提高旅游目的地的竞争力。Achana 和 Avgoustis（2003）通过研究印第安纳波利斯的城市旅游发展，发现城市旅游竞争优势的获得与可持续发展之间是呈正相关。

关于城市旅游竞争力提升策略研究方面，我国学者展开了较多的研究，有的学者基于城市旅游竞争力对比、评价及影响因素分析的基础之上，提出相应的提升策略，王滔等（2001）通过对洛阳旅游业特点与问题分析，指出其发展要依托以洛阳、郑州、开封与西安形成的区域古都旅游网，通过调整旅游产品结构、提升旅游产品质量、完善旅游行业管理等措施来达到提高洛阳旅游业市场竞争能力的目的。张争胜等（2005）通过综合对比广东省 21 个地级市旅游竞争力，认为制定合理的旅游发展目标、加大旅游投入力度、完善旅游交通网络等是提高城市旅游竞争力、实现城市旅游可持续发展的重要途径。陈晓和李悦铮（2008）对环渤海天津、秦皇岛、大连、青岛、烟台、威海 6 个滨海城市旅游竞争力展开定量研究，提出积极采取整合政策是提升旅游区域旅游竞争力的首要措施。徐喆等（2010）在测定与评价吉林省 9 个城市旅游竞争力基础上，主张通过旅游线路、旅游交通、旅游管理等区域旅游一体化策略来推动城市旅游竞争力可持续发展。张月等（2011）通过对江苏滨海城市旅游竞争力定量评价，从加快基础设施建设、保护滨海环境、突出滨海文化内涵等角度制定相应的提升措施。张河清等（2012）在对广东省县域旅游竞争力评价的基础上，建议从产业集聚、改革创新、区域合作等角度优化和提升旅游竞争力。

此外，有些学者是就某一方面展开讨论以探讨城市旅游竞争力。屈海林等（1996）基于抽象调查及项目调研，指出特色鲜明的旅游形象及针对不同游客市场所采取的市场推销政策是保持竞争优势和提升旅游竞争力的重要方面。聂献忠（1998）指出上海都市旅游发展应借鉴香港旅游发展的成功经验，构造包括视觉形象、旅游行为形象等在内的城市旅游形象是提升上海城市旅游竞争力和国际知名度的重要因素。楼嘉军（2001）指出优化旅游资源配置既是促使上海旅游由粗放型向集约化转变的关键，也是强化上海旅游市场竞争力的必要手段，从而确定资源配置是推进都市旅游竞争的核心。汪宇明等（2002）在对上海旅游竞争评估的基础上提出：上海要确保都市旅游的强势地位，选择推进旅游一体化进程、加强长三角旅游一体化行动、参与亚太乃至全球旅游一体化进程，是提升都市旅游竞争力的有力措施。李雪等（2008）运用系统动力学方法对山东城市群整体及内部城市单体的多年来旅游竞争力变化进行仿真分析，提出旅游一体化与区域整合是提升山东半岛城市群旅游竞争力的重要途径。

## 第二节　国内外研究评述

国内外城市旅游竞争研究紧紧跟随城市旅游发展的步伐并取得了重大进展，研究内容逐渐开拓，研究视角不断更新，研究方法不断改进，但从目前的研究成果来看，存在一定的盲点和不足之处，具体表现在以下几个方面。

### 一、城市旅游竞争的演进过程、特点及研究不足

纵观城市旅游竞争研究的源起到现今城市旅游竞争力探索，其研究内容大体经历了由初期以旅游资源为核心的比较优势阶段，脱离旅游资源束缚而转向旅游需求、旅游形象、信息与技术运用、人才战略等的塑造与提升竞争优势阶段，最后是关乎“食、住、行、游、购、娱”等在内的及与之相关、包罗万象的全面城市旅游竞争力阶段，探讨三个演变阶段，可以看出城市旅游竞争的研究内容由简单到复杂、由单元素到多元素，逐渐走向多元化、复杂化与系统化。城市旅游竞争是一个渐进发展的过程，然而到目前为止，有关城市旅游竞争时空演变过程及其特征则缺乏具体的讨论。

## 二、城市旅游竞争的动力机制少有系统性研究

前述国内外研究主要是关于城市旅游资源禀赋及旅游吸引物对城市旅游发展与竞争的影响、关注旅游需求并试图占领更多的旅游客源市场份额，重视城市旅游形象的塑造以提升城市旅游的影响力，强调信息、技术、人才对城市旅游竞争的强化，都是在城市旅游发展的不同阶段，学者们基于不同的侧面、不同角度探讨了城市旅游竞争的内容表现、所采取的手段或是策略，反映了城市旅游竞争的高级化与扩展的进程。但是，到目前为止，国内外少有对城市旅游竞争动力机制做出直接、专门的表述，缺乏有关城市旅游竞争动力因素的专门探讨。学者们仅仅是从旅游学的视角对影响城市旅游竞争直接相关的一些因素进行分析，如旅游资源或旅游吸引物、旅游需求对城市旅游竞争的影响，却忽视了从区域经济、其他产业发展、地方行政干预、政策、城市整体等因素对城市旅游竞争的动力作用。

虽然有学者曾对城市旅游发展的动力机制有所讨论与建树（王琪延等，2009；Judd，1995；Vanden 等，1995；Grable 等，1997；余青等2004），但是“发展”与“竞争”是两个具有不同内涵的概念，因此需要对城市旅游竞争的动力机制做进一步的探索，尤其是对于行政力量干预比较明显的国家，城市旅游竞争具有自己的特殊模式，搞清楚城市旅游竞争动力环境和动力主体，探索驱动城市旅游竞争产生发展的力量结构体系及各种动力因素之间的相互关系和作用机理，对于明确各动力主体的责任与利益、权利与义务、作用和职能，促进各种动力因素形成良性循环，以推动城市旅游竞争向着有序的方向发展具有重大意义。

## 三、城市旅游竞争的空间效应研究缺乏

城市旅游竞争过程中必然会产生诸如促进旅游资源开发、引发旅游产品升级、推动城市产业融合、调整城市产业结构及树立城市形象等积极的作用，但同时也会带来诸如旅游资源浪费、产品设计雷同、市场定位不准及无序竞争等的消极影响。到目前为止，关于城市旅游竞争过程所产生的空间效应还鲜有专门分析，最多见于对旅游效应、旅游影响或是对旅游产业集聚效应等的分析与思考。然而仅仅是关注、追求城市旅游竞争的发展与城市旅游竞争力的提升，而对城市旅游竞争空间效应的反思则是片面

的、不完善的。积极探索城市旅游竞争的空间效应，既可以促使我们采取有利措施放大、强化旅游竞争的积极效用，也可以避免、制止不利效应的发生、持续与恶化。

# 本章小结

本章围绕“城市旅游竞争”主题，主要综述了自 20 世纪 60 年代以来，国内外学术界关于旅游资源禀赋及旅游吸引力竞争，旅游需求竞争，旅游形象竞争，知识、技术与人才对城市旅游竞争的影响，城市旅游竞争力及竞争力提升策略等方面的研究进展，相关研究成果较为丰厚。目前对城市旅游竞争动力机制及其空间效应的研究还较为少见，城市旅游日益竞争激烈，对城市旅游竞争动态演进过程及其特征、城市旅游竞争动力机制及其空间效应、城市旅游竞争策略等方面的研究，将成为今后城市旅游竞争研究的焦点和重点。

# 第二章 基本概念与理论基础

## 第一节 基本概念

首先，从概念的层次性看，城市旅游竞争研究的根本立足点在“竞争”这个核心概念上，对竞争的定义、特征、功能等本质内容把握有助于对研究对象有清晰的认识。其次，从目前旅游业的发展总体趋势看，旅游业的国家竞争和区域竞争主要是通过城市之间的竞争来实现的，越来越多的城市不仅仅是将旅游作为一个产业来发展，当城市相关要素的组合构成吸引旅游活动的潜在能力时，城市就将其本身作为一个旅游目的地和旅游吸引物推向市场，因此有必要对城市竞争进行分析。以此为基础，对城市旅游竞争的内涵和本质进行相关方面的探讨。

### 一、竞争

“竞争”一词最早见于《庄子·齐物论》：“有左，有右，有伦，有义，有分，有辩，有竞，有争。”西晋学者郭象将“有竞，有争”释义为“并逐曰竞，对辩曰争”。由此可见，“竞”体现在行为中，“争”表现在言辞上。《辞海》中解释“竞争”有两种，一是“互相争胜”，二是商品生产者为争取有利的产销条件而进行的角逐（《辞海》，1989）。

在自然界与人类社会中，竞争无处不在、无时不有。达尔文指出自然界是在“物竞天择、适者生存”的法则中进化发展的，植物之间对水、空气、矿物等养分的争夺，对地上、地下空间的争夺，对阳光等能源的争夺；动物之间对食物、空间、配偶而发生激烈的争夺，均证实竞争存在于自然界中。人类社会同样存在“优者生存、劣者淘汰”的竞争机制，如经济领域的企业发展、产业升级、人才引进、科技创新等；政治领域的战争、朝代更替、领导人竞选等；文化领域的文化更替、体育竞技、评奖评优，竞争贯穿于人类社会的各领域之中。经济学领域关于“竞争”比较有代表性的表述如表 3-1 所示。

**表 3-1　竞争相关定义**

| | 定义 |
|---|---|
| 1 | 竞争就是两方或两方以上的个人或集团在一定范围内为夺取他们所共同需要的对象而展开较量的过程 |
| 2 | 竞争是指两个或两个以上行为主体为了某一目标或利益针对特定对象而进行的争夺或较量 |
| 3 | 竞争系个人（或集体或国家）间的角逐；凡两方或多方力图取得并非多方均能获得的某些东西时，就会有竞争 |
| 4 | 竞争是围绕某一目的，不同的个体或群体通过某种潜在的或外显的较量而战胜自己对手的自然性和社会性的争胜活动 |
| 5 | 竞争是指双方或多方为获取共同期望的稀缺价值而展开的竞赛、争夺和角逐 |

资料来源：《不列颠百科全书》（1992）；于涛方等（2004）；约翰·伊特韦尔等（1992）；孙振宇（1998）；郑杭生（1998）。

### （一）竞争的特征

根据上述分析，可对竞争的特征做如下概括：

一是竞争主体是有对立性的且目标相同的个体或群体。参与竞争的各主体或竞争者分属于不同的利益方或利益集团，彼此对立。但是，他们却有着共同的需求，为了争得与满足自己的需要而展开冲突的行为活动，从而形成一定的竞争关系。

二是竞争对象具有有限性、稀缺性与难获得性。竞争主体的竞争对象或目标，并非是各方均能获得的某些东西，恰恰是由于竞争对象的稀缺性、有限性，使得各竞争主体的需求并非同时得到满足，才会产生竞争。相反，当竞争对象丰富且容易获取时，就不会产生竞争。

三是竞争结果是胜者获利，败者失利。竞争是对立方为了自身利益进行的争夺与较量，是一种实力较量的过程。实力强者争得有限资源得以生存发展，实力弱者将被淘汰或是走向灭亡。

### （二）竞争的功能

人类社会的发展历史就是一部竞争的历史，竞争是推动社会发展与经济进步的永恒动力，并成为市场经济运行的基本规律。马克思通过考察自由竞争资本主义经济，指出："资产阶级打破了封建所有制的桎梏，自由竞争以及与自由竞争相适应的社会制度和政治制度，使资产阶级在它不到一百年的阶级统治所创造的生产力，比过去一切世代创造的全部生产力还要多、还要大"。他强调了竞争在推动资本主义经济中的重要作用。18 世纪 70 年代，英国经济学家亚当·斯密指出："竞争能协调社会供需平衡，促进资源合理配置，推动社会财富增长。"德国经济学家路德维希·艾哈德说过："没有竞争的地方，就没有进步，久而久之，社会就会停滞不前""竞争是获取繁荣最有效的手段。只有竞争才能使作为消费者的人们从经济发展中受到实惠"。林南枝等（1997）提出竞争是商品经济存在的客观现象，有商品生产和商品交换，就会有竞争。陈秀山（1994）通过学习马克思的竞争理论，提出"市场竞争促进资本家努力扩大生产资料的规模和效能，提高科学发展水平及其在工艺上应用程度，进而推动经济发展和社会技术进步的步伐"，由此可见，竞争的作用是巨大的。

竞争不是在任何条件与环境下都能发挥积极的作用和效能，马克思曾明确提出"资本主义生产方式迫使单个企业实行节约，但是它的无政府状态的竞争制度却造成生产资料和劳动力的最大的浪费"。由此可见，盲目的、无序的、不公平的或是无规则竞争非但没有发挥积极的效用，而且带来了负面的影响，造成市场经济发展的低效，成为阻碍经济繁荣发展、阻碍社会进步的不利因素。因此，在市场经济条件下，为使竞争发挥其经济的功能和作用，规避竞争负效应的产生，有必要通过在竞争之外发挥国家宏观调控的力量进行干预，通过完善市场机制、建立法律法规、健全市场监督体系、规范市场秩序等手段，以形成健康、有序、公正、公平的竞争格局。

## 二、城市竞争

作为区域的一个层级，城市是经济活动和社会活动聚集体，有着相对独立经济整体利益的经济区域。受长期以来我国的分权体制和地方化潮流的影响，城市作为独立利益主体的地位得到强化，逐渐地向独立的"经济人"角色发生转化，为了谋求发展，竞争成为城市发展的最重要机制。我国学者雷达的研究表明："美国经济中 90%的商品和服务是为国内生产的"；"美国、欧盟和日本作为最大的三个经济体，它们的出口占 GDP 的比重不到 12%"。因而，各国内城市间的竞争是主要的。同时，全球化中的地方化通过分权效应使得地区间主要是城市间的竞争日趋激烈，城市竞争表现出自身鲜明的特征。

## （一）城市竞争的特征

### 1. 城市竞争主体是城市政府

三十多年来我国经济体制改革使得计划经济时期的中央集权制发生彻底转变，中央政府将经济决策权下放给地方政府、市场和企业。城市经济社会发展形成由中央政府、城市政府与市场力量共同参与和推动的格局。

城市政府拥有和行使越来越多的经济决策权，同时承担了越来越多的经济社会发展的责任与使命，其通过财政收支活动，微观上对经济活动产生重要影响，宏观上协调市场机制内部矛盾，保障城市社会经济顺利运行。由于历史原因、行政体制及特殊的经济结构，城市政府成为经济社会运行中特殊的利益主体，城市间的竞争已上升为政府的行为，演变为城市政府间的竞争，推动和促进城市经济发展，既是城市政府重要职能，也是城市政府间竞争的产物。一方面，城市政府要与中央政府保持一致，全力投入到城市经济、社会及环境建设中来，共同担负起推动国民经济整体发展的重任。另一方面，城市政府是城市经济的决策者和受益者，受提高任期政绩压力驱动和提高辖区经济社会发展水平的利益驱动，城市政府之间必然要在资源、投资、人才、信息等方面展开激烈的争夺，可以说这种竞争无时无刻不在进行，并体现在城市各种活动之中。

### 2. 城市竞争的对象为有限、稀缺的生产要素，目的是赢得城市发展

城市经济增长和社会发展是在多种要素作用下共同推动与完成的。在传统社会时期，城市的发展是建立在自然（土地、原材料、能源等）、资本和劳动力等生产要素投入的基础之上；在现代经济社会中，城市经济活动对技术、知识和信息等高级生产要素依赖程度加深。经济全球化使生产要素跨地区的流动性增强，而生产要素总是流向能够给其带来更多价值增值的空间。城市竞争的对象就是在城市内外甚至全球搜寻、吸引发展资源，开展对有限的、稀缺的生产要素，特别是难以获得的高级生产要素的争夺，促使资源、资金、技术、信息、人才等生产要素向城市内部发生流动与汇聚，发挥市场机制对生产要素的有效配置，使生产要素流向更多增值空间的部门和经济活动中。鼓励本地企业扩大投资，争取外来投资特别

是跨国公司投资，通过引进技术、引进人才、引进资本最终实现城市自身利益的最大化，从而提高城市整体经济实力和综合发展能力。

3. 城市竞争的结果是一种帕累托改进

由于城市竞争涉及资源、人力、资本、技术、企业组织、产业发展、政府服务和政府制度等众多要素，城市竞争所产生的要素改变是缓慢的，因此城市间竞争必然是一个长期的、错综复杂的动态过程，竞争程度表现相对温和。城市竞争不同于企业竞争那样针锋相对的进行市场占领和客户争夺，直至把竞争对手挤出市场，从而导致竞争企业实体的消亡。城市竞争不存在生与死，只存在强与弱，是为了获得更大的竞争优势而展开的竞争，通常不存在某个城市退出竞争领域而消亡的情况，即并不遵循“零和博弈规则”（李怀建等，2003）。可以说，城市竞争是在共同生存、共同发展前提下的相对竞争，不存在“你死我活”的绝对竞争，竞争的最优结果往往使参与竞争的各城市在竞争过程中得到了提高与升华，是一种帕累托改进。

### （二）城市竞争的功能

公平、公正、合理、有序的城市竞争能够发挥积极的作用和效能，对城市经济区域产生十分重要的作用。

1. 城市竞争有助于发展城市经济，提高人民生活质量

首先，城市政府是国家行政序列的一个组织，是中央政府宏观调控指令的有力执行者，其需要努力完成上一级政府乃至中央政府下达的各项指标和发展任务，发展城市经济，造福城市居民，提高社会福祉成为城市政府的重要责任。其次，城市政府是城市经济发展的决策者，任期内政绩决定政府官员的任用、发展和前途，为了提升行政任期内的工作政绩，城市政府会以积极姿态谋划全局，规划城市经济发展，主动参与、迎接城市竞争，甚至是主动出击加紧竞争，以追求城市利益的最大化。再次，城市政府是辖区群众利益的保护者，通过改善企业发展环境实现招商引资、支持辖区企业发展等途径来扩大群众的就业门路和提高人均收入。最后，城市政府是地方经济发展的直接受益者，其从发展经济中会获取更多的财政利益，从而可以拿出更多的资金来满足地方政府不断增长的财政需求。

2. 城市竞争有助于改善产业与市场环境，促进资源的合理配置

城市竞争归根到底是城市政府行政竞争和经济管理能力的竞争。城市竞争能积极推进政府改革，有效简化政府审批程序，提供高效便捷的政府服务，以此提高政府办事效率；城市竞争能完善法律法规制度，健全司法执法制度，通过提供有效的法制保障和维护稳定的治安环境，形成良好的

市场竞争秩序；城市竞争能促进政府加紧完善基础设施，加强公共产品建设，营造良好投资环境，提升产业发展环境，既有利于吸引资本、技术、人才等资源向城市区域流入与汇聚，促进资源在企业间与部门间实现合理配置，又有利于提高资源的产出效益。

3. 城市竞争有助于推动产业发展，优化城市产业结构

产业是国民经济中以社会分工为基础，在产品和劳务的生产经营上具有某些相同特征或同一属性的企业或其他经济实体及其经济活动的集合（石奇，2008）。城市是一系列产业的集聚区，承担着区域的生产、交换、流通与服务等功能，城市竞争水平取决于城市产业能力的强弱。城市竞争产生的城市中心地位提升、城市经济增长率提速或者是综合经济实力增强等将加快实现资源在各个产业部门之间的合理流动与配置，进而促进城市产业部门的优化与提升，最终为城市创造更多的社会财富。

4. 城市竞争有利于制度改革，促进制度创新

城市竞争不仅是经济发展的引擎，也是制度变迁的动力。为了在城市竞争中掌握竞争的主动权，为了给城市经济发展提供有力支撑，城市政府会加快实现自我职能转变，进行相关部门的审批制度改革，减少行政审批程序，提高行政办事效率。通过政府部门的自我改革、主动放权，从而降低市场主体的进入门槛，还权于企业，还权于市场，提高辖区内生产要素的汲取能力，引入适应市场发展需要的企业制度，激发市场经济发展的内在活力。通过制度改革、制度创新给城市竞争搭建良好的制度平台，使城市政府和企业共同分享制度改革、制度创新所带来的收益。

## 三、城市旅游竞争

### （一）城市旅游的概念辨析

对“城市旅游”定义的识别和界定是开展城市旅游竞争研究的基础。由于城市空间范围有大有小，城市内的资源与特色各异，城市涉及的内容包罗万象，致使“城市旅游”界定困难，目前学者们对城市旅游的定义仍没有达成统一共识。其中，有代表性的定义，如国外学者 Pesrce（1993）从使用者的角度提出“城市旅游”定义需要分析旅游者的旅游动机，以人们选择城市为旅游地的原因为出发点；从提供者的角度，Ashworth（1992）提出城市旅游存在的决定因素为设施和相应的活动。国内学者对城市旅游的界定也提出自己的看法，如宋家增（1996）定义以上海为例，提出“都

市旅游”是以都市风貌、风光、风物、风情为特色的旅游，但都市旅游多体现出主题公园、博物馆、科技馆、创意街区、大型会议会展及旅游院校、旅游规划研究院所、旅游企业总部及商务酒店等典型特征，使得历史文化小城、工业城市及商业城市被排除在外，因此都市旅游并非等同于城市旅游。彭华和钟韵（1999）认为城市旅游是发生在城市中的各种游憩活动的总称；俞晟（2003）定义城市旅游是发生在城市中各种旅游活动的总称；保继刚（2005）认为以城市为目的地的旅游活动就是城市旅游；从旅游的本质来看，城市旅游是以城市为载体的观光游憩体验活动，城市旅游的范围是建成区和市域（吴承照，2005；吴志强等，2005）。

综上，从地理空间范围角度来看，本书认为城市旅游可从广义和狭义两个层面进行定义，广义的城市旅游空间范围为整个市域，狭义的城市旅游空间范围仅指的是建成区。因此，在实践应用和学术讨论中，城市旅游与省域和县域旅游一样，是区域旅游在不同空间尺度下的具体表述，并且起着承上启下的重要作用，此时城市旅游与市域旅游的内涵基本一致；而在论及乡村旅游时，为与乡村旅游有所区别，此时的城市旅游建议表述为都市旅游更为合适。

本书中的城市旅游是和省域、县域旅游相同类型但不同层次的区域旅游概念。从区域旅游层面开展城市旅游研究的原因在于：一是基于我国城乡划分的实际和宏观数据的可获得性。自 1984 年我国开始“整乡设镇”“整县设市”，使得市镇地域内包含大量农村地区，无法按照市镇直接辖区的行政界线划分城乡（黄中等，2004）。我国的旅游政策设计、旅游规划、旅游统计等也同样是以这样的城市为单位进行，因此在我国有一个更为特殊的“城市旅游”，是城市统率乡村的旅游业态（金准，2014）。二是基于“全域旅游”旅游产业发展的新战略。“全域旅游”是我国旅游产业发展的新坐标，在诸多的理性思考中，其中的“域”被解读为“时间”“空间”“要素”“领域”等多种内涵，其中“空间域”被认为是“全域旅游”的核心要素，是对于旅游经济系统建设的空间落实（郭毓洁等，2016）。我国的地域空间存在明显的城乡二元结构，其中城市是旅游重要的依托、旅游的核心和旅游的根（魏小安，2015），但根据“全域旅游”的发展理念，绝不能仅仅以城市论城市，因为在国内外城市旅游市场竞争加剧的背景下，单凭城市的一己之力难以壮大甚至不能保全市场。因此，在对城市旅游竞争研究的视角上，将城市作为空间节点，铺向整个市域范围，以城市带动腹地，甚至扩展到周边城市，与周边城市发生联动，通过空间的全利用构造整片的城市旅游竞争区域。可以预见，未来的城市旅游竞争，除了具备综合性实力较大的个体城市之间的竞争外，还将是更大区域范围下城市旅游的整体竞争（粟路军，2011）。

### （二）城市旅游竞争的概念内涵

目前还未见有关城市旅游竞争的明确定义，本书在上述文献回顾、梳理和概念辨析基础上，尝试界定城市旅游竞争的概念及内涵：

城市旅游竞争是指两个或两个以上的城市为实现自身旅游经济、社会、环境等效益的最大化及可持续发展，依托城市综合环境而展开的对有限客源市场和发展空间的争夺行为，并产生的直接或间接地影响对方发展的空间关系。

基于不同的视角，城市旅游竞争的内涵具有不同的表达方式。从参与城市旅游竞争的利益主体看，包括微观层面的旅游企业竞争、中观层面的旅游产业竞争和宏观层面的政府主导下的城市之间的竞争。从城市旅游竞争要素构成看，城市旅游竞争利益的获取及目标实现是一个多要素参与、综合作用的结果，包括城市本身的自然环境、经济实力、基础设施等基础；政府的宏观调控、旅游发展政策及旅游服务管理；旅游资源丰富度、知名度、旅游景区级别；旅游企业投资能力、市场营销战略及策略等。从城市旅游竞争的最终结果表征看，它主要是通过一定时期内城市间所接待的旅游者人数和创造的旅游收入的差距表现出来。

### （三）城市旅游竞争的特征

#### 1. 城市旅游竞争利益主体的多元性

城市旅游竞争具有复杂的层次性（见图 3-1），涉及区域、产业、企业三个层面，参与竞争的利益主体包括政府间竞争（本城市政府与其他城市政府之间的竞争、地方政府与中央政府之间的竞争、国家与国家之间的竞争）、旅游产业间竞争及旅游相关服务企业间竞争（旅行社、住宿业、餐饮业、游览娱乐业、旅游用品及纪念品销售行业），由此可见，参与城市旅游竞争的主体具有多元性特点，各利益主体为了争取自身的利益最大化而相互结合，使得城市旅游竞争呈现极其复杂的特点。

#### 2. 城市旅游竞争对象为客源市场，竞争目的是为了拓展发展空间

城市旅游竞争的对象就是通过城市、旅游产业及旅游相关企业的相互作用，最大限度地抢占市场，争夺旅游市场的占有份额，实现城市旅游经济利益的最大化。同时，旅游业是以营利为主要目的的经济产业，城市旅游竞争的目的是为了提高城市旅游发展实力，优化资源、资金、人力资源

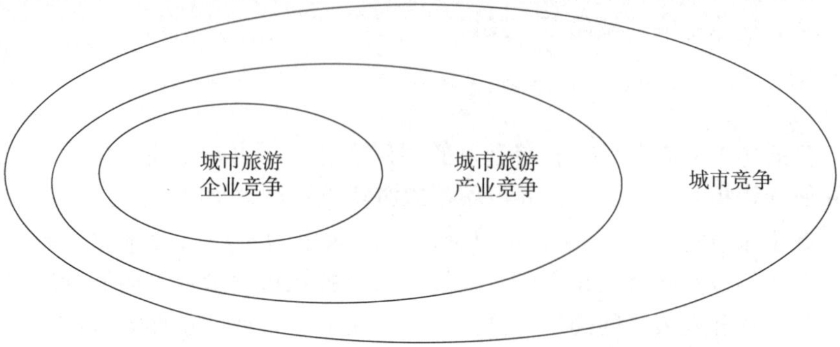


**图 3-1 城市旅游竞争层次**

配置，充分发挥旅游的经济、社会、文化、教育等功能，提升旅游产业在城市内部的地位，千方百计在国内及国际旅游经济发展的总体格局中拓展自身的发展空间。

3. 城市旅游竞争结果的非替代性

城市旅游竞争是为了争夺更大优势与发展空间而展开的竞争，由于每个城市范围内都或多或少的拥有一定特色旅游吸引物，并存在一定的旅游辐射范围，因此各城市都可以适度进行一定规模的旅游开发。加之城市旅游中地理因素、空间因素的存在，使得城市旅游竞争不会由于竞争的失败导致城市、旅游产业等实体的消亡，不会出现“你死我活”的替代性竞争结果，因此城市旅游竞争具有相对性，其最优的竞争结果是参与竞争的各方均受益，即是一种城市旅游协同进化型的竞争。

4. 城市旅游竞争的类型

从不同的角度对城市旅游竞争进行分类，可以得到不同的分类结果（见表 3-2）。通过对城市旅游竞争的类型划分：一方面对竞争有了更清晰、全面的认识与把握。另一方面，在经济全球化与区域经济一体化的背景下，结合我国改革开放与市场经济不断深化的实际，首先应该注意到城市旅游各竞争主体间的关系往往是紧密结合在一起的，正如哈佛大学商学院教授迈克尔·波特认为国家竞争优势取决于产业竞争优势，而产业竞争优势又决定了企业竞争战略。波特是站在中观的产业层次研究竞争，又将其扩展到了宏观的国家层面和微观的企业层面，由此可见，城市旅游竞争将国家、区域、产业、企业等竞争主体及竞争主体的利益天然地联系在一起。其次，各竞争主体跻身于激烈的国际、国内的市场竞争之中，理应灵活的、有选择性的将竞争内容、方式、手段有效结合起来，通过采取合理、恰当、规范的竞争措施，以提升自身的竞争能力，争取竞争效应与利益的最大化。

**表 3-2　城市旅游竞争的类型**

| 依据 | 类型 |
| --- | --- |
| 竞争利益主体 | 国家竞争、地区（城市）竞争、产业竞争、企业竞争 |
| 竞争规范性 | 公平与不公平竞争、充分竞争与不充分竞争、有序竞争与无序竞争、合法竞争与违法竞争 |
| 竞争内容 | 资源竞争、市场竞争、人才竞争、技术竞争、创新竞争 |
| 竞争手段 | 价格竞争、非价格竞争 |
| 竞争方式 | 对抗性竞争、合作型竞争 |
| 竞争结果 | 两败俱伤型、相互抑制型、优胜劣汰型、协同进化型 |

5. 城市旅游竞争的功能

从积极的角度看，可以产生经济、社会、文化等多样化的功能。

（1）经济功能。城市旅游竞争可以扩大市场需求，有可能给相关城市带来更大的旅游市场份额，直接增加城市经济收入，特别是促进城市通过非贸易渠道获得外汇收入，提高城市创汇水平。再者，城市旅游竞争通过其所产生的前向、后向及旁侧关联效应能够带来间接的经济收入，进而提高整个城市的经济发展水平。此外，城市旅游竞争主要是为了吸引外地游客，通过为外地游客提供相应的旅游产品与服务来为城市创造收入，在一定程度上扩大城市对外经济交流，并推进城市对外开放的步伐。

（2）社会功能。城市旅游竞争促使城市增加投资用于基础设施和服务设施建设，如提高交通线路质量、改善站场设施、加强信息网络建设、修建景区停车场等，以增强城市旅游的服务能力与保障能力，这必然会提高城市的公共设施供给水平，在满足旅游者需求的同时又方便当地居民生活之需。同时，旅游对环境的要求与依赖性明显，竞争会促使相关城市加强环境建设与管理，加强污染的控制与治理，严格监控垃圾及污水处理，增加城市绿化覆盖率，改善城市卫生条件，美化市容市貌，保护资源环境，进而改变城市居民的生活条件和生活环境。

（3）文化功能。由于地理环境、历史基础、发展历程及经济建设等的不同，每个城市都饱含着各自的历史内涵，彰显着不同的文化特色，特别是一些城市作为世界级历史遗产地、国家级历史文化名城，内部拥有珍贵的历史古迹、丰厚文化遗产及原生态的民俗民风。城市旅游竞争能够促进城市历史古迹、历史遗产的挖掘、保护与修葺，促进民俗文化的发扬与民间艺术的传承，并通过旅游这一渠道与平台，与各国各地区进行积极的文化交流与分享。这不仅实现了经济与文化的互动融合，并将这些“古香古色”的旅游产品呈现给游人，以此开阔人们的视野，丰富人们的精神文化生活。

## 第二节　理论基础

### 一、竞争理论

#### （一）比较优势理论

竞争理论最早见于古典经济学，其中影响比较广泛具有一定借鉴意义的尤属比较优势理论和竞争优势理论。

1. 理论内容

1776 年，古典经济学家亚当·斯密首次提出绝对比较优势理论，他将不同产品的生产成本在国家间的比较作为国际贸易的理论依据，提出各国应该生产并出口具有绝对成本优势的产品，进而开展国际分工和贸易，则对相关国家都有利，他认为区域竞争的绝对优势由绝对成本优势所决定。1817 年，大卫·李嘉图基于绝对优势理论，提出相对比较优势理论，根据“两利相权取其重，两弊相权取其轻”的原则，国家间通过成本比较，生产并出口利益较大或不利较小的商品，也可以开展国际分工和贸易，则对相关国家都有利。由于该理论能够在一定程度上揭示国际分工和贸易的理论原则，因此受到经济学界的认可，随之对影响和决定比较优势的要素进行积极研究，比较优势不仅由传统的土地、资本、劳动力、能源等要素决定，人才、知识、技术、创新等新要素的重要性愈加显现。1933 年，赫克歇尔和俄林提出了要素禀赋学说，从而揭示了要素禀赋对于比较竞争优势的重要作用，该理论强调了国家间生产要素禀赋的相对差异直接影响各区域竞争能力的强弱。

2. 理论启示

旅游资源禀赋及旅游吸引力是城市旅游具有竞争能力的基础要素，城市旅游竞争初期主要表现在对旅游资源表层的、简单的、粗放式的利用，具有比较优势的旅游资源开发与利用成就了城市旅游业，同时也是城市旅游竞争初期阶段竞争优势的来源与核心内容。由于竞争是一个动态变化的过程，当竞争程度升级或进入激烈竞争阶段时，仅仅依赖旅游资源的优势或停留在旅游产品的初级开发，城市旅游很容易陷入困境、举步维艰。当城市旅游竞争持续进行时，竞争强弱就不仅仅是旅游资源禀赋的比较优势所决定的，因此该理论就显示出一定的局限性。

### （二）竞争优势理论

1. 理论内容

20 世纪 90 年代初，美国经济学家迈克尔·波特开创性地提出了竞争优势理论，他指出产业或企业的国际竞争优势取决于六要素，其中生产要素，国内需求条件，相关产业及支撑产业，企业的战略、结构和竞争四个决定因素相互作用，组合成“钻石模型”，同时，机会和政府两个因素起辅助作用，它们共同决定产业或企业取得的竞争优势。波特进一步指出生产要素包括自然资源和人为创造的资源，又进一步分为基本要素和高级要素，获取竞争优势的关键在于不断地投资、创新以获得大量人造资源和高级要素。

2. 理论启示

竞争优势理论揭示了产业怎样才能打造并保持可持续的相对优势，明显是对比较优势理论的超越。伴随城市进程中，旅游市场化、产业化程度的提升，单纯以旅游资源初级开发为卖点的旅游发展模式与日趋加剧的城市旅游竞争已不相适应，依据竞争优势理论提高旅游产业整体运行效率，变得尤为重要。此外，每个城市要想在竞争中获得、保持竞争优势，一方面要长期、有效利用现有要素，另一方面还要创造诸如熟练劳动力、科技资源等高级要素。

## 二、旅游地生命周期理论

### （一）理论内容

旅游地生命周期理论是描述和揭示旅游地由起而衰的生命发展过程的

一种理论。1963 年，德国经济地理学家克里斯塔勒通过研究欧洲旅游发展，首次提出旅游地具有发现、成长、衰落的生命周期演进过程。1980 年，加拿大学者巴特勒提出“旅游地发展周期概念”，并把旅游地演化过程划分为探查（Exploration）、参与（Involvement）、发展（Development）、巩固（Eonsolidation）、停滞（Stagnation）、衰落或复苏（Decline or Rejuvenation）六个阶段，并给出各阶段的特征，用以描述旅游地的生命历程。巴特勒旅游地生命周期一经提出得到广泛认可，国内外众多学者以此理论为基础进行了大量的实证研究，例如：国外学者 Hovinen（1982）对美国宾夕法尼亚州东南部城市兰开斯特的研究；Debbage（1990）对 Paradise 岛的研究，国内学者保继刚（1987，1994）分别对颐和园和喀斯特旅游地的研究；杨效忠等（2004）对黄山旅游地的研究，足以证实该理论被广泛地接受与应用。

### （二）理论启示

城市是旅游资源集聚、旅游产品开发、旅游活动发生与进行的重要空间载体，加之中国快速城市化推动了城市环境的改观、形象的升级、商务与会展活动云集，城市作为旅游地的地位得到进一步提升，中国城市旅游接待规模、开发程度、发展趋势呈现出一定规律，展现出旅游地生命周期中所具有的阶段性特征。

城市旅游所具有的旅游地生命周期受竞争的驱动、影响与控制，因为市场经济条件下“竞争刺激、促进发展”。在一定的旅游市场规模诱惑下，竞争能力强劲的城市，旅游投资增加，旅游接待人次上升，旅游经济效益显现；竞争不足的城市在旅游发展的大潮中落伍，其发展速度与发展趋势呈现比先前放缓的态势，呈现徘徊不前甚至倒退的状态，竞争使城市旅游在各时期具有明显的发展特征。

## 三、经济学理论

城市旅游兼有区域、产业、经济的多重属性，因此研究中必然会涉及旅游经济学、产业经济学、发展经济学、城市经济学的相关理论。

### （一）旅游经济学理论

#### 1. 理论内容

旅游经济学是研究旅游活动中所发生的经济现象、经济关系和旅游经济发展规律的学科。林南枝和陶汉军（2000）在《旅游经济学》一书中提出了旅游经济发展模式的概念，指出“旅游经济发展模式是指一个国家或地区在某一特定时期内旅游产业发展的总体方式”，并从不同的角度将旅游经济发展模式划分为三种不同的类型，具体阐述了每种类型的内涵、特点及发展条件（见表 3-3）。我国旅游产业发展具备十分优越的条件，由于我国仍然是发展中国家，经济处于短缺状态，加之长期以来“重生产、轻消费”的传统观念抑制了旅游产业的发展，同时受中华人民共和国成立初期紧张的国际环境形势限制，根据具体国情，从客观现实出发，我国旅游经济发展选择的是政府主导下的入境旅游优先发展的、超前的推进型模式。

**表 3-3 旅游经济发展模式**

| 分类依据 | 发展模式 |
|---|---|
| 旅游产业成长与国民经济关系 | 超前型：旅游产业的发展超越了国民经济总体发展的一定阶段，通过发展旅游产业带动和促进国民经济中与其相关联的其他产业和地区发展 |
| | 滞后型：国民经济发展到一定阶段后，旅游产业便自然而然地形成和发展起来 |
| 旅游产业成长调节机制 | 市场型：旅游产业的发展主要依靠市场调节机制的作用，实现旅游产业资源配置，推动旅游产业内部的自行调节和自行均衡 |
| | 政府主导型：以各个时期的旅游产业发展规划或通过制定旅游产业政策来实现发展 |
| 旅游产业成长演进模式 | 延伸性：以发展国内旅游为前导，在此基础上，发展入境和出境旅游，最终实现国内、入境、出境全方位的旅游发展模式 |
| | 推进型：先以发展入境旅游为主，随着社会经济进步发展国内旅游，最终实现入境、国内和适度出境旅游全面发展的发展模式 |

2. 理论启示

认识我国旅游经济发展模式，对于分析、掌握我国城市旅游产业竞争动力机制具有重要的借鉴意义。中华人民共和国成立后，为了满足、适应外事工作需要，政府首先在经济基础条件较好的中心城市，如北京、上海、广州等地主动投入资金用于宾馆、饭店、旅游基础设施、地面设施、公共设施的改建、扩建和新建。在此阶段，受计划体制影响，政府对旅游业进行微观的支持和管理。随着改革开放的推进，市场经济体制的推行，政府的主导作用和对旅游产业的支持形式发生调整，逐渐趋向宏观的调控和管理。政府在城市旅游启动与发展进程中的主导作用是显而易见的，因此必然会成为驱动城市旅游竞争的重要推动力量。

在城市旅游进程中，政府主导作用形式从微观视角转向宏观领域，源于改革开放后旅游市场需求的变化。一方面，我国入境市场在总量保持高速增长的同时，旅游需求结构不断优化。另一方面，国内旅游需求在改革开放后逐渐起步，并呈现强劲发展势头。面对庞大旅游市场需求，需要依靠市场机制进行资源的优化配置，实现旅游产业内部的自我调整和自我均衡。市场调节机制主要有供求、价格和竞争，推动城市在国内、国际两个旅游市场双重发展，使城市旅游获得不竭的发展动力，竞争是市场经济的必然产物，因此市场也是城市旅游竞争的重要驱动力。

### （二）产业经济学理论

1. 理论内容

产业发展是产业的产生、成长和进化过程，是产业总体的各个方面经历不合理到合理、不成熟到成熟、低级到高级的动态演化过程。产业发展主要通过产业规模的扩张、产品与服务种类增多及质量升级、生产技术水平提高及产业结构的优化与升级等方面表现出来。产业发展既包括量的扩张，也包含质的提高。产业发展在量方面的扩张主要包括产业生产规模的扩大、企业数量的增多和规模扩张、产出能力提高等，其中产业生产规模扩大，必然会形成一定的规模经济效益，促使内部分工逐渐细化与专业化，正如克鲁格曼所说，不同国家在同一产业内部专业化分工生产不同的产品或不同环节形成规模经济优势，可以形成产业的不同竞争力。同时，企业为了追求规模经济效益或来自竞争的压力，通过合并、兼并或战略联盟等手段促使生产规模不断扩张、市场不断扩大，产业的市场集中度不断提高。产业发展在质方面的提高主要体现在产业结构的升级或产业结构的合理化。产业结构升级是在技术进步的影响下产业总体发展水平的提升过程，表现在产业结构整体素质和效率的提高，而产业结构合理化是指产业之间关联水平的提高和协调能力的增强。

2. 理论启示

竞争促进发展。城市要赢得旅游产业发展，需要采取和运用一系列的竞争措施和策略。城市的旅游产业要在激烈的竞争中取胜，既要注重量的扩张，也要注重质的提高。对于城市的旅游企业而言，为了赢得竞争的优势地位，需要采取规模化、集团化的经营策略，整合与旅游产业紧密相关的餐饮、住宿、交通、娱乐、购物等各行各业，形成更为紧密的经济技术联系，提高服务效率，以获取一定的规模经济效益。对于城市的旅游产业而言，首先要确保产业内部各行业协调发展，避免行业内部发展差距过大而造成产业结构失衡，形成合理化的旅游产业结构；其次要加大科学技术在旅游产业中的应用范围，推动旅游产业结构的高级化。

竞争能带来发展和效益。城市旅游在竞争中发展，必然会产生一定的积极效应，如旅游企业生产规模扩大及产生规模效益、旅游产业内部分工专业化、旅游产品升级换代、提高旅游产业协作效率等诸多效益。

### （三）城市经济学理论

#### 1. 理论内容

城市化是当今世界上最重要的社会、经济现象之一。城市化理论指出城市化是人类社会经济发展到一定历史阶段的必然结果，主要是指人口向城市集中、城市规模不断扩大、城市数量不断增多，并由此带来社会、经济和空间结构变迁的过程。经济结构的变迁表现在第二、第三产业向城市发生集中及城市经济结构的优化；空间结构的变迁是指各种产业生产、交换、消费活动向城市发生集中及集中后的分散过程；社会结构的变迁表现在全社会人口接受城市文化及城市生活方式渗透与扩大过程。城市化演变呈现出一定的阶段性规律及特点（见表 3-4），从经济增长的角度来看，推动城市化演进的动力机制发生了明显变化，在城市化初期和中期阶段，工业是吸收农村剩余劳动力和推动经济增长的主要部门，成为城市化的主导力量；城市化处于中后期阶段时，工业化作用减弱，第三产业在城市化中的作用日益突出。旅游作为第三产业的重要组成部分，其对经济增长及城市发展的推动作用早已被人们所认可和利用，1991 年 Patrick Mullins 首次提出“旅游城市化”，认为它是一种建立在享乐的销售与消费基础上的城市化模式，Judd 等（1999）将旅游城市分为历史名城、转型城市和旅游城市化三种类型，黄震方等（2000）提出旅游城市化是旅游区非城市人口向城市转移和聚集，旅游城市数量不断增加，规模不断扩大，城市在人们的旅游活动中作用增大的现象，一些专门旅游城市就是以旅游产业作为原动力，从无到有、从小到大逐渐发展起来的，旅游作为城市化的动力因素已毋庸置疑。

**表 3-4 城市化演变阶段及特点**

| 城市化阶段 | 特征 |
|---|---|
| 初期阶段 | 农业是经济结构主体，农业生产率低，农业劳动力占劳动就业比重大；工业化处于起步阶段，加工工业落后；城市化进程十分缓慢 |
| 中期阶段 | 农业生产率提高，出现农村剩余劳动力并向城市发生转移；城市人口增加，非农经济活动集聚，第二、第三产业比重上升，工业化进入起飞阶段；城市化进入高速成长期 |
| 后期阶段 | 农业基本实现现代化，农业剩余劳动力转移基本完成；工业结构优化、调整，容纳劳动力能力减少，劳动力进一步向第三产业转移，第三产业比重上升；城市化进程放缓，但城市化质量出现提升 |

2. 理论启示

从我国旅游城市化的具体实践看，旅游已经成为推动城市化的一种动力。特别是消费经济和体验经济时代的到来，旅游产业因具有改变城市的产业结构、促进城市经济转型和功能提升、转换城市消费结构、树立城市新形象等功能，成为城市“自我营销”的一种途径，是城市在激烈竞争中胜出的重要手段，也是城市发展旅游的“初衷”。因此，以城市化相关理论为指导，研究城市旅游竞争的动力机制具有十分重要的意义。

## 四、系统理论

### （一）理论内容

20 世纪 40 年代，奥地利理论生物学家贝塔朗菲创立系统理论，他主张运用整体或系统的概念来处理一切知识领域中的复杂性问题，其核心思想是把研究对象看作是一个整体或系统，并认为世界上的任何事物都可以是一个系统，将系统定义为若干要素相互作用的复合体。系统中各要素并非孤立存在，而是处在一定位置起着特殊作用，通过相互作用构成一个整体，使系统产生整体功能大于各要素功能的简单累加；由于其内外部复杂的联系使之总是处于动态变化之中，因而具有动态性特征；系统内的相互作用以及系统的进化依赖于外部环境，以外部环境为条件。因此，系统论的核心思想是把研究对象看作是一个整体或系统，研究系统、要素、环境三者的相互关系和变动的规律性，并以优化系统的整体功能为最终目的。

### （二）理论启示

系统论观点为学者们正确认识旅游系统提供了科学的方法论。旅游学家 Jafari（1992）提出，“为理解旅游业，有必要将其作为一个整体或系统来研究”。Gunn（1988）提出，“旅游功能系统”的概念，并指出其内部的构成要素之间存在明显的相互依赖关系。Leiper（1990）认为，旅游系统包含旅游者、旅游客源地、旅游目的地、客源地和目的地之间的联系方式。顾朝林（2003）认为，旅游系统是由交通运输、旅游服务、信息提供者和市场营销系统等构成。吴必虎（2005）认为，旅游系统由市场系统、旅游支持系统、旅游出行系统以及目的地系统组成。

系统论思想是城市旅游发展的理论基石。城市的旅游本身就是一个非常复杂的系统，城市旅游竞争动力机制牵涉众多要素，与经济、社会、制度、文化、技术广泛联系，影响因素众多，需要以系统论为思想指导，充分分析城市旅游竞争内部各因素之间的联系及与外部环境之间的关系。

## 五、空间相互作用理论

### （一）理论内容

空间相互作用理论由 Ullman（1957）首次提出后，空间相互作用始终是地理学和区域科学的一个经典主题，引起学界广泛重视，并得到不断发展。随着区域经济一体化进程的不断推进，致使不同尺度区域内部和区域之间的社会经济联系更加密切与复杂，正是由于城市之间的相互作用，才把空间上彼此分离的城市结合为具有一定结构和功能的城镇体系（许学强等，2009）。空间相互作用是极其复杂的（闫卫阳等，2009），在作用的主体上，包括城市和区域，也包括城市与区域内部的商业网点、文化设施、园林绿地及其他服务设施；在作用的内容上，包括物质、能量、人员和信息的交换，或者说，包括生产、生活的各个方面；在作用的形式上，表现为一种交换、联系和互动，可用一个作用量来表达；在地域空间上则综合表现为地理实体作用空间的分割，可用吸引范围来表达。

### （二）理论启示

20 世纪 60 年代，地理学者开始运用交通“流”调查数据分析地区间的相互作用。随后，“流”不再局限于交通流，而是发展形成各种有形的商品流以及无形的信息流、资本流，并认为可转移性、互补性和介入机会是引发各种“流”的必要条件（刘卫东等，2014；Ullman E. L.，1957）。城市旅游竞争的外在表现形式体现在对客源市场的争夺，而实质上是对各种“旅游流”的争夺。在竞争过程中，由区域城市间相互作用而产生的空间效应往往被忽略，而这一空间效应正是促使或抑制城市旅游发展的重要影响因素，因此有必要基于空间相互作用理论来对城市旅游竞争间的溢出效应进行识别与分析。

## 本章小结

本章主要阐述了相关基本概念及理论基础。逐一介绍了竞争及城市竞争概念内涵、特征和功能，在对城市旅游概念进行辨析的基础上，尝试给出了城市旅游竞争的概念，总结归纳了城市旅游竞争的特征、类型和功能。旅游是交叉性较强的一门学科，涉及的理论繁多，本章围绕研究主题，概述了竞争理论、旅游地生命周期理论、经济学理论、系统理论和空间相互作用理论的内容，指出了上述理论对本书的启示作用。

# 第四章 城市旅游竞争的动态演进分析

城市区域既可以是旅游目的地，同时也可以是客源地。为发展旅游业，以城市行政区为基本单元的旅游竞争自旅游业兴起之日起就从没停止过。城市旅游竞争是一个动态过程，在这个过程中，竞争优势和竞争程度是暂时的，并处于不断变化的演进过程之中。

## 第一节　我国城市旅游竞争的发展阶段

回顾中国城市旅游发展的历程，现代城市旅游开始于20世纪五六十年代，其发展缓慢，直到20世纪70年代末仍很稚嫩，未取得明显进展。1978年，我国开启了改革开放的发展里程，从此中国经济社会发生了翻天覆地的巨大变化，中国旅游业受益于改革开放的历史机遇，经过艰难跋涉的曲折历程，实现了由政治接待、事业型发展再到产业化建设的重大转轨。城市以其自身的优越性成为中国旅游业发展的重点区域而得到优先开发，发展势头十分迅猛，可以说改革开放的40多年是城市旅游崛起的40多年，也是竞争越演越烈的40多年，其间一系列经济社会因素尤其是城市内外部体制环境的深刻变革对城市旅游竞争产生极其复杂的影响。概括起来，我国城市旅游竞争先后历经：1978~1991年的政府主导、1992~1999年的政府—市场混合作用、2000年至今的政府—市场互补作用三个演进阶段。

### 一、政府主导城市旅游竞争

1978~1991年是中国经济体制改革的重要转型期，我国实行了计划经济为主、市场调节为辅的经济体制，在此阶段我国城市旅游迅速发展，实现了由“政府接待”向“经济（旅游）创汇”的功能转变，其动力推动主要来自政府层面。1978 年以后邓小平同志通过专门讲话多次提到旅游业对中国改革开放、中国政治经济的意义，提出要尽快发展旅游业，并指出“旅游收的外汇要与地方分成，开创时国家要投点资”。以“创汇”为目的的旅游发展道路历史性的选择了城市作为入境旅游根据地。为加强入境旅游接待能力，1979 年经国务院批准，借助外资与侨资在北京、南京、广州、上海四个城市启动建设六座旅游饭店，城市旅游接待设施建设得到发展。正如有关学者研究的那样，此阶段是典型的政府主导阶段，如 Choy 等（1986）分析 1978~1984 年我国旅游政策的变化，提出中国旅游政策发生变化的主要目的是为了推进入境旅游，扩大入境旅游接待量，是通过挣外国的钱，发展本国的经济，属于典型的政府推进型旅游发展模式。Zhang 等（1999）利用旅游政策演进模型，分析了 1978 年以来我国旅游政策的演变及其对旅游产业的影响，提出 1978~1985 年旅游业为“政治为主，经济为辅”阶段、1986~1991 年为“经济为主，政治为辅”阶段。政府在旅游业“政治接待”向“经济经营”的功能转化、旅游发展阶段演进中扮演了决策者、经营者、投资者、管理者等角色，非政府因素如市场因素虽也能产生动力推动，但其力量薄弱，根本无法与强大的政府主导力量相抗衡。

## 二、政府—市场混合作用于城市旅游竞争

1992 年我国经济体制改革实现新的局面，中共十四大确立了建立社会主义市场经济体制的改革目标，改革开放由此打开新的篇章，中国城市旅游发展获得良好的制度环境支持。1992 年中央明确提出了旅游业是第三产业的重点，各级政府及有关部门相继把旅游业列入国民经济和社会发展计划中来，由此提升了旅游产业在城市中的产业地位。截至 1998 年全国已有 24 省份、自治区和直辖市把旅游业列为支柱产业、重点产业和先导产业，从而加强了“政府主导”的力度。在一系列政策的鼓励与催化下，我国众多的城市竞相发展国际、国内旅游业，城市旅游接待人次年年攀升（见图 4-1），以我国 28 个主要城市入境旅游为例，1999 年全国 28 个主要城市共计接待入境旅游人次为 1498.0515 万人次，相比 1992 年实现入境旅游接待 1003.1648 万人次，增长了约 50%，这 28 个城市占当年我国入境旅游市场的 1/5，城市围绕国际旅游市场的客源争夺日趋激烈。由于计划经济向市场经济的转轨是一个渐变的转化过程，市场经济体制自身也有完善的发展

过程，因此城市旅游并非瞬间就能完全脱离原有的计划经济体制影响，只是市场经济力量对其作用渐渐增强，可以说 1992~1999 年我国城市旅游竞争处于政府—市场混合作用的动力环境中。在此期间，一些资源型旅游城市仍以政府为主导，推动城市旅游继续发展；一些南方城市，尤其是地处我国改革开放前沿的沿海城市，很快实现了向市场经济体制的转轨，市场机制作用的发挥，吸引新资本、新技术到城市旅游的开发与城市旅游景区的建设之中，城市之间的旅游竞争日益激烈。

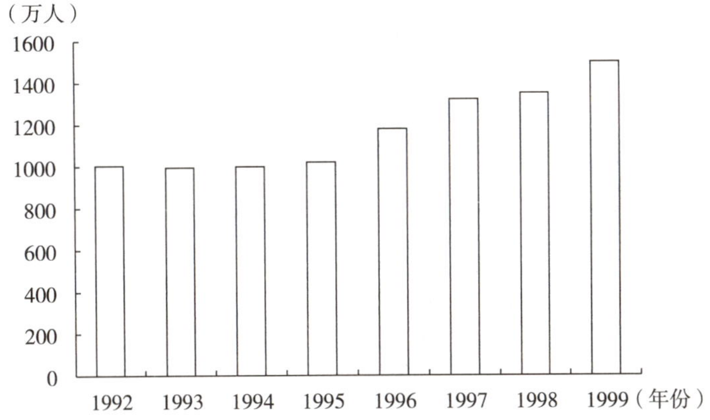


**图 4-1　1992~1999 年我国主要城市入境旅游接待情况**

## 三、政府—市场互补作用于城市旅游竞争

旅游业具有以需求为命脉、以市场为导向的特点，进入 21 世纪后市场机制的基础性作用显著增强，旅游产业市场化进程加快，国内、外旅游市场需求持续增长，使得城市旅游竞争步伐加快。为了抢占客源、赢得市场，难免会出现竞争中的短视行为，如缺乏对旅游资源的合理利用与有效保护，忽视城市环境的可持续发展，城市公共产品供给压力增大及负外部性的产生。此外，市场竞争机制造成旅游企业准入门槛走低，越来越多的国内企业不断涉足旅游行业，特别是我国加入世贸组织后，市场的国际开放程度提高，来自国际旅游企业的竞争压力越来越大，在不完全竞争状态下难免产生企业间恶性竞争、不良竞争等市场失灵问题及现象。匡林（1998）提出可以利用政府的“有形之手”来进行宏观调控、规范旅游市场，通过指导旅游业总体规划、制定法律规范、实施财政资助、加快基础

设施供给等方面进行市场干预。2000 年以来我国政府确实采取了一系列的积极政策和促进措施，如 2004 年国务院提出“优化旅游产业结构，提高旅游产业素质”的指导思想、2006 年国家旅游局公布《关于进一步加强旅游环境保护工作的通知》、2013 年《中华人民共和国旅游法》出台，通过加强行业规范、优化旅游产业内部结构、保障旅游者和旅游经营者的合法权益，从而使城市旅游竞争在政府的监督下有章可循。

## 第二节　城市旅游竞争识别与测度

我国城市旅游发展及竞争具有特殊的发展历史和演进路径，特别是改革开放 40 多年来城市旅游竞争对国家和各地区的产业结构调整和经济发展发挥着巨大的推动作用。我国长期采取的非均衡化发展策略导致地区间的差距不断扩大，在不同时期、不同空间尺度背景下的城市旅游竞争程度亦有所不同。因此，科学识别与测度城市旅游竞争程度是探究城市旅游竞争相关问题的基础。

### 一、城市旅游竞争的识别模型

目前，城市旅游竞争力测度方面的研究成果较为丰富，但竞争力测度仅是竞争研究的一部分，竞争力表现和形成于竞争的过程与结果。基于学界在城市旅游竞争力方面已有较丰富的研究成果，本书无意再围绕城市旅游竞争力展开具体研究。本书对城市旅游竞争的识别是指基于各城市旅游发展业绩，分别从数量、质量和结构三个方面构建城市旅游竞争识别模型，全面衡量城市间旅游发展差异（这种差异是基于城市旅游竞争的结果，可表征城市旅游竞争的激烈程度）。通常多用旅游业总收入来描述旅游业绩差异，但却缺乏从旅游发展效率和产业集聚等角度的探讨，为此，本章定义的旅游业绩（Tourism Achievement，TA）为城市在旅游竞争期末（通常以年为分析单位）的业绩情况，其数学表达式为：

$$TA = N + Q + S \tag{4-1}$$

其中，$TA$ 为城市旅游业绩；$N$ 为城市旅游业绩在数量上的表现，用旅游总收入指标来表达；$Q$ 为城市旅游业绩在质量上的表现，用旅游效率指标来表达；$S$ 为城市旅游业绩在结构上的表现，用旅游业区位商指标来表达。为使该等式符合数学运算规则，消除量纲，实际计算时，$N$、$Q$ 和 $S$ 分别为进行标准化后的值。

在计算得到某时期某城市旅游业绩基础上，通过计算旅游业绩的变异系数用以反映城市旅游竞争程度，其数学表达式为：

$$CI = \sqrt{\sum_{i=1}^{n}(x_i - \bar{x})^2/n}/\bar{x} \tag{4-2}$$

其中，$CI$ 为城市旅游竞争度指数，$x_i$ 为研究区域 $i$ 城市的旅游业绩，$\bar{x}$ 为研究区域旅游业绩的均值，$n$ 为研究区地理单元数量。测度 $CI$ 的意义在于：假设在研究期内，测得某一年的 $CI$ 越大，说明该年份城市旅游业绩差异较大，即竞争程度越不激烈；反之，则说明该年份城市旅游业绩差异较小，即竞争程度越激烈。

## 二、城市旅游效率测度方法

目前，用以测度效率的方法已较为成熟，主要包括数据包络分析（Data Envelopment Analysis，DEA）和随机前沿分析（Stochastic Frontier Analysis，SFA）两种主流方法。其中，DEA 方法最为常用，本章采用的是 DEA 基本模型中的规模报酬可变模型（Variable Returns to Scale，VRS）来进行城市旅游效率的测度。基于该模型，可将城市旅游综合效率分解为纯技术效率和规模效率。

需要说明的是，投入和产出指标的选择对城市旅游效率测度影响非常大，本章借鉴马晓龙（2014）的指标选取思路，选取城市旅游总收入作为产出指标，选取第三产业从业人数、城市固定资产投资和城市实际利用外资作为投入指标。

## 三、城市旅游业区位商测度方法

区位商是空间经济分析中常用来衡量某区域某部门或行业优势的指标，可用于测度研究区城市旅游竞争的集聚程度，区位商值越大，表明某城市在特定研究区内的集聚优势越明显，其计算公式为：

$$S = \frac{e_i / \sum_{i=1}^{n} e_i}{E_i / \sum_{i=1}^{n} E_i} \tag{4-3}$$

其中，$S$ 为区位商，$e_i$ 为研究区域 $i$ 城市的旅游总收入，$E_i$ 为 $i$ 城市的第三产业增加值，该式的计算方式为某研究区域 $i$ 城市旅游总收入与研究区域旅游总收入的比值与该城市第三产业增加值与研究区域第三产业增加值的比值之比（邢珏珏等，2005）。当 $S>1$ 时，说明 $i$ 城市的旅游竞争优势在研究区域的平均水平之上；反之，说明其在研究区域中处于劣势竞争地位。

## 四、空间分布格局研究方法

在地理学、空间计量经济学等学科中，常采用空间自相关分析（Spatial Autocorrelation Analysis）来检验空间变量的观测值是否显著地与其相邻空间点上的观测值相关联的方法（Smouse P. E. et al.，1999）。本章主要采用 Moran's I 指数的两种形式，即全局空间自相关系数（Global Moran's I）和局部空间自相关系数（Local Moran's I）来探索城市旅游业绩全局和局部的空间分布格局或空间异质性，并结合 Moran 散点图和 LISA 聚集图将局部差异的空间格局可视化。

## 五、研究数据来源

本章以东北三省 34 个地级市（不包含大兴安岭和延边）为研究对象，研究期为 2000~2015 年，研究期跨越我国三个五年规划期（分别是我国国民经济与社会发展第十、第十一和第十二个五年规划期），可较好地与五年规划期执行情况进行拟合，从而更清晰地掌握该区域内城市旅游竞争的动态演进态势。所选指标数据来源于《中国城市统计年鉴》（2001~2015 年）、《中国区域经济统计年鉴》（2001~2014 年）、《辽宁统计年鉴》（2001~2015 年）、《吉林统计年鉴》（2001~2015 年）、《黑龙江统计年鉴》（2001~2015 年），及各城市统计年鉴、国民经济与社会发展统计报告和政府工作报告。

# 第三节 城市旅游竞争的时空演变特征

## 一、基于数量角度的城市旅游竞争时空演变特征分析

### (一) 总体特征

引入标准差（σ）和变异系数（$C_v$）来反映城市旅游竞争的时间变化趋势及特征。由图 4-2 可看出东北三省城市旅游竞争业绩在数量角度上的总体差异情况。2000~2015 年，东北三省内地级市旅游总收入的标准差由 2000 年的 20.77 逐渐增大到 2015 年的 313.49，城市间旅游业发展的绝对差距较大，两极分化现象十分显著。这是由于东北三省整体旅游业开发缓慢，但辽宁因其良好的交通可进入性和滨海旅游资源禀赋等条件，旅游业发展速度较快，尤其是 2006 年大连获评“全国最佳旅游城市”，成为东北地区旅游业发展的领头羊，截至 2015 年，大连旅游总收入已超千亿元；反观吉林和黑龙江两省，旅游业发展整体缓慢，尤其是黑龙江省，相比较大连同时期的千亿元旅游总收入，七台河、双鸭山和绥化等城市仅有十几亿元收入，当然这与黑龙江省的统计制度及特殊的发展历史有很大的关系，但吉林和黑龙江两省城市在东北三省的城市旅游竞争中，总体仍处于弱势地位。由图 4-2 中的 $C_v$ 值的变动情况可以看出，东北三省内城市旅游竞争的相对差异总体呈减小趋势，在“十五”规划期间出现了相对差异减小—增大—减小—再增大的波动态势，从“十一五”后则进入了持续快速缩小时期，直至 2015 年又出现了增大趋势，但数值仍小于 2006 年水平。虽然研究区内城市旅游竞争的绝对差异在不断扩大，但城市间的相对差异则在不断减小。单从资源禀赋角度来看，吉林和黑龙江虽然没有辽宁省丰富的滨海资源及良好的交通可进入性，但其边境旅游资源及少数民族民俗资源丰富。因此，随着全国旅游热潮的兴起，这两个省份旅游基础薄弱的城市发展旅游业增速十分迅猛，从而导致东北三省城市间的旅游竞争相对差异出现了不断缩小的趋势。

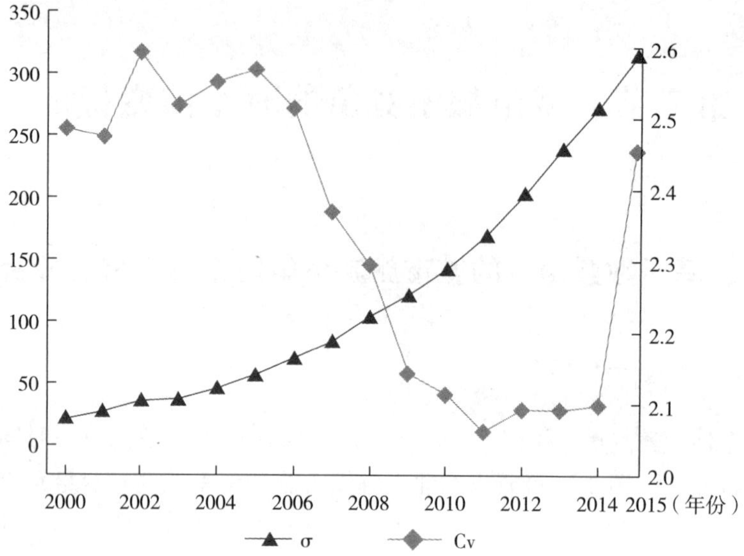


**图 4-2　2000~2015 年东北三省城市旅游总收入差异**

## （二）时空格局演化

通过计算各城市旅游总收入的全局自相关 Moran's I 指数值（见表 4-1），分析东北三省城市旅游总收入角度的城市间差异演化特征。由表 4-1 可知，2000 年和 2005 年的 Moran's I 指数在 5%的显著水平上，2010 年和 2015 年在 1%的显著水平上均为正，并且数值呈先下降后上升的趋势，表明东北三省各城市旅游总收入有较强的相关性，即旅游总收入的高值区和低值区在空间上呈现集中分布，并且这种分布趋势总体上呈增强趋势。

**表 4-1　东北三省城市旅游总收入变化的全局自相关 Moran's I 指数**

| 指标 | 2000 年 | 2005 年 | 2010 年 | 2015 年 |
|---|---|---|---|---|
| Moran's I | 0. 2092 | 0. 1808 | 0. 2639 | 0. 2916 |
| Z（I） | 2. 2478 | 2. 0038 | 2. 8052 | 3. 0636 |
| P 值 | 0. 0246 | 0. 0451 | 0. 0050 | 0. 0022 |

以各城市旅游总收入水平与其空间滞后值分别为横纵坐标，绘制 Moran 散点图，以便进一步分析东北三省城市旅游总收入是否存在空间集聚现象。Moran 散点图中横纵坐标将平面划分为 4 个象限，分别代表一种空间关联类

型：第一象限为 H-H 类型，表明城市旅游总收入较高的城市集聚；第二象限为 H-L 类型，表明该象限内的城市旅游总收入较高，但周围城市较低；第三象限为 L-L 类型，表明城市旅游总收入较低的城市集聚；第四象限为 L-H 类型，表明该象限内的城市旅游总收入较低，但周围城市较高。具体表现为：2000~2015 年，H-H 区域主要集中在辽宁的东南部，L-L 类型区域主要集中在黑龙江东北部。2000 年，H-H 类型城市包括大连、丹东、鞍山、营口和锦州，L-L 类型城市包括佳木斯、双鸭山和鸡西，L-H 类型城市包括阜新和辽阳，无 H-L 类型；2005 年空间集聚格局变化不大，辽阳由 2000 年的 L-H 类型城市演变为 H-H 类型，本溪也属于该类型，大连和锦州无明显集聚特征，其余城市未发生变化；2010 年，大连、锦州和沈阳转变为 H-H 类型，佳木斯无明显集聚特征，伊春转变为 L-L 类型，哈尔滨和齐齐哈尔转变为 H-L 类型；2015 年，H-H 类型和 L-L 类型城市与 2000 年差别不大，无其他两种类型城市分布。

上述空间集聚分布结果表明，东北三省城市旅游总收入随着时间变动表现出空间集聚趋势，且呈两极分化趋势，即高值与低值越来越显著。旅游总收入高低值集聚区域分别位于辽宁和黑龙江省，这也与各省的经济宏观背景较吻合。东北三省城市旅游总收入空间集聚格局演化如图 4-3 所示。

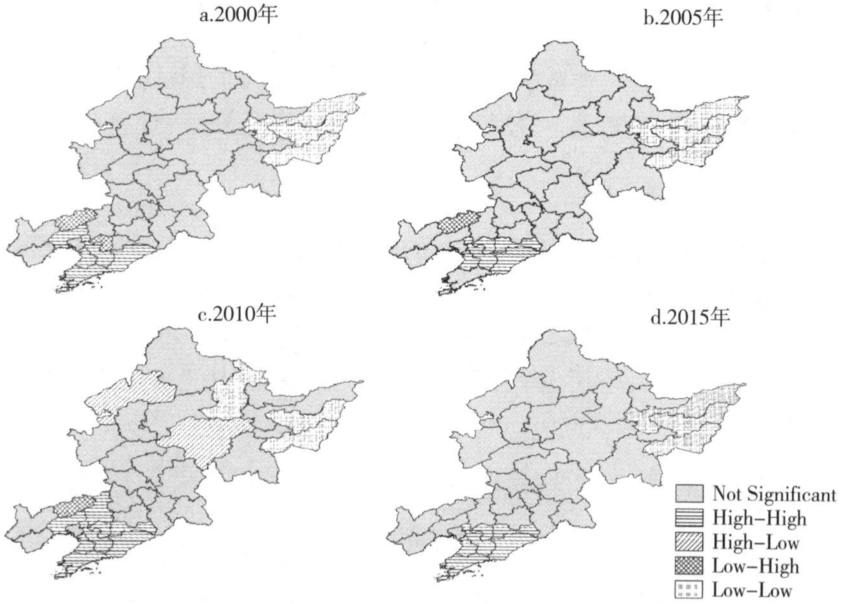


**图 4-3　东北三省城市旅游总收入空间集聚格局演化**

## 二、基于质量角度的城市旅游竞争时空演变特征分析

### (一) 总体特征

利用 DEA 模型对 2000~2015 年东北三省城市旅游效率进行计算，结果如表 4-2 所示。2000~2015 年，总的综合效率、技术效率和规模效率均呈现先上升后持续下降的趋势，拐点出现在 2005 年。这一结果与同时期长江三角洲城市的相关研究结果（曹芳东等，2012）差异较大，原因可能在于东北地区投入产出水平整体不高，对先进技术转化为先进生产力的能力较差，旅游业集聚和集群化发展较慢，成效不显著，整体上还处于粗放型的增长方式。2000 年、2005 年、2010 年和 2015 年高于区域总效率平均值的城市分别为 16 个、16 个、17 个和 17 个，标准差分别为 0.287、0.31、0.3 和 0.288，表明区域城市总效率差距变动不大。进一步引入变异系数分析效率变动情况，发现在 2000~2015 年，整体来看，综合效率、技术效率和规模效率的变异系数值变化趋势呈现小幅持续增大特征，这种特征表明东北三省各城市在旅游竞争中虽然积极对先进生产力进行投入，并持续增加对旅游的投入力度，但鉴于初始年份就存在的巨大差距，在循环累积因果理论背景下，在一段时期内，这种差距仍会继续保持，但幅度较小。上述结果也表明了城市旅游竞争不仅受投入和技术进步的影响，还与区域城市旅游资源、市场、机遇、管理等各种制度性因素有关。

### (二) 时空格局演化

由表 4-3 可知，东北三省各城市的旅游综合效率和分解效率在大多数年份的 Global Moran’s I 值均为正（除 2000 年的技术效率外），但除 2015 年的综合效率和技术效率之外，其他年份综合效率和分解效率均没有通过显著性检查（5%），表明这些效率值出现显著的随机分布特性，表现为空间离散。

**表 4-2　东北三省城市旅游效率值**

| 城市 | 2000 年 | | | 2005 年 | | | 2010 年 | | | 2015 年 | | |
|---|---|---|---|---|---|---|---|---|---|---|---|---|
| | 综合效率 | 技术效率 | 规模效率 | 综合效率 | 技术效率 | 规模效率 | 综合效率 | 技术效率 | 规模效率 | 综合效率 | 技术效率 | 规模效率 |
| 沈阳 | 0. 715 | 1 | 0. 715 | 0. 722 | 1 | 0. 722 | 0. 433 | 1 | 0. 433 | 0. 505 | 1 | 0. 505 |
| 大连 | 1 | 1 | 1 | 0. 933 | 1 | 0. 933 | 0. 689 | 1 | 0. 689 | 0. 563 | 1 | 0. 563 |
| 鞍山 | 1 | 1 | 1 | 0. 908 | 1 | 0. 908 | 0. 576 | 0. 583 | 0. 988 | 0. 742 | 1 | 0. 742 |
| 抚顺 | 0. 769 | 0. 832 | 0. 924 | 0. 549 | 0. 58 | 0. 946 | 0. 958 | 0. 962 | 0. 996 | 0. 562 | 0. 727 | 0. 773 |
| 本溪 | 1 | 1 | 1 | 0. 873 | 0. 892 | 0. 979 | 1 | 1 | 1 | 0. 813 | 0. 814 | 1 |
| 丹东 | 1 | 1 | 1 | 1 | 1 | 1 | 0. 971 | 1 | 0. 971 | 1 | 1 | 1 |
| 锦州 | 0. 572 | 0. 777 | 0. 736 | 0. 763 | 0. 838 | 0. 911 | 0. 558 | 0. 618 | 0. 903 | 0. 259 | 0. 4 | 0. 649 |
| 营口 | 0. 371 | 0. 588 | 0. 632 | 0. 264 | 0. 494 | 0. 534 | 0. 545 | 0. 603 | 0. 903 | 0. 877 | 0. 877 | 0. 999 |
| 阜新 | 0. 733 | 0. 872 | 0. 84 | 0. 287 | 0. 466 | 0. 615 | 0. 436 | 0. 629 | 0. 694 | 0. 521 | 0. 664 | 0. 785 |
| 辽阳 | 0. 258 | 0. 59 | 0. 438 | 0. 532 | 0. 779 | 0. 683 | 0. 957 | 1 | 0. 957 | 0. 548 | 0. 831 | 0. 66 |
| 盘锦 | 0. 326 | 0. 697 | 0. 468 | 0. 857 | 0. 898 | 0. 954 | 0. 715 | 0. 742 | 0. 964 | 0. 474 | 0. 698 | 0. 679 |
| 铁岭 | 0. 216 | 0. 488 | 0. 442 | 0. 484 | 0. 553 | 0. 876 | 0. 49 | 0. 564 | 0. 869 | 0. 628 | 0. 732 | 0. 858 |
| 朝阳 | 0. 481 | 0. 531 | 0. 905 | 1 | 1 | 1 | 1 | 1 | 1 | 0. 474 | 0. 491 | 0. 964 |
| 葫芦岛 | 0. 659 | 0. 727 | 0. 907 | 0. 828 | 0. 859 | 0. 964 | 0. 93 | 0. 965 | 0. 964 | 1 | 1 | 1 |
| 长春 | 0. 457 | 0. 611 | 0. 748 | 0. 431 | 0. 873 | 0. 494 | 0. 669 | 1 | 0. 669 | 0. 544 | 1 | 0. 544 |
| 吉林 | 0. 538 | 0. 57 | 0. 943 | 0. 761 | 0. 82 | 0. 928 | 0. 616 | 0. 617 | 0. 999 | 0. 998 | 1 | 0. 998 |
| 四平 | 0. 179 | 0. 357 | 0. 502 | 0. 156 | 0. 348 | 0. 447 | 0. 192 | 0. 443 | 0. 433 | 0. 08 | 0. 313 | 0. 257 |
| 辽源 | 0. 707 | 1 | 0. 707 | 0. 268 | 0. 755 | 0. 355 | 0. 122 | 0. 835 | 0. 146 | 0. 188 | 0. 876 | 0. 215 |
| 通化 | 0. 576 | 0. 694 | 0. 83 | 0. 437 | 0. 51 | 0. 858 | 0. 305 | 0. 443 | 0. 688 | 0. 349 | 0. 607 | 0. 576 |
| 白山 | 0. 368 | 0. 62 | 0. 593 | 0. 582 | 0. 709 | 0. 821 | 0. 319 | 0. 513 | 0. 621 | 0. 344 | 0. 686 | 0. 502 |
| 松原 | 0. 649 | 0. 701 | 0. 927 | 0. 087 | 0. 398 | 0. 218 | 0. 277 | 0. 445 | 0. 624 | 0. 241 | 0. 51 | 0. 471 |
| 白城 | 0. 408 | 0. 67 | 0. 61 | 0. 322 | 0. 539 | 0. 598 | 0. 237 | 0. 567 | 0. 418 | 0. 223 | 0. 357 | 0. 626 |
| 哈尔滨 | 0. 522 | 1 | 0. 522 | 0. 447 | 1 | 0. 447 | 0. 662 | 1 | 0. 662 | 0. 347 | 0. 767 | 0. 452 |
| 齐齐哈尔 | 0. 745 | 0. 763 | 0. 977 | 0. 904 | 0. 915 | 0. 989 | 0. 846 | 0. 868 | 0. 975 | 0. 102 | 0. 241 | 0. 422 |

续表

| 城市 | 2000年 | | | 2005年 | | | 2010年 | | | 2015年 | | |
|---|---|---|---|---|---|---|---|---|---|---|---|---|
| | 综合效率 | 技术效率 | 规模效率 | 综合效率 | 技术效率 | 规模效率 | 综合效率 | 技术效率 | 规模效率 | 综合效率 | 技术效率 | 规模效率 |
| 鸡西 | 0.299 | 0.636 | 0.47 | 0.637 | 0.759 | 0.84 | 0.455 | 0.955 | 0.477 | 0.248 | 0.434 | 0.571 |
| 鹤岗 | 0.219 | 0.747 | 0.294 | 0.059 | 0.943 | 0.062 | 0.178 | 0.998 | 0.179 | 0.429 | 1 | 0.429 |
| 双鸭山 | 1 | 1 | 1 | 1 | 1 | 1 | 1 | 1 | 1 | 0.163 | 0.752 | 0.216 |
| 大庆 | 0.301 | 0.324 | 0.929 | 0.253 | 0.292 | 0.867 | 0.104 | 0.18 | 0.578 | 0.164 | 0.248 | 0.66 |
| 伊春 | 0.084 | 1 | 0.084 | 0.81 | 1 | 0.81 | 0.575 | 1 | 0.575 | 0.879 | 1 | 0.879 |
| 佳木斯 | 0.368 | 0.505 | 0.729 | 1 | 1 | 1 | 0.159 | 0.571 | 0.279 | 0.055 | 0.398 | 0.139 |
| 七台河 | 0.225 | 1 | 0.225 | 0.11 | 1 | 0.11 | 0.081 | 1 | 0.081 | 0.04 | 1 | 0.04 |
| 牡丹江 | 1 | 1 | 1 | 0.704 | 0.801 | 0.879 | 0.502 | 0.612 | 0.82 | 0.503 | 0.534 | 0.942 |
| 黑河 | 0.792 | 0.836 | 0.947 | 0.251 | 0.794 | 0.315 | 0.392 | 0.856 | 0.458 | 0.248 | 0.462 | 0.538 |
| 绥化 | 0.037 | 0.423 | 0.088 | 0.039 | 0.449 | 0.087 | 0.018 | 0.549 | 0.033 | 0.019 | 0.234 | 0.082 |
| 总值 | 18.57 | 25.56 | 24.13 | 19.26 | 26.26 | 24.15 | 17.97 | 26.12 | 23.05 | 15.13 | 23.65 | 20.74 |
| 均值 | 0.546 | 0.752 | 0.71 | 0.566 | 0.772 | 0.71 | 0.528 | 0.768 | 0.678 | 0.445 | 0.696 | 0.61 |

**表 4-3 东北三省城市旅游效率变化的全局自相关 Moran's I 指数**

| 指标 | 综合效率 | | | | 技术效率 | | | | 规模效率 | | | |
|---|---|---|---|---|---|---|---|---|---|---|---|---|
| | 2000年 | 2005年 | 2010年 | 2015年 | 2000年 | 2005年 | 2010年 | 2015年 | 2000年 | 2005年 | 2010年 | 2015年 |
| Moran's I | 0.443 | 0.064 | 0.074 | 0.181 | -0.005 | 0.177 | 0.029 | 0.197 | 0.018 | 0.006 | 0.081 | 0.102 |
| Z (I) | 0.692 | 0.867 | 0.969 | 1.965 | 0.236 | 1.926 | 0.555 | 2.100 | 0.456 | 0.343 | 1.036 | 1.234 |
| P值 | 0.489 | 0.386 | 0.332 | 0.049 | 0.814 | 0.054 | 0.579 | 0.036 | 0.649 | 0.731 | 0.300 | 0.217 |

为探寻隐藏在区域内的各城市间的局部相关关系，分别计算2000年、2005年、2010年和2015年东北三省城市旅游综合效率、技术效率和规模效率的Global Moran's I值及其显著性，并绘制LISA空间集聚图(见图4-4)。

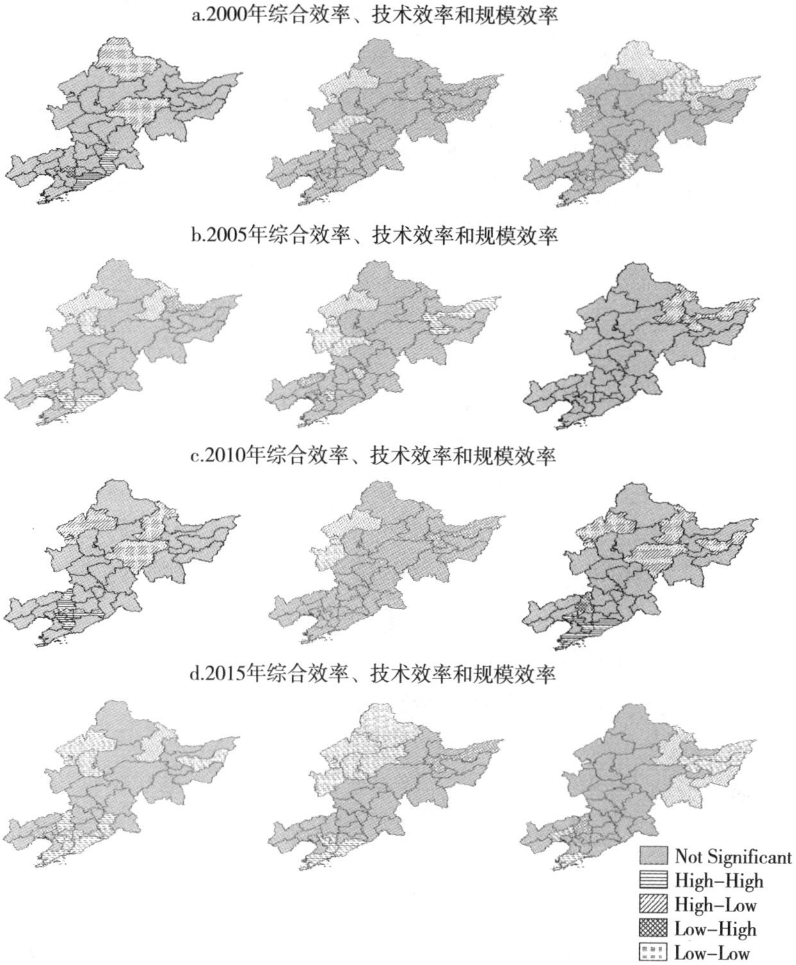


**图 4-4　东北三省城市旅游效率空间集聚格局演化**

（1）综合效率。2000 年属于 H–H 类型的城市有丹东和通化，属于 H–L 类型的城市有哈尔滨和黑河，辽阳属于 L–H 类型，无 L–L 类型；2005 年集聚格局变化较大，辽阳由 L–H 类型演变为 H–H 类型，营口和阜新属于 L–H 类型，伊春和齐齐哈尔属于 H–L 类型，大庆属于 L–L 类型；2010 年空间格局再次发生变化，无 L–L 和 L–H 类型，属于 H–H 类型的城市包括沈阳、辽阳、本溪和鞍山，属于 H–L 类型的城市有哈尔滨、齐齐哈尔和伊春；2015 年四种类型均有城市分布，其中，H–H 类型城市数量最多，集中分布在辽宁东南部，包括大连、鞍山、丹东、本溪、辽阳和沈阳，L-L类型主要集中在黑龙江省，包括齐齐哈尔、大庆和双鸭山，L-H类型城市仅锦州一个，H-L类型城市也仅有伊春一个城市。

（2）技术效率。各年H-H类型城市分布格局差异较大，2000年和2010年无该类型，2005年为佳木斯和七台河，而到了2015年又转变为大连、丹东、鞍山和辽阳4个城市；各年L-L类型城市主要分布在吉林北部和黑龙江西北部，城市数量逐渐增加，2015年L-L类型城市包括白城、齐齐哈尔、大庆、绥化和黑河；在2000~2010年，H-L类型城市分布格局较为稳定，齐齐哈尔是这个类型的主要城市，到2015年则没有该类型的分布；L-H类型分布格局除2005年佳木斯演变为H-H类型外，其他年份则相对比较稳定，佳木斯是该类型的主要分布城市。

（3）规模效率。规模效率的H-H类型城市主要分布在辽宁省。L-L类型仅在2000年和2015年有城市分布，分别为鹤岗和佳木斯两市；H-L类型主要分布在黑龙江东北部，2000年有黑河和佳木斯两市，2005年为鹤岗和佳木斯，2010年包括哈尔滨、伊春、齐齐哈尔和双鸭山，2015年包括鸡西、牡丹江和伊春；L-H类型在2005年无城市分布，其余年份主要分布在白城、辽阳和沈阳三个城市。

综上所述，各城市的旅游综合效率和分解效率在区域内部表现出较强的空间自相关性。其中，综合效率集聚区的分布格局变化不大，高低值集聚分别分布在辽宁和黑龙江两省；技术效率的H-H类型集聚区在2005年为辽阳、佳木斯和七台河，其余年份则变动不大；规模效率的分布格局变化不大。

## 三、基于结构角度的城市旅游竞争时空演变特征分析

### （一）总体特征

应用式（4-3）分别计算2000年、2005年、2010年和2015年东北三省各城市的旅游区位商，结果如图4-5所示。2000~2015年，旅游区位商最高的城市始终为丹东，最高年份达到了3.563，最低的城市为七台河（2005年和2015年）和绥化（2000年和2010年），最低年份的绥化为0.008。总体来看，东北三省各城市旅游区位商差距较大，各城市的旅游区位商的标准差和变异系数变化趋势一致，呈现出下降—上升—再下降的趋

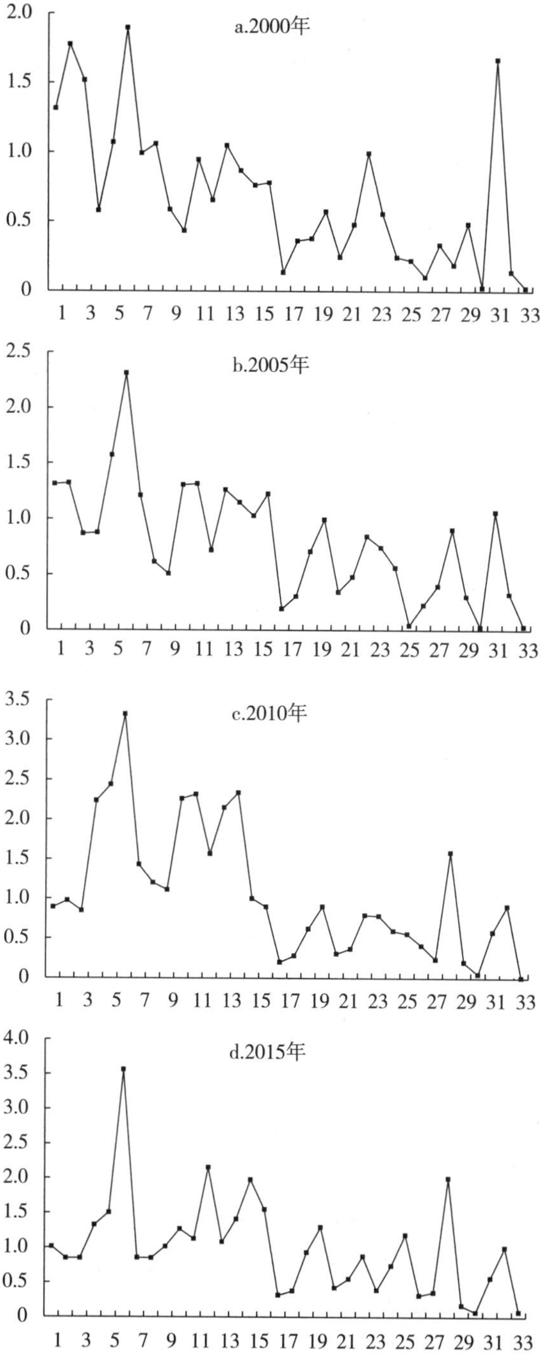


**图 4-5 东北三省各城市旅游区位商情况**

势，两个拐点分别出现在2004年和2011年，但2015年的$C_v$系数仍比2000年的大，表明东北三省城市间旅游产业集聚水平呈现相对差异增大的特征。

### (二) 时空格局演化

计算东北三省各城市的旅游区位商的全局自相关Moran's I指数值(见表4-4)。由表4-4可知，东北三省城市旅游区位商的Global Moran's I指数值均为正，检验结果均较显著，数值上呈现出下降趋势，表明东北三省城市旅游区位商有较强的空间相关性，即旅游产业集聚度高的城市和较低的城市在空间上呈集中分布，但这种集中分布趋势在不断减弱。

**表4-4　东北三省城市旅游区位商变化的全局自相关Moran's I指数**

| 指标 | 2000年 | 2005年 | 2010年 | 2015年 |
|---|---|---|---|---|
| Moran's I | 0.370078 | 0.356613 | 0.334527 | 0.282314 |
| Z (I) | 3.764679 | 3.677585 | 3.445307 | 2.927511 |
| P值 | 0.000167 | 0.000235 | 0.00057 | 0.00234 |

进一步计算2000年、2005年、2010年和2015年东北三省各城市的旅游区位商的Local Moran's I指数值及其显著性，并输出为LISA空间集聚图来表现城市旅游区位商空间差异的局部变化格局（见图4-6）。

2000~2005年，H-H类型区域主要集中在辽宁东南部，包括大连、丹东、鞍山等周边城市，L-L类型区域主要集中在黑龙江东北部和西北部，包括佳木斯、双鸭山、齐齐哈尔等城市；2000年缺少H-L类型城市，L-H类型区域有辽阳和阜新两个城市，2005年H-L类型区域为伊春，L-H类型区域为通化；2010年四种类型区域均有城市分布，大连和丹东在H-H类型中消失，本溪和辽阳为H-H类型分布，L-L类型区域城市数量较多，且连片分布，包括齐齐哈尔、大庆、松原、哈尔滨、双鸭山、七台河和鸡西，H-L和L-H类型区域分别紧邻高低值区域分布，分别为伊春，通化、沈阳和鞍山；2015年H-H类型区域没有变化，L-L类型区域包括齐齐哈尔、大庆、白城、七台河、双鸭山和鸡西，L-H类型区域有通化和大连两个城市，缺少H-L类型区域。

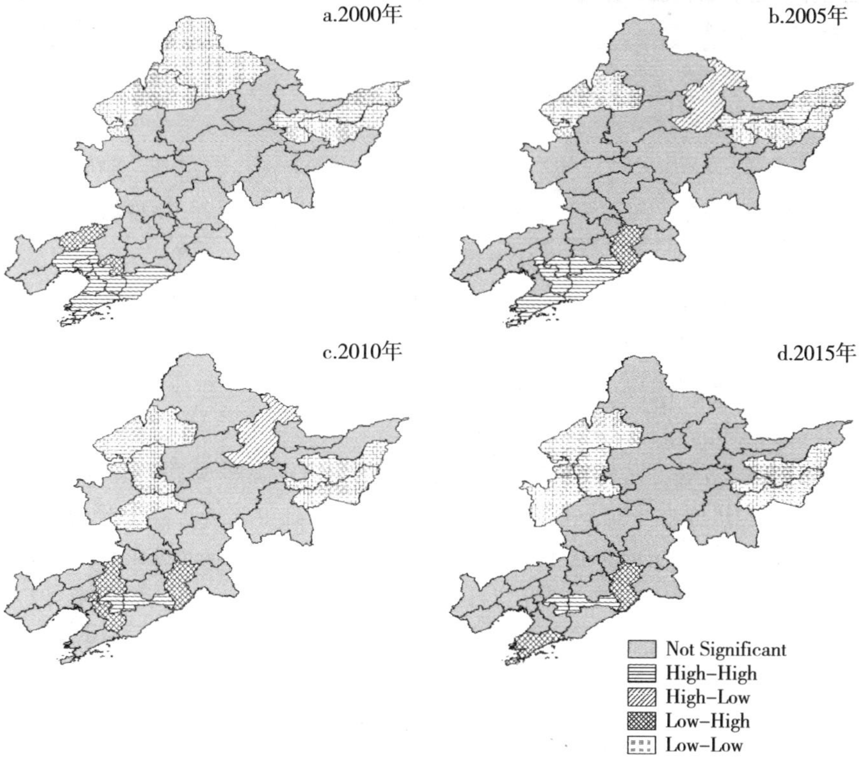


**图 4-6　东北三省城市旅游区位商空间集聚格局演化**

综上所述，2000~2015 年，城市旅游区位商在局部空间的集聚特征较为显著，旅游区位商较高和较低的地区在空间上呈集中分布，且较高地区主要分布在辽宁省，较低地区主要分布在黑龙江省。H-H 类型区域在研究期间的变化较大，大连和丹东两个城市的旅游产业集聚优势仅存在于 2000 年和 2005 年，L-L 类型区域则变化不大。

### （三）竞争态势比较分析

为进一步考察研究区域内城市旅游竞争的阶段性差异，引入区域旅游产业集群集聚模型（张清河等，2012）。分别以第 $t$ 年的 $Q$ 值和第 $t$ 年与基期年间的 $P$ 值为横、纵坐标，以（1，0）为临界值，可将坐标空间划分为四个象限，四象限表达意义如表 4-5 所示，运用该象限图可对不同区域背景内的城市旅游竞争态势作进一步对比分析。

表 4-5　城市旅游竞争优势识别

| 象限 | 特征 | 类型 |
| --- | --- | --- |
| 第一象限 | Q>1，P>0 | 优势城市 |
| 第二象限 | Q<1，P>0 | 潜力城市 |
| 第三象限 | Q>1，P<0 | 实力城市 |
| 第四象限 | Q<1，P<0 | 劣势城市 |

2000~2015 年，优势城市包括伊春、黑河、鹤岗、铁岭、丹东、辽阳、长春、抚顺、白山、吉林、葫芦岛、本溪、盘锦、朝阳和阜新 15 个城市，表明在此时间段内上述城市的旅游产业集聚程度在研究区均值之上，是具备竞争优势的区域。潜力城市包括绥化、双鸭山、七台河、四平、松原、白城、鸡西、通化、大庆和辽源 10 个城市，这些城市虽然 Q 值均低于 1，但其 P 值大于临界值 0，表明这些城市的竞争优势总体上是逐渐增大的，未来仍具备一定的竞争潜力。实力城市只有沈阳一个城市，尽管沈阳的 Q 值略高于全区平均水平，但其 P 值小于临界值 0，表明自 2000 年以来沈阳的旅游竞争优势总体上是有所减小的。处于劣势城市地位的城市包括佳木斯、牡丹江、齐齐哈尔、大连、鞍山、营口、哈尔滨和锦州 8 个城市。这些城市的竞争优势较弱，并且随着时间的推移总体上是逐年减小的。

以五年为一个研究时段进行具体分析，如图 4-7 至图 4-10 所示，各象限城市名单并非一成不变，如除丹东外，优势城市名单变动较大。各城市的旅游竞争优势并非一成不变，如在“十五”时期处于竞争劣势的鹤岗，“十一五”时期进入潜力区域，到“十二五”时期已进入优势区域；而在“十五”时期处于竞争优势的吉林，“十一五”时期成为竞争劣势城市，在“十二五”时期则又回到竞争优势阵营；其他城市中旅游竞争态势始终保持位置的极少，说明在特定区域内，城市旅游竞争优势具有明显的动态特征。

## 四、基于旅游业绩的城市旅游竞争时空演变特征分析

### （一）总体特征

在上述研究基础上，运用式（4-1）计算 2000 年、2005 年、2010 年和 2015 年东北三省各城市的旅游业绩，结果如表 4-6 所示。根据前述假设，*CI* 越大，说明该年份各城市的旅游业绩差异较大，即竞争程度越不激

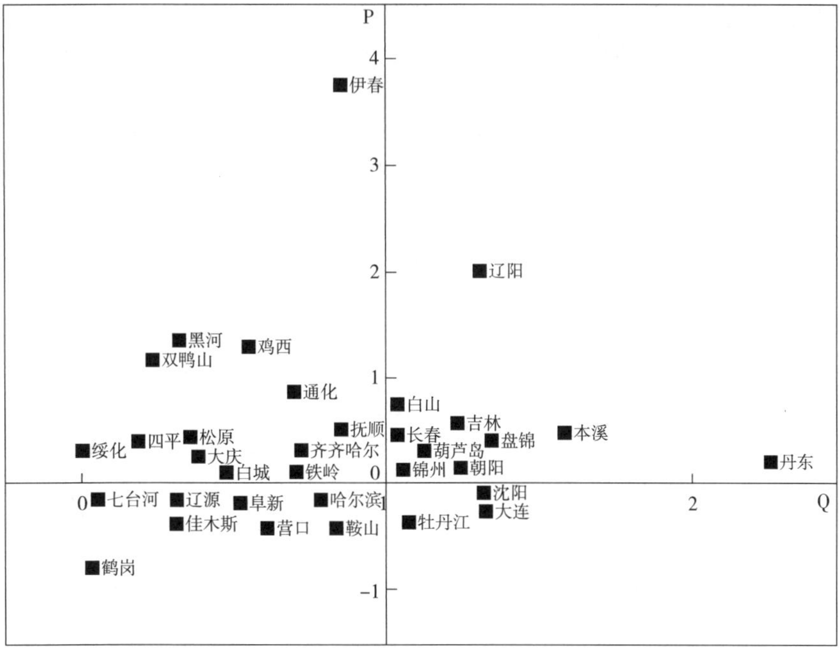


图 4-7　2000~2005 年东北三省城市旅游竞争态势比较分析

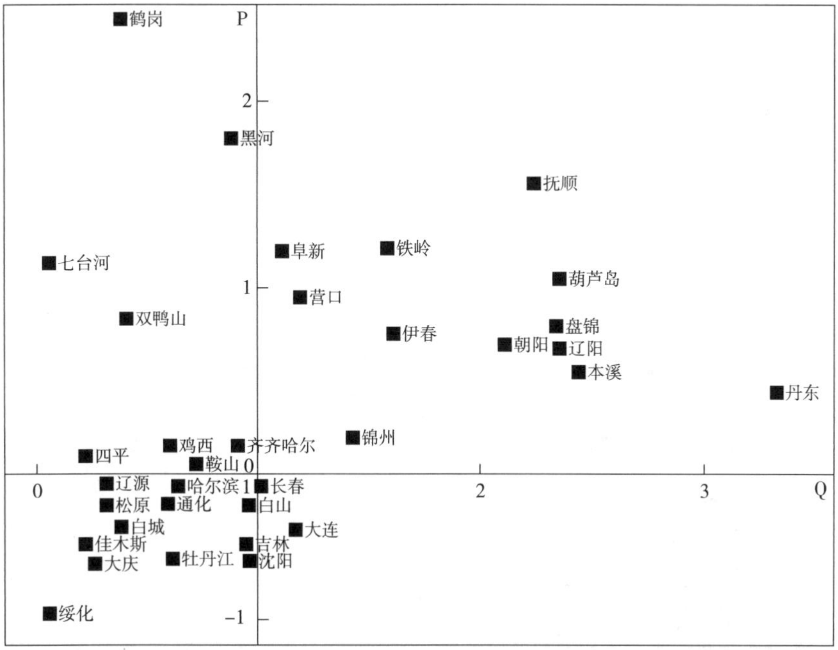


图 4-8　2005~2010 年东北三省城市旅游竞争态势比较分析

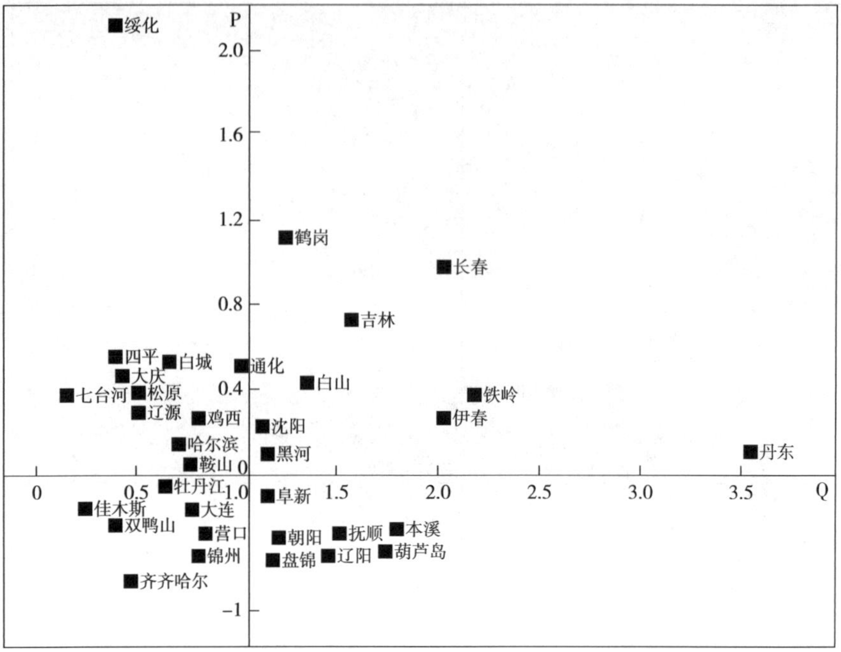


图 4-9　2010~2015 年东北三省城市旅游竞争态势比较分析

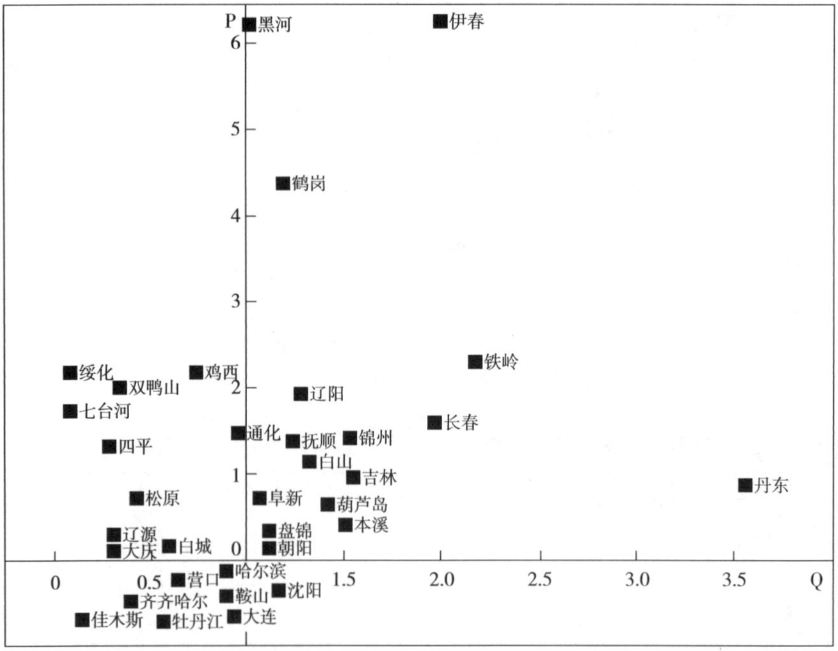


图 4-10　2000~2015 年东北三省城市旅游竞争态势比较分析

烈；反之，则说明该年份各城市的旅游业绩差异较小，即竞争程度越激烈。各年份的旅游竞争指数（*CI*）分别为 0.6293、0.5834、0.6151 和 0.6558，表明研究期内东北三省城市旅游竞争较激烈的年份出现在 2005 年，相对来说竞争较不激烈的年份为 2015 年。整体来看，各年份城市旅游业绩排名变动较大，2000 年，排名前三位的城市为大连、沈阳和丹东，后三位的城市为七台河、伊春和绥化，有 16 个城市的旅游业绩高于区域均值，接近总数的半数。2005 年，排名前三位的城市仍为大连、沈阳和丹东，后三位的城市为七台河、鹤岗和绥化，有 19 个城市的旅游业绩高于区域均值，已超过总数的 50%。2010 年，排名前三位的城市发生较大变动，为丹东、本溪和大连，后三位的城市为大庆、七台河和绥化，19 个城市高于区域均值，数量上与 2005 年持平。2015 年，城市排名再次发生变化，前三位城市为丹东、长春和吉林，后三位城市为佳木斯、七台河和绥化，只有 15 个城市高于区域均值，数量上为历年最低。

**表 4-6　东北三省各城市旅游业绩情况**

| 城市 | 2000 年排序 | | 2005 年排序 | | 2010 年排序 | | 2015 年排序 | |
|---|---|---|---|---|---|---|---|---|
| 沈阳 | 2.2436 | 2 | 2.2895 | 2 | 1.6397 | 9 | 1.7891 | 4 |
| 大连 | 2.9360 | 1 | 2.4369 | 1 | 1.9821 | 3 | 1.7005 | 5 |
| 鞍山 | 2.1661 | 4 | 1.5360 | 6 | 1.1783 | 15 | 1.2468 | 12 |
| 抚顺 | 1.1227 | 11 | 1.0232 | 20 | 1.9591 | 4 | 1.1332 | 13 |
| 本溪 | 1.6420 | 6 | 1.6903 | 4 | 2.0534 | 2 | 1.4513 | 8 |
| 丹东 | 2.1667 | 3 | 2.2335 | 3 | 2.3694 | 1 | 2.4351 | 1 |
| 锦州 | 1.1790 | 10 | 1.4220 | 9 | 1.2076 | 12 | 0.6355 | 22 |
| 营口 | 1.0064 | 17 | 0.5937 | 24 | 1.1140 | 17 | 1.2810 | 11 |
| 阜新 | 1.0627 | 15 | 0.5290 | 26 | 0.8363 | 20 | 0.8680 | 17 |
| 辽阳 | 0.5197 | 27 | 1.1941 | 16 | 1.8743 | 5 | 1.0453 | 14 |
| 盘锦 | 0.8815 | 19 | 1.4989 | 8 | 1.6590 | 8 | 0.9403 | 15 |
| 铁岭 | 0.5937 | 26 | 0.8402 | 22 | 1.1067 | 18 | 1.4179 | 9 |
| 朝阳 | 1.0774 | 14 | 1.6140 | 5 | 1.8350 | 7 | 0.8936 | 16 |
| 葫芦岛 | 1.1794 | 9 | 1.4190 | 10 | 1.8645 | 6 | 1.5251 | 6 |
| 长春 | 1.1796 | 8 | 1.4075 | 11 | 1.6068 | 10 | 2.0559 | 2 |

续表

| 城市 | 2000 年排序 | | 2005 年排序 | | 2010 年排序 | | 2015 年排序 | |
|---|---|---|---|---|---|---|---|---|
| 吉林 | 1.1084 | 12 | 1.5104 | 7 | 1.1842 | 14 | 1.9166 | 3 |
| 四平 | 0.2587 | 31 | 0.2538 | 31 | 0.2754 | 29 | 0.2023 | 31 |
| 辽源 | 0.9095 | 18 | 0.4112 | 28 | 0.2256 | 31 | 0.3210 | 28 |
| 通化 | 0.7978 | 21 | 0.7879 | 23 | 0.5605 | 25 | 0.7203 | 21 |
| 白山 | 0.6867 | 23 | 1.0505 | 19 | 0.6444 | 24 | 0.7947 | 18 |
| 松原 | 0.7889 | 22 | 0.2567 | 30 | 0.4187 | 26 | 0.4382 | 25 |
| 白城 | 0.6729 | 24 | 0.5492 | 25 | 0.3761 | 27 | 0.4208 | 26 |
| 哈尔滨 | 1.6045 | 7 | 1.3546 | 12 | 1.5934 | 11 | 1.4030 | 10 |
| 齐齐哈尔 | 1.1066 | 13 | 1.3335 | 13 | 1.2028 | 13 | 0.2736 | 29 |
| 鸡西 | 0.4386 | 29 | 0.9142 | 21 | 0.6718 | 23 | 0.4973 | 24 |
| 鹤岗 | 0.3406 | 30 | 0.0788 | 33 | 0.3634 | 28 | 0.7919 | 19 |
| 双鸭山 | 1.0570 | 16 | 1.1048 | 18 | 1.1423 | 16 | 0.2653 | 30 |
| 大庆 | 0.5107 | 28 | 0.4698 | 27 | 0.2234 | 32 | 0.3493 | 27 |
| 伊春 | 0.1873 | 33 | 1.2302 | 15 | 1.0979 | 19 | 1.4955 | 7 |
| 佳木斯 | 0.6583 | 25 | 1.1566 | 17 | 0.2424 | 30 | 0.1186 | 32 |
| 七台河 | 0.2396 | 32 | 0.1214 | 32 | 0.0989 | 33 | 0.0620 | 33 |
| 牡丹江 | 2.0525 | 5 | 1.2793 | 14 | 0.7723 | 21 | 0.7448 | 20 |
| 黑河 | 0.8708 | 20 | 0.4039 | 29 | 0.7074 | 22 | 0.5766 | 23 |
| 绥化 | 0.0533 | 34 | 0.0562 | 34 | 0.0216 | 34 | 0.0496 | 34 |
| 均值 | 1.0382 | | 1.0603 | | 1.0620 | | 0.9371 | |
| $\sigma$ | 0.6534 | | 0.6186 | | 0.6533 | | 0.6145 | |
| $C_v$ | 0.6293 | | 0.5834 | | 0.6151 | | 0.6558 | |

### （二）空间格局演化

由表 4-7 可知，东北三省城市旅游业绩的 Global Moran’s I 值为正，检验结果均较显著，并且数值呈现出先下降再上升又下降的变化趋势，表明东北三省城市旅游业绩在空间上有较强的相关性，旅游业绩较高和较低区域在空间上呈集中分布，2015 年的 Global Moran's I 值虽与 2010 年比呈下降趋势，但仍比 2000 年的值高，表明总体上城市旅游业绩空间相关性呈现出增强趋势。

**表 4-7　东北三省城市旅游业绩变化的全局自相关 Moran's I 指数**

| 指标 | 2000 年 | 2005 年 | 2010 年 | 2015 年 |
|---|---|---|---|---|
| Moran's I | 0. 2223 | 0. 1665 | 0. 2745 | 0. 2279 |
| Z（I） | 2. 4094 | 1. 8426 | 2. 8241 | 2. 4127 |
| P 值 | 0. 0159 | 0. 0653 | 0. 0047 | 0. 0158 |

进一步计算 2000 年、2005 年、2010 年和 2015 年东北三省各城市的旅游业绩的 Local Moran's I 指数值及其显著性，并输出为 LISA 空间集聚图来表现城市旅游业绩空间差异的局部变化格局（见图 4-11）。

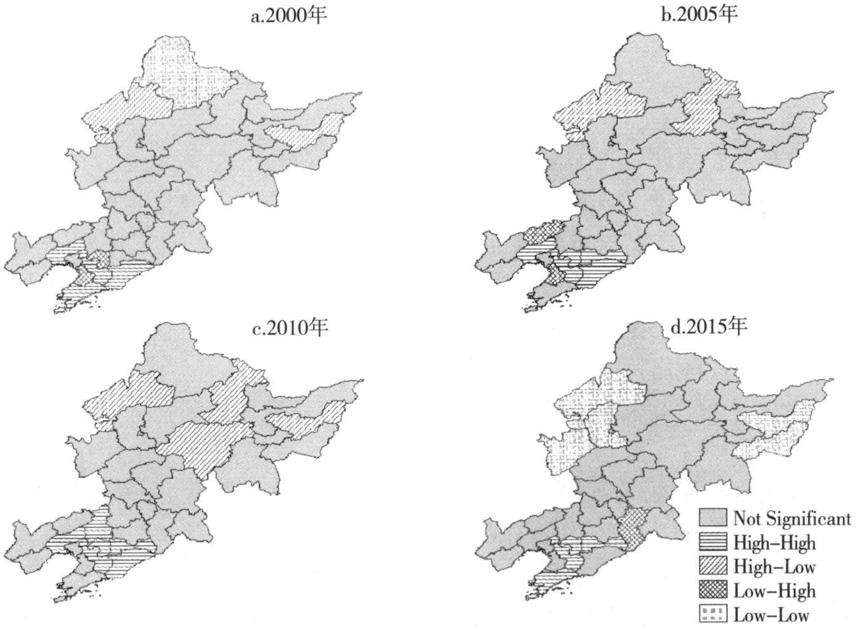


**图 4-11　东北三省城市旅游业绩空间集聚格局演化**

2000~2015 年，H-H 类型区域主要分布在辽宁省，L-L 和 H-L 类型区域主要分布在黑龙江省。其中，2000 年，H-H 类型区域包括大连、丹东、鞍山和锦州 4 个城市，L-L 类型区域仅黑河一个城市，H-L 类型区域包括齐齐哈尔和双鸭山 2 个城市，L-H 类型区域包括营口和辽阳；2005 年，H-H 类型区域不包括大连，但本溪进入该类型区域，辽阳则由 L-H 类型转为 H-H 类型，H-L 类型区域包括齐齐哈尔和伊春，L-H 类型区域包括营口和阜新，无 L-L 类型分布；2010 年仅含两种类型分布，分别是 H-H 类型，包括丹东、本溪、辽阳、鞍山、锦州和沈阳，H-L 类型包括哈尔滨、齐齐哈尔、伊春和双鸭山；2015 年 H-H 类型区域包括大连、鞍山、辽阳和本溪，L-L 类型区域包括齐齐哈尔、大庆、白城、双鸭山和鸡西，L-H 类型仅通化一个城市，无 H-L 类型分布。

综上所述，研究期内，东北三省城市旅游业绩的空间集聚总体格局差异不大，旅游业绩较高值和较低值分别主要分布在辽宁和黑龙江两省；具体类型区域的变化较大，2005 年和 2010 年缺少 L-L 类型，2010 年还缺少 L-H 类型，2015 年则缺少 H-L 类型。

# 本章小结

本章首先梳理了我国城市旅游竞争的发展阶段，总体来说，我国城市旅游竞争先后经过了政府主导、政府—市场混合作用及政府—市场互补三个演进阶段。为考察城市旅游竞争的动态演进规律，以东北三省 34 个地级市为研究对象，分别从数量、质量和结构三个方面构建城市旅游竞争指数及竞争程度识别模型，系统分析了 2000~2015 年东北三省城市旅游竞争差异的时空格局演化特征。结果表明：

从数量角度上来看，城市旅游竞争的绝对差异在不断扩大，但城市间的相对差异则在不断减小；城市旅游总收入的空间形成演化存在空间关联，呈现出显著的高低值集聚区，且分别位于辽宁省和黑龙江省。

从质量角度上来看，城市旅游效率总体上呈现下降趋势，城市综合效率及分解效率差距变动不大；虽然大部分年份的城市旅游效率的全局空间自相关检验不显著，但各城市的旅游综合效率和分解效率在区域内部表现出较强的空间自相关性，高低值集聚分别主要分布在辽宁和黑龙江两省。

从结构角度上来看，城市间旅游区位商差距较大，城市间旅游产业集聚水平呈现相对差异增大的趋势；城市旅游区位商有较强的空间相关性，但关联强度在不断减弱；在局部空间的集聚特征较为显著，高低值集聚分别主要分布在辽宁和黑龙江两省；引入旅游产业集聚模型，进一步考察城市旅游竞争的阶段性差异，结果表明城市旅游竞争优势具有明显的动态特征。

从构建的旅游业绩指标上来看，竞争较激烈的年份出现在 2005 年，竞争不是很激烈的年份出现在 2015 年，且城市间排名变动较大，排名靠前及靠后的城市分别位于辽宁省和黑龙江省；总体上城市旅游业绩空间相关性呈现出增强趋势，其空间集聚总体格局差异不大，旅游业绩较高值和较低值仍然分别主要分布在辽宁和黑龙江两省。

# 第五章 城市旅游竞争的动力主体识别与分析

城市旅游竞争的动力机制是驱动城市旅游竞争产生、发展的力量结构体系及其作用机理。本章对城市旅游竞争的动力机制研究是以对城市旅游竞争的动力主体的认识为研究起点，在对城市旅游竞争的动力主体作用的分析基础上，探讨基于动力主体作用下，所产生的一系列的动力因素及其作用机理。

## 第一节　城市旅游竞争的动力主体识别

### 一、政府是城市旅游竞争的主导力量

城市旅游竞争由谁发起、竞争程度如何、竞争效果怎样取决于内部动力主体及其作用的发挥，内部动力主体是城市旅游竞争的推动者和主导者。长期以来，我国城市经营、发展与管理的权威主体是政府，因此在城市的各种社会组织中，组织、推动、管理、协调城市旅游竞争的内部主体力量应该是政府。政府是我国城市建设和发展的领导者，是城市规划和布局的组织者，是城市经营和管理的承担者，政府出于对城市旅游竞争能够带来诸多方面利益的追求，引导、推动城市旅游竞争的进行，并从城市旅游功能定位、城市旅游规划布局、城市形象的设计与推广、城市旅游的管理和协调等方面进行宏观的掌握。

#### （一）政府是城市旅游竞争的主导者

我国旅游局在“九五”时期提出的政府主导型旅游发展战略经过实践

检验取得了显著的成效，并有学者对“政府主导”的范围和领域进行了热烈探讨（章尚正，2002；邓祝仁，2000；李菊霞等，2000；匡林，2001）。城市旅游竞争与旅游产业发展虽内涵与外延不同。但一个城市一个区位，每个城市有着与众不同的发展历程，历史内涵、资源基础、经济发展、环境建设背景不同，旅游历史沿革、发展背景各异，需要政府及其管理部门从宏观角度进行把握，据此制定城市旅游竞争的战略决策，在旅游资源保护、城市形象推广、城市环境建设、公共物品提供等方面发挥主导作用，以保障城市旅游竞争健康、持续发展。此外，政府对城市旅游合理定位，对竞争模式的选择、对旅游市场竞争秩序的规范与整治往往会影响到城市旅游竞争的效果。

### （二）政府是城市旅游竞争的推动者

长期以来，我国经济发展与产业升级主要采取的是政府主导型发展战略。城市旅游竞争能够给城市带来发展商机，促进产业结构调整，改变经济增长方式，提升城市的整体形象，因此政府往往通过政策制定、法规支持、资金投入及对外宣传等措施来推动城市旅游竞争的发展，如在国际旅游的推进方面，采取海外宣传，进行国际旅游合作，开展国际城市间的互动交流。中国、俄罗斯两国于2012~2013年互办的中俄“旅游年”期间，除了两国政府部门牵头外，很多城市政府也参与到该项活动中来，我国多座城市与俄罗斯城市互为“友好城市”，通过专业性的旅游合作论坛、推介会、交易会及丰富多彩的互动交流活动，调动更广泛的人群到对方国家进行城市旅游的兴趣，使城市国际旅游从规模、水平及竞争能力上得到大的提升。

### （三）政府是城市旅游竞争的协调者

旅游作为新兴产业，与农业、工业及商业、交通运输等服务业相比，其发展历史短暂、经验不足、体系不健全；旅游作为综合性产业，旅游行政管理牵涉到众多的部门，包括城市园林、绿化、林业、文物管理、城市建设、宗教等各部门，可谓是面面俱到；旅游作为关联性产业，涉及食、住、行、游、购、娱等环节的协调与整合。就单个城市而言，仅靠旅游领域做文章实现城市旅游竞争目的毕竟是有限的，学会借助、利用其他领域之势提升城市旅游竞争优势才是长久之计。城市旅游竞争需要政府出面，直接或间接的形成与各产业渗透、各部门配合、各环节协调、各领域联动等的社会参与格局。因此，全面发挥政府的调控、干预作用，依靠行政的力量，协调各方面的分工与利益，有效配置人力、物力和财力，以保证城市旅游竞争顺利、有序的进行。

### （四）政府是城市旅游竞争的管理者

城市旅游竞争需要旅游企业的积极参与。为了鼓励旅游企业参与竞争、激励创新，需要政府制定相应的法律规范来维护市场竞争参与各方的权力和利益；为确保在竞争中胜出，实现竞争利益的最大化，部分旅游企业往往会采取非正常的手段、渠道参与竞争，而产生有损其他竞争者利益的行为，需要政府通过采取行政、经济及法律手段对之进行管理。旅游者是旅游企业发展的生命线，也是旅游经营者竞争的对象，竞争难免会使旅游者的合法权益造成侵害与损失，为了保护旅游者的合法权益、使旅游经营企业履行旅游服务的义务，需要政府采取立法的形式来完善旅游管理体系，通过依法行政、依法治旅排除竞争中的障碍，确保城市旅游竞争纳入正轨，有序进行。

### （五）政府是城市旅游竞争的决策者

参与城市旅游竞争能够给相关城市带来更多的经济利益和文化交流。由于每个城市所处的发展阶段不同，城市的个性、特色迥异，对于具体的城市而言，城市旅游竞争依托哪些资源、打造什么样的城市产品、塑造怎样的城市形象，则需要政府根据特定时期的经济社会条件进行决策，将短期利益和长期利益相结合，从宏观角度制定未来一定时期的竞争目标、竞争方案和具体的竞争策略。对于决策运行过程中出现的偏差，及时采取措施进行纠正，排除决策实施过程中的种种障碍和不利因素。

## 二、市场是城市旅游竞争的推动力量

在市场经济时代，市场是区域、产业及企业存在和发展的基础。城市旅游竞争也不例外，对旅游市场存在着高度的依赖性。旅游市场需求量的不断扩张成为城市旅游竞争的原始推动力。同时，城市旅游竞争的内容、方式、领域会随着市场需求的变化而发生调整。

### （一）市场是城市旅游竞争存在的根本

在市场经济时代，市场是区域、产业及企业存在和发展的基础。城市旅游竞争也不例外，其对旅游市场存在着高度的依赖性。尽管我国旅游市场在发展过程中曾遭受突发事件、金融危机及不利因素的冲击与破坏，但随着经济的发展，旅游市场面临的基本环境和发展机遇并没有改变，国际、国内旅游消费需求潜力依然巨大，尤其是我国国内市场需求持续强劲，这种渐趋发展的市场形势从长远来看不可能改变或发生逆转。旅游市场非饱和趋势虽然给城市发展带来无限商机，但是经济全球化进程的加快，使得国际、国内旅游大市场的竞争可以跨越省界、国界，甚至是全球，由此给旅游城市带来巨大的竞争压力，城市旅游竞争的态势必将居高不下。培养竞争精神、加入竞争行列，增加参与国际、国内旅游市场竞争的紧迫感已成为各城市无法回避的事实。此外，城市旅游竞争不限于但又关乎到城市旅游产业竞争，旅游产业作为需求导向型产业要建立在市场基础之上才能取得发展，因此市场是城市旅游竞争的基础。

### （二）市场促进城市旅游竞争

马克思理论认为：人的需要是人们进行历史活动的内在原因，是社会生产力发展的“基始推动力”，旅游需求群体的不断扩大，旅游需求量的不断扩张成为城市旅游竞争的基始推动力。我国城市旅游市场是遵循着改革开放的轨迹不断发展壮大的，对外开放、打开国门，国外游客纷至踏来，从早期神秘古老的文明国度到现今国际地位和威望的提升，为我国城市带来了越来越广阔的入境旅游市场；改革开放的深入进行，人民生活日渐富足、城乡居民收入持续增长，消费观念发生改变，旅游消费开始勃兴，我国涌现出前所未有的大规模旅游需求，目前大众旅游市场初步形成。基于不断扩大的入境旅游市场和国内旅游市场的诱惑，许多城市将旅游作为投资的热点，并加紧提供旅游商品和服务，希望通过各种努力吸引游客前来驻足，将旅游商品和服务转化成旅游者的实际消费，在一定的市场规模下，为赢得更多的经济收入、获得可观的利润，带动城市相关产业和部门的发展，增加城市就业机会，城市之间必然会产生激烈的竞争。

### （三）市场调节城市旅游竞争

城市旅游竞争的内容、方式、领域会随着市场需求的变化发生调整。首先，不同旅游者由于年龄、性别、职业、文化及爱好等的不同，旅游消费需求并非完全相同，即使同一旅游者，其旅游需求也不是从一而终、固定不变的。伴随着旅游消费者旅游经验的不断丰富与旅游需求的提升，游客不再满足于城市观光、游览等传统的旅游方式，商务旅游者、休闲度假者等消费群体开始成长，因此城市旅游目的地要时刻关注处于动态变化之中的市场环境与市场供求。为了在与其他城市的竞争和博弈中胜出，要求城市能对市场变化迅速地做出判断和反应，重组、优化资源配置，开发与推出个性化、多样化的旅游产品、增加旅游消费体验以吸引市场眼球。同时，旅游供给市场的渐趋成熟，要求城市改变传统的竞争方式，从传统的价格竞争、资源竞争中解放出来，走向更有内涵的人才竞争、技术竞争、创新竞争及信息竞争中，从而提高竞争的层次与方式。此外，如果城市旅游竞争的目标是多元化的，是建立在提高市场份额基础上，为达到产品创新、经济增长及永续发展的竞争目标，更要求城市在建设环境、提升形象、改善交通、提高可进入性、开展对外贸易等方面积极改进，使城市旅游竞争的领域更宽、竞争的层次更广。

## 第二节　我国城市旅游竞争的动力主体分析

### 一、政府主导下的城市旅游竞争

政府是城市发展、建设的第一主体，是城市经济发展的决策者和领导者，在拉动地方经济增长、推动产业升级、加快城市建设、改善社会福利等方面承担着重要的职责。城市经济发展与进步在很大程度上取决于政府决策的正确性及执行的力度。在城市经济发展中，政府往往面临多种选择路径，由于城市旅游与城市的经济与社会、文化与政治、基础设施建设与环境保护等方面有着千丝万缕的联系，在拉动经济增长、调整产业结构、促进文化交流、增加社会就业、推进生态文明等方面作用明显，因此越来越多的政府决策者往往把旅游产业融于城市发展与建设之中。基于城市政府经济利益、产业发展，在城市建设、资源开发与利用、政府政策与业绩的诉求、需要及驱动下，城市旅游竞争将不断发展。

#### （一）经济利益驱动

改革开放四十多年来，中国旅游产业历经朝阳产业、黄金产业到我国很多省区市县的主导产业、支柱产业、龙头产业的巨大历史跨越，旅游产业地位发生明显的战略性调整。作为一项经济型产业，由于旅游产业在国民经济各行业中颇具活力和发展前景，故而成为许多城市实现经济发展、促进地方经济增长的重要业态选择。与此同时，城市旅游经济功能愈发明显，如增加地方税收、吸引外部投资、创造就业岗位（Durbarry R.，2002）、赚取外汇等，受经济利益驱动城市旅游竞争越发激烈，城市旅游竞争具有一定的普遍性。

1. 促进地方经济增长

关于旅游发展与地方经济增长的关系一直是备受关注的研究话题，国内外学者对此进行了相关的探讨，如 Mathieson 和 Wall（1982）借助经济学中的乘数原理，认为旅游的最初消费能够带来数倍的地区收入增长，进而提出旅游乘数的概念；著名旅游学者 Archer 指出在经济系统中旅游花费可以产生直接效应、间接效应和诱导效应，通过这些效应能够带动地方经济的快速发展（李子奈，2000）。Shan 和 Wilson（2001）提出“旅游导向型经济增长假说”，随后一些主流观点也支持这一假说（Durbarry，2004；Gunduz 等，2005；Lean 等，2010），认为旅游发展对地区经济增长会产生正向的影响，当然也有学者对此提出质疑。我国学者关于旅游与经济增长关系的研究较多的集中在国家层面，如吴国新（2003）采用回归方程分析了我国旅游产业与国民经济增长存在着密切的相关性，并通过实证研究揭示了旅游业对国民经济增长具有拉动作用；和红和叶民强（2006）通过定量分析提出旅游业发展与我国经济增长具有一定的正向交互响应效应。周四军和张墨格（2006）通过运用总量、弹性和贡献率等统计方法论证了我国旅游产业与经济增长存在双向互动作用，即经济增长对旅游业具有促进作用、旅游业对经济增长产生推动作用。赵磊（2015）基于 1999~2009 年 30 个省份的面板数据，运用多种经济计量方法证实中国旅游发展对经济增长具有显著的促进作用。由于我国旅游业发展在空间上存在差异性和不平衡性，仅从国家或省级层面进行探讨难免以偏概全，刘桂玉等（2008）提出应该从单个地区为切入点，研究旅游业与经济增长的关系。刘霜和邱继勤（2011）采用定量分析方法，对重庆市旅游产业与经济增长的关系进行分析，研究结果表明旅游总收入增加 0.54%，国民经济将会增加 1%。当然关于两者之间的关系也存在质疑，杨勇（2006）通过对旅游消费支出与经济发展时间序列数据进行协整检验，判断两者之间并不存在稳定的因果关系，但是主流观点支持旅游产业对国家及地方经济增长的促进作用。李瑶亭（2013）为了测度旅游产业对城市经济的贡献及两者之间的联系，选取《中国旅游统计年鉴》上的 26 座城市作为样本，选取国际旅游外汇收入和城市国民生产总值为变量，通过建立面板数据模型计算 2001~2009 年各城市的旅游收入弹性系数（Bi 估计值），用以分析各城市旅游经济对城市经济的贡献程度，旅游收入弹性系数越大，说明旅游产业越能带动国民生产总值的增长，对城市经济增长的带动作用越明显。研究结果显示（见表 5-1），26 座城市旅游收入与城市国民生产总值之间表现出明显的正向作用，旅游收入能够推动城市经济的快速增长。

表 5-1 城市旅游收入弹性系数

| 位次 | 城市 | Bi 估计值 | 位次 | 城市 | Bi 估计值 | 位次 | 城市 | Bi 估计值 |
|---|---|---|---|---|---|---|---|---|
| 1 | 中山 | 4.0535 | 10 | 上海 | 0.9796 | 19 | 杭州 | 0.8537 |
| 2 | 深圳 | 1.4286 | 11 | 南京 | 0.9659 | 20 | 海口 | 0.8305 |
| 3 | 广州 | 1.3447 | 12 | 厦门 | 0.9451 | 21 | 长春 | 0.7664 |
| 4 | 北京 | 1.1704 | 13 | 沈阳 | 0.9428 | 22 | 桂林 | 0.7493 |
| 5 | 大连 | 1.1399 | 14 | 天津 | 0.9388 | 23 | 西安 | 0.6654 |
| 6 | 珠海 | 1.1120 | 15 | 成都 | 0.9139 | 24 | 福州 | 0.6364 |
| 7 | 昆明 | 1.1105 | 16 | 苏州 | 0.8884 | 25 | 黄山 | 0.5921 |
| 8 | 无锡 | 1.0954 | 17 | 哈尔滨 | 0.8724 | 26 | 宁波 | 0.5447 |
| 9 | 武汉 | 1.0008 | 18 | 青岛 | 0.8538 | | | |

2. 缓解城市就业压力

增加就业是城市发展对我国国民经济影响的重要体现。就业问题是当今世界各国面临的一个重大难题，也是我国目前最大的民生问题，就业问题解决的如何，是衡量一个政府执政能力和水平的重要标志。根据官方统计，改革开放以来我国城镇就业人员总量在波动中不断增长，2013 年城镇就业人员共计 38240 万，达到多年来的最高值，35 年间城镇就业平均增长率为 1.97%。与之相背离的是，城镇失业人口、失业率非但没有下降，进入 20 世纪 80 代中后期以来却在不断上升，进入 21 世纪后城镇失业率一直处在 4%以上。除了公开失业外，我国城镇存在大量的隐形失业，张车伟（2003）、李实和邓曲恒（2004）对 2000 年我国城镇失业率进行研究，估算失业率结果分别为 8.27%和 8.59%，比官方统计还要高。城镇就业总量增长与失业率居高不下的矛盾性，究其原因在于经济增长速度的放缓、经济对劳动力的容纳能力变小所致，因此在我国经济结构转型期培育新的经济增长点、加快产业结构的调整成为创造城镇就业岗位的有效途径。

旅游产业对就业的促进效应不断得到认同，1993 年世界旅游理事会提出：“旅游作为一个整体雇用了世界从业人员的十分之一，已经成为世界上创造就业机会最多的行业。”世界旅游组织提出：“旅游业是21世纪创造就业与环境保护的引导产业”；“旅游行业每增加1个直接就业机会，社会就能增加5~7个发展机会，被认定是‘就业波动的蓄水池’”（Szivas and Riley，1999）。旅游业不仅提供诸如宾馆、饭店、交通、娱乐、商贸等一系列直接旅游服务的工作岗位，还为包括旅游出口行业、政府机关及旅游产品二级供应商等部门提供旅游间接工作岗位。除了上述旅游正规就业外，还会产生无执照家庭旅馆、景区附近小商小贩、无证导游等旅游非正规就业。旅游产业在我国解决就业问题的困境中做出了突出贡献，2013年旅游总就业人数为6441万，占全部就业总数的8.4%，根据预测，2015年我国旅游直接就业将达1700万人，间接就业达8300万人，由此可见，增加就业是旅游业对我国国民经济影响的充分体现。旅游产业所具有的就业乘数效应及劳动力进入门槛低、就业方式灵活、就业岗位层次多的特点，使之受到城市政府的青睐。政府会利用旅游就业的先天优势，加大城市旅游扶持力度，在旅游市场需求规模不断扩大的诱惑下，加紧竞争步伐，通过完善旅游住宿设施、发展旅游商品生产、增强旅游餐饮服务、加强旅游景区建设、扩展旅游项目和产品体系等措施来推动城市旅游竞争升级，从而拓宽城市就业渠道。城市旅游竞争不仅为城市创造一定的物质财富，还会带来城市旅游产业规模的扩张，进而扩大城市就业规模，广泛吸纳社会各层次劳动力，尤其是城市下岗职工和失业人员的再就业将有利于城市居民安居乐业。城市旅游竞争能充分发挥旅游就业容量大的特点，通过开辟城市就业渠道、优化就业结构等缓解城市就业压力。

3. 推进城市经济交流

城市本身是一个开放的系统，需要在不断与外界进行人员、物质、信息、技术等的往来与交流中实现发展。城市旅游竞争能促进城市积极建设与外界沟通、交流的平台，争取源源不断的旅游流以城市为中心进行持续的输入与输出。在加快城市人力、财力、物力的流动中，形成了人口、资本和物质等生产要素的向城市集聚和扩散，促使城市规模扩大，城市质量得到提升。尤其是城市通过竞相发展高级别的旅游活动如会展旅游、商务旅游，更是为城市提供了进行对外经济贸易交流的重要渠道，国际会展旅游、商务旅游所占的比例越高，对城市的对外经济交流越有利。进入21世纪，在来华的国外游客中，会展、商务旅游者数量不断增多，从2001年的296.9296万人增加到2013年的619.4万人，增长了1倍。入境的游客主要来自于世界经济最发达的美国、经济强国日本、世界经济大国俄罗斯，以及发达国家德国、英国、加拿大、韩国、新加坡等，通过旅游的方式与这些经济大国实现互动、交流，无疑给城市注入持续的经济活力。中国作为21世纪亚太地区最大的客源国和最有吸引力的旅游目的地之一，必将给城市旅游竞争带来机遇和挑战。

此外，城市旅游具有一定的综合性，与住宿、餐饮、交通、购物、娱乐等产业部门直接相关，同时又需要通信、信息、保险、金融等产业部门的辅助与支持，这些产业通过旅游的媒介作用实现相互合作，在城市内部实现资金、人才、信息、技术等的交流，进而形成城市旅游竞争优势。城市内部旅游相关及辅助产业间的有效互动与整合，既有利于城市内部各相关部门的往来与协作，也是应对、战胜竞争对手的有效手段，城市旅游竞争的综合性特点决定了它必然会促进城市内部经济交流。

### （二）产业发展驱动

#### 1. 促进城市产业融合

产业融合是指同一产业的不同行业间或不同产业间的相互渗透、交叉，从而催生出新的产业形态的发展过程（厉无畏等，2003），因其具有延伸产业边界，重塑产业结构的力量，使其成为了经济全球化背景下产业发展的必然选择。从世界产业融合的实践层面看，产业融合的动因来源于多个方面，其中竞争与合作的压力是推动产业融合的主要诱因之一。

城市旅游竞争要谋求不断地发展与扩张，需要探索如何更好地满足旅游者的消费需求和实现持久的竞争优势，加强城市旅游产业创新就显得尤为必要，城市旅游产业与其他产业的有效融合是实现产品创新、技术创新及管理创新的有效途径。城市旅游产业与其他产业之间利用资源共享、功能相似的便利及市场互利、技术渗透等途径，实现相互交叉、渗透的过程，从而达到产业间相互改变的结果，最终产生全新的旅游产品和旅游新业态（见图5-1），如将城郊农业与城市工业作为旅游资源与旅游产业融合所形成的城郊农业观光旅游、工业旅游，使城市传统产业部门焕发出新的活力；体育、教育、医疗等产业分别在强身健体、增长知识及修身养性等方面与旅游产业有着相似的功能，相互融合能够取得相得益彰的效果；会展、商务、房地产能够通过市场互利的契机，与旅游产业发生相互融合，形成会展旅游、商务旅游、房地产旅游等，以有效扩大各自的市场规模；信息产业、高新技术产业利用现代信息技术优势与旅游产业进行技术渗透，一方面能扩展信息、技术应用领域，另一方面也可以提高旅游信息化、现代化水平，催生出动漫旅游产品、文化创意旅游产业等内容。城市旅游新业态的不断涌现，能够为旅游消费者提供多元化的旅游产品，丰富旅游者的消费体验过程，以致引发旅游新需求的出现，进而扩大城市旅游市场规模。

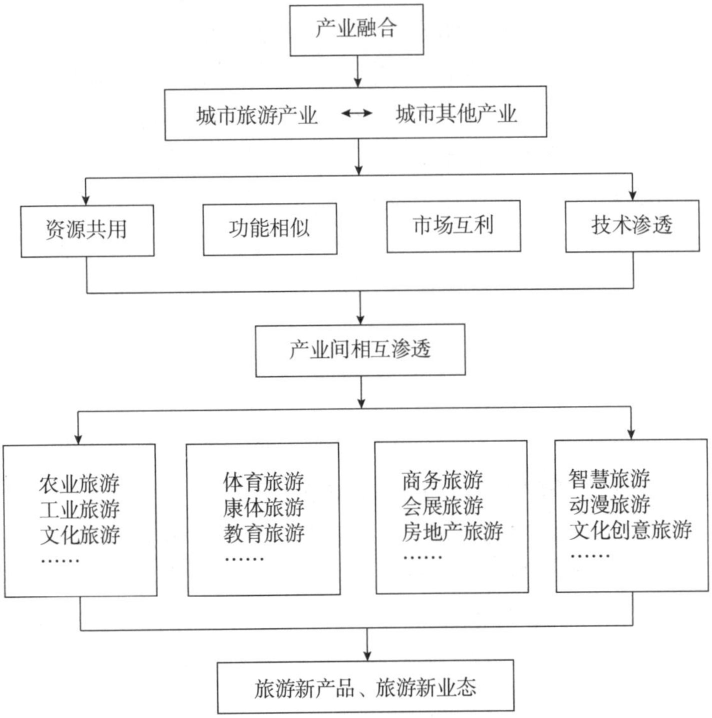


**图 5-1　旅游新产品和旅游新业态**

由此可见，旅游新产品、旅游新业态的形成过程就是城市旅游竞争适应产业发展需要、满足市场需求的提升过程，通过打破原有的城市旅游供给和旅游需求平衡点，带来了城市产业内涵的突破与边界的延伸，最终实现了城市产业间的融合与共生。

2. 促进产业结构优化

城市经济在发展的过程中由于原有动力的弱化，将会经历一段时间的瓶颈期，走出困境的关键就是变革经济发展方式，进行产业结构的升级与优化，如我国资源型城市抚顺、鞍山、阜新等地区。在城市产业替换、转型中，由于旅游产业具有低准入门槛、低资源消耗性及高产业关联性等产业属性，容易成为政府竞相发展的产业之一。我国西部一些城市为实现城市经济发展，改善产业结构，往往将旅游产业作为发展服务业的支柱产业或先导产业，围绕并服务于城市旅游竞争来调整城市产业结构，引发城市产业结构优化和升级，使之成为“城市新生”的重要力量。

城市旅游竞争的最佳手段是实现与旅游相关及辅助产业的合作，充分发挥城市旅游竞争所具有的经济带动性（见图 5-2），拉动包括城市交通运输、餐饮、保险、城市环境资源及公共设施管理、信息传输服务、商务服务等一系列后向关联产业的发展，还能刺激、推动包括城市公共管理、商业、娱乐、居民服务、计算机服务和软件等一系列前向关联产业的发展，进而引导城市经济要素不断流入到旅游业和相关服务业当中来，从而增强城市的服务性，促进城市功能由原有的政治、经济、交通、生产、生活功能向游憩、服务功能拓展。在实现城市功能多元化扩张过程中，城市消费由传统日用型消费向现代享受型消费发生变迁。另外，要抓好城市内部各行业各部门与旅游产业的对接，如农业、林业、海洋、工业、宗教、文化、科技等与旅游产业融合，丰富城市旅游竞争内容；城市海关、边检、边防、民航、口岸等也要打破自身部门利益限制，将城市旅游竞争纳入整体利益加以考虑，通过简化相关手续、降低收费标准和提高服务质量等优化城市旅游竞争内涵。竞争促进城市资源的全面整合和最优配置，竞争促进了城市产业结构与产业素质的整体提升，我国于 2007 年修订的《优秀旅游城市检查标准》中指出，参与竞争评优的城市其旅游活动内容涉及城市经济、环境、生态、教育、管理、咨询等 20 多项内容，涉足政府、工业、服务业、交通业、旅行社、传媒业等众多的产业部门，竞争促

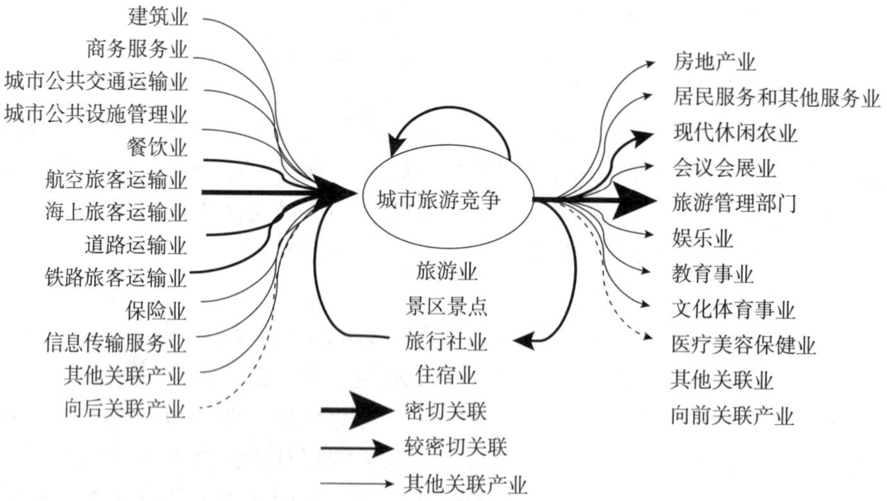


**图 5-2　城市旅游竞争与城市相关服务业的关系**

使城市围绕旅游产业来配置生产要素，如改善城市交通运输网络、完善城市服务体系、加强城市信息服务，这些联动性产业大多从属于第三产业的范畴，从而引发城市产业结构的调整。

此外，城市经济在发展的过程中由于原有动力的弱化，将会经历一段时间的瓶颈期，走出困境的关键就是变革经济发展方式，进行产业结构的升级与替换，如我国资源型城市抚顺、鞍山、阜新等地区。在城市产业替换、转型中，由于旅游产业具有低准入门槛、低资源消耗性及高产业关联性等产业属性，容易成为城市政府竞相发展的产业之一。我国西部一些城市为实现城市经济发展，改善产业结构，往往将旅游产业作为发展服务业的支柱产业或先导产业，围绕并服务于城市旅游竞争来调整城市结构，引发城市产业结构优化和升级，使之成为“城市新生”的重要力量。

3. 提升旅游产业发展能力

发展源于竞争，竞争推动发展。旅游业本身就是一项竞争性很强的经济文化事业，城市旅游只有积极地投入到市场竞争的洪流中，才能获得一定的发展。在激烈的市场环境下，城市旅游竞争不再只是简单的旅游资源先天优势的竞争，而是要挖掘城市个性，将城市特色资源进行加工转换成旅游产品，再配套一定的设施、营销与服务才能顺利进入市场。城市旅游竞争能否赢得市场空间，其成败取决于多种因素、多个方面，但主要是围绕和依托旅游这一核心产业而展开竞争。从狭义的产业角度看，竞争是包括旅游饭店、旅行社、旅游交通和旅游商品四大部门在内的旅游产业的竞争，因此完善这四大部门是进行充分竞争，获得竞争利益的关键。另外，竞争的动力促使城市政府明确城市旅游职能定位，确定旅游竞争的发展目标，要求城市旅游规划部门进行科学旅游规划、统筹配置城市旅游资源要素，要求相关旅游管理部门加强市场监督、规范旅游行业秩序以保障旅游者的消费权益，保证旅游企业合法、公平竞争，提升旅游产业服务质量。竞争促使旅游企业需要以“游客为中心”，生产适销对路的旅游产品，满足旅游市场多样化的需求。通过城市旅游规划、旅游管理各部门和各旅游企业的大力协作、相互配合，才能吸引旅游者的流入，最终实现旅游资源、旅游产品、旅游服务的经济转化过程。旅游产业的地域垄断性及产业的多因素相关性，决定了各城市旅游竞争存在的必然性，竞争中城市在功能定位、设施建设及标识系统设计上要主动迎合旅游市场的需要，向更吸引人、更宜人的方向发展，城市的旅游产业服务能力、发展能力因此而得到整体提升。

### （三）城市建设驱动

1. 推进城市化发展

城市发展与扩张是我国城市政府普遍的行政诉求。城市是我国经济发展的载体与核心，城市化水平成为衡量我国经济发展与社会文明进步的重要标志（城市化既是社会经济发展的必然结果，也是人类社会文明进步的标志）。根据发达国家城市化历程，在城市化的动力因素中，工业化对城市化的推进作用得到普遍认可，但随之带来的环境污染、生态破坏及资源消耗等负面影响使人们试图寻找新的动力。第三产业因为能够发挥推动城市经济发展、创造大量就业岗位及提升城市发展的质量等作用，故而成为城市化的后续动力。我国城市化也具有同样的表现，特别是进入21世纪以来，第三产业取代第二产业成为城市化的主要推动力量。旅游业作为第三产业的重要组成部门，被视为无烟型产业，与其他产业的关联、带动及融合性强，能推动餐饮、住宿、娱乐、商业、房地产以及城市服务等的发展，引起城市竞相发展旅游业，成为推动城市化的有效途径之一。

城市化是人口向城市集中的过程，从地域空间的角度来说它是一定地域空间范围内城市地域的扩大和城市数量的增多。我国地域辽阔，城市形成的自然条件、历史基础及经济发展各异，使得城市个性特色突出、差异明显，这正是符合旅游求新、求奇、求异的特点。当众多的城市以旅游的形式进行自我推介和营销时，将会加速城市旅游竞争的进程，如我国历史文化名城的评选、优秀旅游城市的评比及国际旅游城市的建设，都将城市推向了旅游竞争的舞台。城市旅游竞争目的是多元化的，但主要是为了吸引非本市人口（旅游消费者）向城市发生集中和转移，非本市人口的流入会拉动城市的消费需求增长，促使城市内部餐饮、住宿设施、游乐场馆、康体娱乐设施、购物街区及博物馆等旅游消费场所的建设和扩张，消费市场的扩大必然带动人力、资本、物质、技术等生产要素向城市发生集聚，旅游消费的作用促使城市人口和就业人员实现增长。同时，城市旅游竞争促进城市旅游资源的开发和旅游业的发展，城郊旅游发展和环城游憩带建设不断推动城市地域空间范围向外延伸，城市旅游竞争所产生的经济、社会、生态效益带来城市规模扩大和质量提升，促使城市快速发展。在当今我国日益注重城镇化质量的大背景下，城市旅游竞争将在特定区域的城市化进程中起着重要的推动作用。

2. 提升城市形象

随着我国政治体制改革的推进，中央政府决策权逐渐下放，地方中心决策权不断扩大，城市政府承担的职能与扮演的角色发生调整，由城市管理者、服务者向城市的“经营者”转换，尤其是税制改革对地方利益主体的确认，城市政府更是担负着对国有资产和公共资源进行资产增值的责任和使命，如何经营、运作城市受到各级城市政府的高度重视。

按城市经营的主流观点，政府在退出直接参与经济产出的经营领域后，承担着提供“公共物品”的职能。城市形象从属于“公共物品”，树立良好的城市形象是城市政府和全体居民的共同愿望。在全球化背景下，作为城市发展与竞争的非物质因素，“城市形象”是城市政府参与全球竞争的有力武器，也是城市自我推销、自我经营的有效途径，尤其是在现行的政府任期制度下，城市形象工程往往受城市政府所青睐，是城市政府“领导业绩与政治业绩”的重要体现。在激烈的竞争时代，树立独特、鲜明而富有吸引力的城市形象，对外容易被社会大众认知、识别和认可，以此扩大城市知名度与美誉度，在将城市推向市场的过程中，形成对外部市场的吸引力，吸引外部资源、资本向城市流入，扩充城市财力、物力，使城市从外部获得发展的力量；对内能够形成政府、企业、居民有关城市发展目标的共识，通过形象塑造的过程来美化城市环境，改善投资软环境、提升居民生活环境质量，树立良好的城市形象和政府形象。

城市形象的形成、发展与塑造受多种因素的影响，总结起来主要有历史、文化、政治、经济与环境五个方面（见图 5-3）：城市历经了一定的历史过程，现状城市形象应该是历史延续与反映，也是城市历史累积的必然结果，对于具体城市而言，历史无疑是城市形象的灵魂和结晶；城市存在于一定的环境之中，并在空间中占据独一无二的地理环境，环境构成城市发展的基础，并影响城市的进一步发展；早期城市往往作为政治中心而存在，是政治权利的象征，即使是现代城市也需要遵循政府规划、政策制定、城建法律来谋求发展，政治力量对城市形象产生重要影响；民俗、宗教、艺术、科技、教育等传统文化世代相袭，表现在城市居民的思想和行为之中，并以雕塑、建筑等形式凝固、保留下来，文化构成城市形象的内涵；城市是区域的经济中心，担负着区域生产、物质集散、经济发展的中心职能，经济是城市形象的关键。因此，回归历史、着眼于环境、挖掘文化、关注经济、遵循政治是城市形象塑造的有效途径。

城市旅游作为一项综合性产业，能够集城市历史、文化、环境、经济成就、政治风貌等精髓于一体，城市旅游的“形象塑造”作用能够加快实现城市的自然、环境、地域文化甚至城市本身等国有资产的经营与增值，成为城市形象最佳的表现方式之一，因此为城市政府所重视。城市形象的

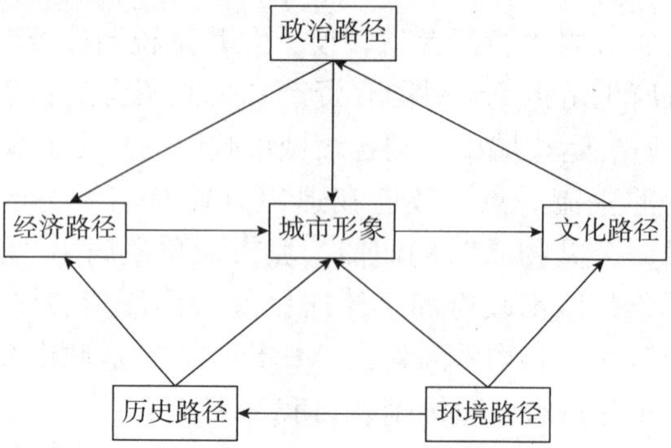


图 5-3　城市形象形成的主要路径

旅游导向性使城市旅游为各地政府所选择，由此导致城市旅游竞争加剧。与此同时，城市形象的塑造也是实现城市旅游竞争有效性的重要工具和法宝，因为从美学的角度看，“城市形象是‘真、善、美’高度统一的艺术综合体，是城市本质的自然流露，是城市历史的长期沉淀”（张辉，2005），城市旅游竞争只有建立在“真、善、美”的形象塑造基础上，尊重城市自然与历史本源才能获得持续的生命力。

3. 加快基础设施建设

城市基础设施是包括交通运输、邮电通信、医疗卫生、生态环保、社会福利、信息教育、公用事业等在内的社会性设施，是为了保障城市经济生产、改善城市人居环境、实现城市资源共享、维护城市公共安全等建立起来的公共性服务设施，它是城市生存与发展的物质基础，也是城市经济增长和社会发展的前提条件。目前，我国城市正处在新型城市化、工业化发展的关键节点，传统城市化、工业化与城市基础设施建设的错位已成为城市进一步发展的“瓶颈”与制约因素，因此各级城市政府都将推进基础设施建设作为一项关键任务和重要政策来抓紧落实，基础设施投资成为政府公共支出的重要内容。尤其是对于参与全球竞争的城市而言，更重视对基础设施的建设投入，基础设施的技术水平及功能负荷能力是城市获得竞争优势的前提条件。

城市基础设施不仅为城市自身的运转和发展服务，也是城市旅游协调发展的重要保障，还是城市旅游竞争的基础。一方面，城市基础设施建设状况为营造城市旅游竞争环境创造基本条件，旅游者在城市内部所进行的“食、住、行、游、购、娱”旅游内容无一不与城市的基础设施紧密相关，尤其是城市内外交通运输基础设施通过影响旅游者对旅游城市的选择及其在城市内部旅游活动的方便程度，进而影响城市旅游的空间竞争能力。城市基础设施的短缺、不可靠或无保证的服务势必会影响到旅游企业正常服务的有效运转，进而会影响降低城市旅游竞争能力，从而导致城市旅游处于劣势地位。城市基础设施具有公共物品的特性，因此需要由政府出面进行投资，城市旅游竞争能够刺激城市政府加大对基础设施的投资力度，从而提高城市建设水平。

另一方面，城市作为综合性载体，城市旅游竞争吸引要素已不仅仅局限于传统的旅游资源要素，一些基础设施本身由于能改善城市整体风貌、优化城市环境，往往构成城市旅游竞争物质吸引要素的一项重要内容，如城市图书馆、博物馆、艺术中心等文化设施；城市运动场、体育馆、游泳馆等体育设施；城市公园、园林、广场、游乐场等休闲娱乐设施等均可以成为城市旅游吸引要素，丰富城市旅游竞争的内容。我国北京的鸟巢、水立方、天安门广场；上海的东方明珠电视塔、杨浦大桥等基础设施已成为我国知名的旅游吸引物。此外，基础设施投资规模大、周期长，将其作为城市旅游竞争吸引物，也是回笼城市政府对基础设施投资的有效渠道。

4. 改善城市人居环境

城市是人类生存、生产、生活的基本单元和场所，城市人居环境是指人类在一定的地理系统背景下，从事生产、居住、教育、文化、娱乐等活动，从而在城市立体式推进过程中创造的环境。城市人居环境实质就是城市人口、资源、环境、经济、社会相互作用的过程和结果，其优劣直接关乎到城市的可持续发展问题。我国高速工业化、城市化在推动城市经济增长、促使城市不断扩张过程中，同时出现人口增多、交通拥堵、生态破坏、能源消耗、环境污染等的“城市病”，从而对城市人居环境产生压力和胁迫。随着社会的进步，无论是城市居民和外来者都对城市功能提出新的要求，那就是城市应该创造良好的生产、生活环境，营造优越的休闲、旅游环境。片面的城市经济发展观已经受到质疑，寻求经济—环境—资源的协调发展，营造优越的城市人居环境既彰显了对城市居民的终极关怀，也是衡量城市文明进步的重要标志。

从城市可持续发展角度出发，旅游业本身就是资源—环境依托型的产业部门，对于营造良好的城市人居环境、改善城市经济发展与环境保护之间的矛盾性具有自身先天的优势。由于其发展对环境有着更高的要求，因而成为兼顾城市经济发展和改善城市人居环境最佳的产业部门之一。城市旅游竞争在注重城市经济发展的同时，更加关注公园、绿地、交通、道路、卫生等城市面貌的建设和改进，以实现城市经济—环境的和谐及可持续发展，从而成为城市优先发展的产业部门，以获得城市发展的综合效益。当众多城市选择旅游作为缓解经济—资源—环境矛盾的手段时，城市旅游竞争也不断地发展起来。

从旅游者的角度看，旅游者离开惯常的生活环境来到某个城市旅游，其目的主要为了放松、休闲、消遣，优美的环境、清新的空气、干净的街道、便捷的交通、齐全的设施等优质人居环境建设状况能够给旅游者带来耳目一新的感觉，直接影响旅游者的旅游兴致，增进旅游活动过程舒适性、享受性和便捷性。城市旅游竞争从人居环境入手，人居环境得到改善与建设有助于提高旅游者的满意度，同时成为带动城市人居环境现代化的有效途径。

此外，现代化城市旅游有别于传统的旅游方式，加之挑剔性旅游市场的形成，城市旅游竞争更需要从人居角度出发，让城市人居环境成为一道亮丽的风景线，让城市的每一个角落都散发出“旅游”的魅力，将“人居环境”优势转化为可利用的资源，不断拓展城市旅游资源开发利用的视角，更能增添城市旅游竞争的活力与内容，从而彰显城市特色和吸引力，提升城市旅游竞争的实力，从而吸引更多的游客。

### （四）政府政策及业绩驱动

#### 1. 政府政策驱动

我国城市旅游竞争从无到有、从简单到复杂、由低水平向高水平的不断迈进，始终是伴随着政府部门制定、出台相关政策而逐步推进的，可以说城市旅游竞争过程与国家和城市政府出台、实施的大量政策是息息相关。在这里，政府政策不仅包含政府为实现特定时期的旅游产业目标而制定的各种旅游产业政策（匡林，2001），如国家和地方制定的方针政策、法规制度、办法措施、政府出台的决议、通知和建议，还包括政府制定的经济政策、环保政策及投资政策等。其中，旅游产业政策所释放出来的信号一方面能反映出中央和地方政府对旅游产业地位和功能认识的不断深化，另一方面成为助推城市旅游竞争及演进的重要因素，为我国城市旅游竞争的持续、扩张提供了制度保障。纵观我国旅游产业政策的推进历史，表现出随时间演进计划经济的烙印逐渐削减、市场主导日渐凸显的特征，其对不同阶段城市旅游竞争所起的作用是不同的。

（1）1978~1990 年的政策影响。

1978~1990 年，我国实施的旅游产业政策主要体现在四个方面：①由初期的创汇型事业逐步的纳入到国民经济发展计划中来，旅游产业地位得到确立；②确立了旅游发展的一些基本方针和原则，使得旅游发展有章可循；③发布的旅行社、导游人员等管理条例，使得旅游接待有规可循，促使旅游行业服务、管理向规范化、标准化迈进；④加快旅游饭店、旅游交通等旅游基础设施建设。这些政策强调了国家对旅游事业的正视和扶持（见表5-2），在政策的推动下我国形成了上下重视、地方参与的旅游发展格局。借助政策之力，我国入境旅游集中在个别城市展开，如国家政治中心城市、各省级政府所在城市、旅游资源天赋条件好的城市及海外华侨的侨乡城市，初步形成了城市旅游发展与竞争格局。

**表5-2　1978~1990年我国主要旅游产业政策**

| 年份 | 发布单位 | 政策内容 | 作用 |
| --- | --- | --- | --- |
| 1978 | 国务院 | 批转《关于发展旅游事业的请示报告》 | 旅游业作为一个事业单位开始萌生 |
| 1979 | 国务院 | 批准北京、南京、广州、上海四城市利用侨资、外资建造六座旅游饭店 | 促进、加快旅游基础设施建设 |
| 1981 | 国务院 | 提出“积极发展，量力而行，稳步前进”旅游事业发展方针及“统一领导、分散经营”的旅游管理体制原则 | 确立旅游发展的一些基本方针和原则 |
| 1984 | 中央 | 提出“四个转变”与“五个一起上”的方针 | 创造旅游业高速发展的基本政策环境 |
| 1984 | 国务院 | 批准国家旅游局《关于开创旅游工作新局面几个问题的报告》 | 提出加快旅游基础设施的建设的方针及旅游行政部门简政放权措施 |
| 1985 | 国务院 | 批转《关于当前旅游体制改革几个问题的报告》 | 旅游管理体制发生调整 |
| 1985 | 国务院 | 发布旅游业第一部行政法规《旅行社管理暂行条例》 | 旅游行业服务与管理向规范化方向迈进 |
| 1986 | 国务院 | 首次把旅游业作为国家重点支持发展的一项事业列入国民经济发展计划 | 首次明确旅游产业地位，标志我国旅游业进入新的发展阶段 |
| 1987 | 国务院 | 发布旅游业第一部行政法规《导游人员管理暂行条例》 | 旅游行业服务与管理向规范化方向迈进 |

续表

| 年份 | 发布单位 | 政策内容 | 作用 |
| --- | --- | --- | --- |
| 1988 | 国家旅游局 | 发布《旅行社管理暂行条例实行办法》 | 强化管理、支持骨干旅行社发展 |
| 1988 | 国家旅游局 | 制定《旅游涉外饭店星级的划分与评定》标准 | 标志旅游业标准化工作的开始 |
| 1988 | 国务院办公厅 | 转发国家旅游局《关于加强旅游工作的意见》 | 原则上明确了旅游的行业范围 |

（2）1991~1999 年的政策影响。

20 世纪 90 年代，我国转入由计划向市场经济转型的关键期，这一时期实施的旅游政策也出现重大调整（见表 5-3），表现在：旅游产业受重地位得到进一步提升，由第三产业中的重点产业成长为国民经济新的增长点，经济属性更加突出；旅游市场得到开拓，由单一、薄弱的入境旅游市场，转向入境、国内及出境三大市场相继发展的特点；旅游接待、服务及旅游发展环境受到重视，促使旅游业进一步规范化发展。在这一系列政策的刺激下，我国城市旅游经济的市场观念逐步提高，旅游城市不仅数量增加，并且各城市旅游接待量也明显增多。从市场出发，在质量和促销上竞争，从更新旅游产品体系、加大海外市场宣传的主动性、扩大国内旅游需求等方面做出不断的努力，是政策影响下城市旅游竞争做出的积极响应。

**表 5-3　1991~1999 年我国主要旅游产业政策**

| 年份 | 发布单位 | 政策内容 | 作用 |
| --- | --- | --- | --- |
| 1991 | 国家旅游局 | 制定《旅游行业对客人服务的基本标准（试行）》 | 促进旅游接待标准化 |
| 1992 | 国务院 | 在《关于加快发展第三产业的决定》中，确定了旅游业在第三产业中的重点产业的位置 | 旅游产业地位进一步提升 |
| 1993 | 国务院 | 批转国家旅游局《关于积极发展国内旅游业的意见》 | 国内旅游发展受到重视 |

续表

| 年份 | 发布单位 | 政策内容 | 作用 |
|---|---|---|---|
| 1995 | 十四届五中全会 | 旅游业成为重要的新兴产业 | 提高对旅游业的重视度 |
| 1996 | 国务院 | 发布《旅行社管理条例》 | 管理制度得到完善 |
| 1997 | 国务院 | 颁布《中国公民自费出国旅游管理暂行办法》 | 进一步规范出境旅游市场 |
| 1998 | 国家旅游局 | 制定《中国优秀旅游城市检查标准（试行）》 | 改善我国旅游业发展环境、促进城市向国际化、现代化方向发展 |
| 1998 | 国务院 | 中央经济工作会议将旅游业作为国民经济新的增长点 | 明确旅游的经济产业地位；进一步提升了旅游业在国民经济中的地位 |

（3）2000 年至今的政策影响。

进入 21 世纪，“黄金周”休假制度的实施，迅速释放出强劲的国内市场消费需求，形成我国特有的假日旅游经济，推动国内旅游迅猛发展，与入境旅游共同驱动城市旅游竞争进入新的发展阶段。2000 年以来，我国发布与实施的旅游产业政策覆盖面更广（见表 5-4），表现在：政策充分关注旅游产业所具有的经济功能，拉动内需的作用被有效利用；维护旅游市场秩序，保障旅游者的合法权益成为政策的重点，并且上升到法律的层面，足见政府对旅游业的重视；旅游产业在国民经济体系中的地位实现了突破性提升，成为关乎政治、经济、社会、文化、生态、国家形象多方面的综合型产业；我国加入世界贸易组织后结合现实国际经济形势，积极进行旅游产业改革，加强国际旅游合作，促使城市旅游竞争走向国际化。借助政策之力，我国城市旅游竞争更注重层次与内涵的提升，如在旅游与其他产业融合中，丰富城市旅游产品体系；在扩大旅游市场份额的同时，关注旅游消费者的满意度，提高旅游供给水平；在获得城市旅游竞争经济效应的同时，越加重视旅游所带来的社会、生态与环境效应；在城市旅游营销中，更加注重城市形象的整体推介；加快城市旅游改革的步伐，促进新技术在旅游业务办理及旅游管理中的应用，与国际旅游竞争积极接轨。

**表 5-4　2000 年以来我国主要旅游产业政策**

| 年份 | 发布单位 | 政策内容 | 作用 |
|---|---|---|---|
| 2000 | 国务院 | 实施《全国年节及纪念日放假办法》（1999 修订）、批准《关于进一步发展假日旅游的若干意见》 | 有力地促进了旅游管理从供给管理向需求管理延伸的重大结构性转变，形成假日旅游经济 |
| 2001 | 国务院 | 发布《关于进一步加快旅游业发展的通知》 | 强调国内旅游的重要性，提出进一步发挥旅游业作为国民经济新的增长点的作用和实现旅游强国的建设目标 |
| 2002 | 国务院 | 公布《中国公民出国旅游管理办法》 | 规范公民出国旅游活动，保障出国旅游者和出国旅游经营者的合法权益 |
| 2002 | 国家旅游局 | 发布《全国农业旅游示范点、工业旅游示范点检查标准（试行）》 | 进一步丰富和优化旅游产品结构，促进产业融合发展 |
| 2003 | 国家旅游局、商务部 | 公布《设立外商控股、外商独资旅行社暂行规定》 | 允许外资按规定在国内设立旅行社，国内旅游竞争走向国际化 |
| 2004 | 国务院 | 提出"优化旅游产业结构，提高旅游产业素质"指导思想 | 对振兴中国旅游产业起重要作用 |
| 2005 | 国家旅游局、国家环境保护总局 | 发布《关于进一步加强旅游生态环境保护工作的通知》 | 推动旅游业可持续发展 |
| 2006 | 旅游局、公安部、国台办 | 公布《大陆居民赴台湾地区旅游管理办法》 | 赴台旅游启动 |
| 2006 | 全国人大常委会 | 通过《中华人民共和国护照法》 | 进一步放开公民出境旅游 |
| 2006 | 国家旅游局 | 公布《旅游业国家标准、行业标准编制目录》 | 实施产业规范化运营 |
| 2009 | 国务院 | 印发《关于加快发展旅游业的意见》，指出把旅游业培育成国民经济的战略性支柱产业和人民群众更加满意的现代服务产业 | 对旅游业提出全新的定位及新时期进一步发展的部署，明确具体发展目标 |

续表

| 年份 | 发布单位 | 政策内容 | 作用 |
|---|---|---|---|
| 2009 | 国务院 | 实施《旅行社条例》 | 加强旅行社管理，保障旅游者和旅游经营者合法权益，维护旅游市场秩序 |
| 2010 | 国家旅游局 | 施行《旅游投诉处理办法》 | 进一步维护旅游者和旅游经营者合法权益 |
| 2010 | 国家旅游局、商务部 | 公布《中外合资经营旅行社试点经营出境旅游业务监管暂行办法》 | 加强国际旅游合作，促进我国旅行社业的转型升级，提供国际竞争能力 |
| 2013 | 国务院 | 颁布实施《国民旅游休闲纲要》 | 为扩大城乡居民旅游消费提供新契机，以提升旅游消费水平 |
| 2013 | 全国人大常委会 | 审议通过《中华人民共和国旅游法》 | 为旅游业的发展创造良好、有序的法律环境，维护旅游者的合法权益 |
| 2014 | 国务院 | 发布《关于促进旅游业改革发展的若干意见》 | 对我国旅游产业改革提出详尽的政策措施 |

2. 政府政绩驱动

改革开放四十多年来，我国经济体制发生了重大改变，尤其是中央和地方政府的权、责、利关系发生重大调整，中央赋予地方政府更多的经济发展决策权，地方政府也承担了越来越多的地方经济发展的责任和义务。我国实行的地方财政包干的制度，使得地方政府参与经济活动的积极性和能力也不断地提高。然而，长期以来不完善的地方干部考核制度及政绩考核存在缺陷，使得一些地方领导干部没能树立起正确政绩观和地方科学发展观，形成了片面追求自身的经济利益，刻意制造“辉煌政绩”和“城市形象”的现象。在塑造“政府形象”“城市形象”的工程中，城市旅游作为一项综合性工程，与自然、历史、环境、文化、经济联系紧密，与“政府形象”塑造存在着有机联系，往往被众多的政府所热衷。城市旅游产业的发展会引发一系列的“形象”改变，如提升城市功能形象、改善城市环境形象、建设城市景观形象、树立城市居民形象，这些都是“政府形象”

最佳的表现方式之一。基于城市旅游与“政府形象”“城市形象”的有机联系和相互依赖，因此促使越来越多的政府利用地方经济发展的决策权，通过选择旅游产业的发展来强化自己的“政府形象”，从而导致城市旅游竞争的加剧。

### （五）资源开发及利用驱动

资源条件是产业发展的基础，尤其是对于旅游产业而言，更是一个典型的资源依托型的产业部门。城市中不乏旅游资源的存在，城市中的自然旅游资源是大自然的馈赠，可能会或有或无、或多或少；而人文旅游资源却是与城市一起成长起来的“孪生兄弟”，一个城市一个区位，一个城市一部历史，因此城市普遍拥有自己的旅游资源。尤其是现代城市旅游的发展，使得传统的旅游资源观不断被突破，城市旅游资源呈现出无限化发展的特点，只不过是不同城市之间在旅游资源数量、质量、类型及特色等方面各有差异和所长。合理的开发、利用城市旅游资源，既能实现旅游资源有效利用、促进城市产业结构升级，又能给城市发展带来综合性效益。

我国城市旅游竞争在旅游资源的开发、利用中不断发展起来。第一，改革开放早期我国初步形成的一批重点旅游城市，包括北京、天津、上海、杭州、桂林、西安、南京、承德、洛阳、大连、沈阳等都是在旅游资源的开发与利用中不断成长与壮大的，它们在争流的岁月中仍不失旅游的发展地位，时至今日依然是竞争中的佼佼者。第二，为了加快旅游资源的利用、推进旅游区的发展，我国政府根据旅游区建设的实际需要直接建立一些旅游城市，如三亚市、黄山市、井冈山市、峨眉山市、武夷山市、五大连池市、曲阜市、张家界市等，这些城市均是以旅游业为主导产业，通过旅游产业发展来带动城市经济发展，旅游城市的建立明显扩大了城市旅游竞争的队伍。第三，20 世纪末我国实施了西部大开发战略，促进西部地区发展已经被提升到国家战略的高度，加快西部地区资源的开发与利用已成为刻不容缓的历史使命。众所周知，西部地区是我国旅游资源最富集的地区，这里拥有美不胜收的自然风光、奇绝高大的地貌地形、异彩缤纷的人文景观、神秘古老的历史文化、多姿多彩的民族风情，旅游资源数量多、分布广、品位高，独特性强，先天具备发展旅游产业的基础和优势，开发、利用旅游资源成为西部崛起的必然选择。西部地方政府借助国家政策机遇，积极发展旅游业，一些极富神秘文化与自然色彩的西部城市如拉萨、敦煌、日喀则、吐鲁番、喀什、格尔木、银川、武威、丽江、西双版纳、大理、九寨沟逐渐发展成为重要的旅游胜地。第四，中华人民共和国成立以后，我国发展起来的一些资源型城市，受不可再生资源的限制，现如今陷入振兴困境与转型抉择中。为解决城市的可持续发展问题，很多资源型城市理性的选择旅游产业作为经济转型中的接续产业，如河南煤炭资源城市焦作、辽宁“煤电之城”阜新、安徽马鞍山、甘肃钢城嘉峪关、四川“百里钢城”攀枝花，这些城市把旅游产业视为转型的有效途径，一是看好旅游业的功能与作用，二是看好我国蓬勃发展的旅游市场。综上所述，城市旅游资源的开发与利用驱动城市旅游竞争不断发展。

## 二、市场推动下的城市旅游竞争

城市旅游竞争是以旅游业这一市场型产业为依托，以推动城市经济发展为首要目标，因此它的发展要遵循一定的市场规律，存在供求、竞争等关系。当今，城市旅游目的地的发展已置身于激烈的国际、国内旅游市场竞争中，只有时刻关注市场供求及环境的变化，才能在与其他旅游目的地的竞争和动态博弈中求得生存与发展。在市场机制的动力作用下，受旅游市场供需双方利益对立性及市场环境变化性的约束和影响，城市旅游竞争不断变化、调整和演进。

### （一）旅游需求市场推动城市旅游竞争

我国学者邹益民和韩晓燕认为，竞争要立足于服务对象（邹益民等，2001），旅游需求市场是城市旅游竞争的服务对象，也是城市旅游竞争的前提和重要驱动力。对一个成熟的城市旅游目的地来说，正确判断旅游需求市场的发展规模和发展趋势、设法识别旅游市场所需产品的类型并最大限度地满足其需求，在满足市场需求的基础之上，能创造新的需求并引导市场消费，将成为城市旅游竞争的重要动力。

#### 1. 旅游需求规模扩大产生竞争

旅游需求规模是指旅游市场大小、增长速度与饱和度。旅游需求规模过小，会使旅游企业缺乏竞争意识和竞争压力，导致进入旅游市场的竞争主体减少，城市旅游竞争能力难以提高；反之，旅游需求规模扩大，出于占领旅游需求市场份额的目的，会促使城市旅游竞争趋于活跃，竞争水平不断提高。

回顾国际旅游需求市场发展的历史，改革开放打开了中国尘封已久的国门，中国神秘古老的历史文化及丰富多样的自然资源吸引着世界的目光，在“入境旅游优先发展”政策的有力刺激下，国外居民对中国旅游需求的兴趣成为推动我国旅游增长的重要因素，入境旅游市场从无到有、从小到大，逐渐形成和发展起来。伴随着对外开放层次和程度的提高，入境旅游市场范围和规模不断扩大，入境旅游贸易获得了持续的增长。根据《中国统计年鉴》，1978 年到 2013 年中国入境旅游规模从 180.92 万人次增加到 12907.78 万人次，增长了约 70.35 倍。在此期间，除了受 1989 年北京政治风波、1998 年亚洲金融风暴、2003 年“非典”疫情、2012 年中日钓鱼岛事件等外部干扰因素而表现出敏感性，个别年份出现负增长外，其余年份入境市场需求规模均表现出持续扩张的特点，多年来入境旅游需求市场年均扩张比例为 14.8%。根据世界旅游组织预测，境外居民对我国旅游需求将会持续扩大，2020 年中国会成为世界上最大的旅游目的地国家，届时中国入境旅游将会达到 1.37 亿人次，占整个世界市场份额的 8.6%，这个数字足以诱发我国城市政府和企业使出浑身解数，把占领市场份额作为城市旅游竞争的重要目标。

从国内旅游需求市场发展的历程看，因国内旅游在货币回笼、增加就业、促进地方经济增长等方面具有积极效果，基于对国内旅游的重新认识，1993 年国家开始对国内旅游发展政策不断做出重大调整，由早期的“不提倡、不反对、不支持”到现如今的“积极发展”的巨大转变，国内旅游发展受到了高度重视。伴随着社会经济的稳步发展、国民消费水平的提高、一周五天工作制和“黄金周休假”等制度的实施，旅游开始成为一种健康、时尚、文明的消费形式，国内旅游市场规模以势不可当的态势逐渐蓬勃发展起来。1993 年国内旅游发展载入统计，当年国内旅游市场规模达 41000 万人次，经过 31 年的发展，2013 年国内旅游市场规模达 326200 万人次，市场规模扩大了近 7 倍，其间仅 2003 年受“非典”疫情影响出现负增长外，其余各年份均是持续上升的。2013 年我国人均 GDP 约为 6767 美元，人均享有的物质财富有了新的提高，享受型消费必将进一步扩大，旅游活动参加者的范围必将进一步扩展到普通的劳动群众，越来越多的国内游客将会不断涌入市场来享受旅游的快乐，这将从客观上促进旅游需求的增长。

综上所述，庞大的国际、国内旅游市场规模已经形成巨大的消费市场，必然会带来巨大的利润空间和经济—产业—社会—环境等多方面的综合效益，使众多城市竞争主体感到有利可图，使它们积极主动地参与到竞争的队伍中来；旅游需求队伍的不断扩大及市场规模的进一步成长，势必使城市旅游竞争的力度居高不下，并成为推动我国城市旅游竞争的重要动因。

2. 旅游需求弹性大导致竞争

旅游需求弹性是旅游需求对影响因素变化的敏感性，即旅游需求量随着影响因素的变化而发生相应的改变，旅游消费需求弹性受很多因素的影响。首先，随着经济社会的发展，人们消费观念、消费内容和消费方式发生深刻的变化，旅游是随着社会生产力发展、人们生活水平提高而产生的一种高层次的消费方式，主要是满足人类高级享受和发展需要的消费，是人们追求享乐型消费的一种表现。从目前看，旅游虽然是人们消费方式的重要选择，但并不构成非生活消费的唯一选择和必需选择，因此旅游需求会存在一定的变动性。除了旅游以外，为了满足享受需要而发生的消费，还包括休闲、娱乐以及文化消费等多种形式，它们和旅游之间存在着相互替代的可能性，在特定时间内，当人们选择其他消费方式来满足自我需要时，就意味着对旅游消费方式的放弃。

其次，城市旅游目的地之间存在着相互替代性。旅游消费地和旅游者之间存在着异地性，旅游产品的不可移动性加大了旅游者的空间选择性，面对众多的不熟悉的旅游地，旅游者往往会犹豫不决，究竟何去何从则取决于旅游者的主观判断及城市旅游特色和旅游产品内容。从我国城市旅游发展的现实看，目前具有高度垄断性的城市旅游目的地毕竟只占少数，大多数的城市旅游目的地提供的都是同类的、相似的或差别不大的旅游产品，由于同质性的存在而导致城市之间存在一定的替代关系。在众多拥有相似旅游服务和产品的城市中，任意选择某个城市作为旅游地变得越来越容易，尤其对于短时间、近距离的旅游而言，游客的选择随意性增强，很可能是一种“说走就走的旅行”，致使对旅游市场的争夺会越来越困难。从游客的选择看，游客对城市的选择只有“选”和“不选”两种结果，基于游客的选择，所有的城市都会成为彼此的竞争对手。

最后，旅游产业是具有脆弱性特点的行业部门，极易受到外部环境的影响。外部环境的变化或外来因素干扰会影响旅游市场和旅游需求的稳定性，使旅游产业遭受不同程度的影响和破坏，甚至会出现旅游危机。从我国旅游发展的现实情况看，改革开放后我国入境旅游市场整体呈现持续稳定的增长态势，但其间不免在个别年份出现跌宕起伏的状况与波动，如2003 年我国爆发“非典”疫情，一些国家发布“劝诫令”，禁止国民到中国旅游，入境旅游需求锐减，入境旅游接待出现下滑。由此可见，国际及国内政治、经济、环境及其他因素的变化都会影响到旅游市场的稳定性，导致了旅游需求弹性增大。

旅游需求弹性增大必然会影响旅游消费的数量，导致旅游需求市场表现出极大的不确定性，为了占领市场，实现自我发展的稳定性和自身利益最大化，会促使城市竞争主体把市场争夺、永续发展作为竞争的目标，即旅游需求弹性增大导致城市旅游竞争的升级。

3. 旅游需求多样化诱发竞争

我国拥有着规模庞大的入境、出境及国内旅游需求市场，在这个庞大的旅游消费群体中旅游者国别、种族、年龄、性别等方面存在不同，在职业、爱好、消费水平等方面表现各异，因此旅游需求不可能千篇一律，必然会出现一定的市场细分化趋势，尤其是在信息化、网络化的驱使下，旅游需求市场细分则更加明显，针对不同的细分市场应提供个性化、差异化的产品和服务。同时，伴随着旅游消费市场的逐步成熟，旅游者出游次数的增加及阅历的丰富，大众旅游需求已不再满足和局限于城市观光、游览这一传统单调的旅游方式，往往会逐渐趋于追求能够满足其特殊需求的旅游方式，即旅游市场需求结构呈现出多样化、复杂化发展态势。旅游市场细分和成熟、老练及挑剔性的旅游需求市场能够给城市带来创新动力，如加快城市旅游服务配套、加速更新和开发旅游产品、扩展旅游产品销售途径、加大城市营销和推介力度（推介活动），使城市旅游供给通过自我调整以适应市场需求、满足市场需求并能刺激市场需求，最终能创造出新的需求，从而为城市旅游竞争增添新的活力，尤其是成熟、挑剔性的市场需求，是影响城市旅游竞争提升的关键，因为往往是在满足最挑剔的旅游需求实践与服务过程中，使城市旅游企业在产品质量、品牌和服务方面达到消费者高标准的要求。旅游需求刺激城市旅游供给根据游客需求制定竞争方案，成为城市旅游竞争的有利因素，促使城市旅游竞争达到新的高度。

### （二）旅游供给市场推动城市旅游竞争

城市旅游竞争的真正核心力量来自城市内部的旅游供给企业，如何将城市内部的旅游景区（点）转化为旅游产品，如何将旅游产品转化为现实的购买力与旅游经济效益，需要相关的旅游供给企业做出不懈的努力，旅游供给企业在谋求自我发展及相互之间的竞争中不断推动城市旅游竞争升级。

1. 旅游企业谋求生存与发展

旅游企业在城市旅游发展中承担着市场运行主体的角色，是市场竞争的直接操作者，可以直接参与城市旅游竞争。旅游供给企业为了谋求生存与发展，相互之间不可避免的会发生利益博弈，企图获取利润，增加自身经济收益。适当的竞争非但不能使企业被淘汰，相反还会使企业在市场竞争的洪流中得到历练与提升，因为相互独立的商品生产者和经营者“不承认任何别的权威，只承认竞争的权威，只承认他们互相利益的压力加在他们身上的强制”。由于供给市场扩大、供给产品增多及游客的选择性增强而导致市场竞争的加剧。在激烈的市场环境中，旅游企业会制定和采取科学的竞争策略，在技术应用、管理模式、人才引进及设备更新等方面进行自我调整，不断地提高生产力水平，提供工作效率和管理方式，降低单位产品的生产成本，扩大销售规模，这样才能在市场竞争中保持优势，在积极竞争中为自身赢得更广阔的生存与发展空间。

2. 旅游企业主追求自我成就感

竞争是个体或群体追求富有吸引力的目标，力图胜过或压倒对方的心理需求和行为活动。竞争除了可能给参与者带来一些看得见、摸得着的实际利益外，还能通过在迎接、打败竞争对手的过程和结果中，给旅游企业主带来心理上的满足和成功的喜悦。旅游企业主出于争取成功、追求成就感，希望做得最好的心理需要，在企业的生产和管理中借助团队的力量，通过努力创造旅游品牌、紧抓旅游产品质量、不断开拓旅游市场、提高服务的质量等各方面的努力，以期占有更大的市场份额，享有更多的盈利空间，使自己在市场竞争中立于不败之地，并且从竞争的硕果中享受成功的优越感。旅游企业主通过在采取积极手段追寻和享受成功的心理需求过程中，必然增添城市竞争的实力和能量，从而推动城市旅游竞争的发展。

3. 旅游供给市场规模扩大

旅游业具有进入门槛限制低、快回报率及高回报的特点，对技术要素的依赖程度不高，对投资吸引强，使得投资主体进入旅游行业的数量和机会增多。尤其是在国内外蓬勃发展的旅游需求市场的诱惑下，会使相关投资主体感到有利可图，纷纷介入到旅游供给的队伍中来。当旅游供给群体的数量和供给能力远远超过旅游需求市场的增长速度时，就会出现供大于求的局面。面对一定数量的客源市场，数量众多的供给者必然会从自身的利益出发，采取有效措施积极的抢占、争夺旅游客源市场，尽快地把旅游商品转化为旅游者的实际消费，从而实现旅游商品价值，换取更多的货币。旅游供给企业在采取措施赶超同行，力争排除竞争压力和竞争对手干扰的过程中，必然导致旅游企业之间竞争的激化，旅游产业供给竞争必然会导致激烈的城市旅游竞争，目前我国已有众多的城市将旅游业列为主导产业、支柱产业或先导产业，形成抢占、分割旅游需求市场的竞争局面，无论是对国际旅游需求市场，还是国内旅游需求市场，不同等级的城市行政单元都是有力的竞争对手。

4. 旅游企业集聚

由于旅游生产与旅游消费的同时性、旅游消费的连续性的特点，要求旅游企业在区位选择时要以旅游吸引物为核心，在空间上尽量靠近和集聚，这样既能方便接近市场、降低成本，有利于旅游相关企业及部门之间开展协作、配合，提高旅游服务的质量，保障旅游消费的连贯性，又能通过空间集聚增强对旅游者的吸引力。旅游企业在同一空间范围内的区位选择为旅游产业集聚创造了客观条件，而同类旅游企业在空间上的集聚势必会给企业带来更大的竞争压力，从而提高竞争的强度。相互竞争的企业往往从旅游产品的价格、旅游产品质量及产品的差异化程度等方面开展相互比较，并试图通过降低产品生产成本、改进产品质量、优化旅游服务、拓展服务范围等方面努力打败竞争对手。因此，旅游企业集聚增强了竞争，竞争的结果是集聚区内的竞争企业不断改进生产技术与管理方法，以更高效的方式组织生产经营活动，提供更完善的服务，不断开拓新的市场空间。通过竞争，集聚区内的企业比非集聚区内的竞争企业具备更多的竞争实力和优势，从而成为引领本行业发展的排头兵。

### （三）市场环境驱动城市旅游竞争

1. 经济全球化促使城市旅游竞争加快

进入 21 世纪，经济全球化以不可逆转的发展态势加速推进人力、资金、技术、信息、产品等生产要素在全球范围的流转和配置，促进区域经济与城市的快速崛起。中国城市也无法规避其影响，经济全球化甚至成为城市发展的重要驱动力量，既给城市发展带来前所未有的机遇，又给城市施加了巨大的发展压力，导致城市间竞争加剧。旅游作为城市经济的一个重要组成部分，与改革开放关联度最高。与传统产业相比，其具有低生产成本、低资源消耗、低关税壁垒等特点，最有优势介入到经济全球化的浪潮中来，参与国际竞争，并且通过竞争所产生的带动相关产业发展、创造就业机会、刺激消费需求等，从而扩大城市的对外竞争实力。从某种程度上看，旅游业的竞争其实质就是城市旅游目的地之间的竞争，在全球化时代，城市旅游竞争内容更多、层次更广、领域更宽，并呈现不断加剧的发展态势。

此外，中国县级市以上政府一般都布局在某个城市，保证政府所在地城市的发展往往是政府首先考虑的事情。城市政府财政收入相对有限，对城市的投资受到限制，而通过吸引外资既可以解决财政资金不足的问题，又可以推动城市经济的增长。旅游业是对外依存度较高的外向型产业，本身具有低准入、快回报率、高收益的特点，对外来资本具有较强的吸引力，因此其成为了全球化背景下资本投资的热点领域。城市政府对外资的吸引及国外企业资本的注入给我国城市旅游竞争带来严峻挑战，因为当下我国城市旅游所采取的是一种高速低质的发展模式，旅游科技投入少、旅游经营管理的信息化水平低、高新技术对旅游产品设计与旅游环境管理的介入程度低，与国际旅游企业的旅游经营理念、管理方式、服务规范化及旅游电子商务等方面还存在很大的差距，国外资本的介入导致我国城市旅游竞争的日趋激烈。

2. 市场竞争的国际化程度提高

2001 年我国加入世界贸易组织，并成为其中的重要一员，市场准入的逐步放宽，使我国城市旅游竞争的国际化程度越来越高，我国城市旅游不得不面对国际、国内两个市场的双重压力与考验。市场开放后，世界贸易组织参与国公民与我国国民享有同样的待遇，使国际旅游者能够抛弃心理负担，在我国境内自由、平安旅行，在某种程度上能有效刺激入境旅游客源数量增多。入境旅游市场规模扩大，能够充分调动我国城市旅游竞争的积极性，使旅游企业和经营者纷纷在感到有利可图的情况下，充分利用入世的机会，进行自我调整，增强自我适应能力，加快旅游服务贸易国际化水平建设，争取抢占更多的市场份额。市场准入造成外资的大量侵入，其中会对包括旅店、旅行社业、餐饮、旅游交通、旅游商品等行业产生一定的冲击，并且外资旅游企业与本国企业在同一标准上开放、公平竞争，形成国内、国外旅游企业共同争夺旅游市场份额的局面，难免会夺走我国旅游企业原有的部分客源，造成部分旅游企业可盈利空间下降、效益下滑。应对国外企业的冲击，城市旅游企业需要充分发挥企业内部的资本、人力资源、品牌、融资等方面的优势，在寻找、补齐与国外旅游企业的落差中，增强抵御风险能力，以积极姿态融入国际旅游竞争的大潮之中。

# 本章小结

本章基于对城市旅游竞争的动力主体认识，从政府和市场两方面阐释了这两大动力主体是如何作用于城市旅游竞争的。其中，政府的角色主要体现在政府是城市旅游竞争的主导者、推动者、协调者、管理者和决策者；市场的动力主体作用体现在市场是城市旅游竞争存在的本质，并促进和调节城市旅游竞争。政府受经济利益、产业发展、城市建设、政策及政绩驱动而主导城市参与城市旅游竞争。市场则从需求、供给及环境等方面作用于城市旅游竞争。

# 第六章 城市旅游竞争的动力机制研究

城市旅游竞争的动力机制是城市旅游竞争产生与发展所需动力的作用机理，除各动力要素对竞争的作用影响之外，还包括各影响要素间相互作用、相互制约的关系。一方面，城市旅游竞争的本质是市场竞争，但载体却是城市本身，因此，影响各城市旅游竞争产生与发展的动力因子数量较多，而且关系十分复杂；另一方面，回顾我国城市旅游发展历程，各城市都存在着驱动其参与旅游竞争的动力机制，随着经济社会环境的变化，不仅不同城市在同一时期旅游竞争的动力机制存在差异，而且同一城市在不同时期的竞争主导机制也可能会不相同。因此，有必要从考虑地域差异及时间序列影响等方面分析城市旅游竞争产生与发展的动力因素，探究这些动力因素影响所形成的作用机制，在此基础上总结城市旅游竞争的动力类型以及主导动力因素随时间变化的演进规律。

## 第一节 城市旅游竞争的动力机制理论模型

借鉴竞争论等相关理论，结合前述对城市旅游竞争的动力主体识别与分析结果，本章构建的城市旅游竞争理论模型如图 6-1 所示。

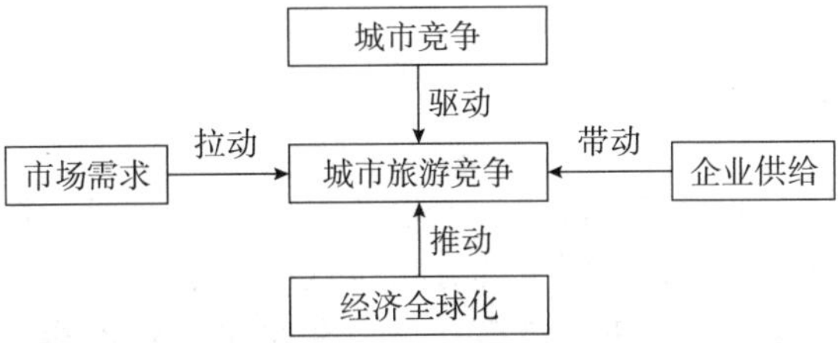


**图 6-1 城市旅游竞争理论模型**

从供需的角度来看，在市场经济条件下，旅游企业（旅游供给方）追逐利润，从自身利益出发，投入大量的资金、人力和物力，开发旅游资源，介入旅游市场争夺客源，在特定区域内各旅游企业间（包括城市内部和外部）必然会开展竞争，这也是旅游市场机制的内在要求。随着大量相似旅游产品（旅游产品的替代性）的出现，导致旅游产业同质化竞争日趋白热化。

另外，旅游活动作为非必需的生活消费行为，随着旅游者收入的提高，闲暇时间的增多，旅游需求弹性和旅游市场的地区差异较大，在信息技术快速发展的今天，旅游者获取旅游相关信息的时间更短、渠道更多，这些方面都将会刺激旅游市场，促使作为旅游供给方的各相关旅游企业展开更为激烈的竞争。

从城市之间的竞争角度来看，各城市参与旅游竞争的动机更多、领域更广（不仅限于直接发展旅游产业）、动力更强。由前述可知，内部动力主体是各城市政府，旅游竞争产生与发展于城市之中，政府是组织、推动、管理和协调旅游竞争的动力主体，城市旅游竞争能够带来诸多方面利益，政府无论是从经济、产业、环境、民生、社会，还是出于政绩的考虑都会极力推动城市参与旅游竞争。

从竞争环境角度来看，经济全球化是推动城市旅游竞争的主要动力，特别是自我国加入世贸组织之后，外资大量涌入国内，给各产业发展带来前所未有的重大机遇。旅游业相较于传统产业更受外资青睐，也是最先投入参与到国际竞争中，使得城市旅游竞争的内容更多、层次更广、领域更宽，并呈不断加剧的发展态势。

## 第二节　城市旅游竞争的影响因素分析

### 一、主要影响因素

以城市旅游竞争的供需视角、城市竞争视角和经济全球化视角作为城市旅游竞争的动力机制影响因素的分析维度，分别以旅游企业营业规模来表征企业动力，以旅游经济贡献度、城市化水平、资本投入、宜居度和政府政绩五个方面来表征城市动力，以居民旅游消费能力、交通设施、人口来表征市场动力，以经济全球化来表征环境动力。上述影响因素分别以餐饮住宿业营业额、三产比重、城市化率、固定资产投资、建成区绿化覆盖率、GDP、城镇居民人均可支配收入、私家车拥有量、周边居民人口数量和进出口贸易额10个指标来代表（见表6-1）。

**表6-1　城市旅游竞争的影响因素**

| 动力因子 | 影响因素 | 代表性指标/单位 | 影响路径 |
| --- | --- | --- | --- |
| 企业动力 | 旅游企业营业规模 | 餐饮住宿业营业额/亿元（$x_1$） | 供给带动 |
| 城市动力 | 旅游经济贡献度 | 三产比重/%（$x_2$） | 竞争驱动 |
| | 城市化水平 | 城市化率（$x_3$） | |
| | 资本投入 | 固定资产投资/万元（$x_4$） | |
| | 宜居度 | 建成区绿化覆盖率（$x_5$） | |
| | 政府政绩 | GDP/亿元（$x_6$） | |
| 市场动力 | 居民旅游消费能力 | 城镇居民人均可支配收入/元（$x_7$） | 需求拉动 |
| | 交通设施 | 私家车拥有量（$x_8$） | |
| | 人口 | 周边居民人口数量（$x_9$） | |
| 环境动力 | 经济全球化 | 进出口贸易额/万美元（$x_{10}$） | 环境推动 |

从指标的可得、实用和有效性选取原则出发，本书最终选择上述指标表征相关动力的影响因素，其中：

旅游产业涉及面较广，几乎与所有产业都有直接或间接关联，而旅游企业是旅游产业发展的市场主体，一个城市旅游企业的发展程度可以代表其旅游产业的发展情况。旅游企业包括景区景点、旅行社、饭店、餐馆、旅游商店、娱乐场所、交通等，在开展旅游活动过程中，旅游六要素中的吃和住要素所占比例较大，旅游者可以没有购物等行为，但饮食和住宿行为发生概率较大。因此，结合数据可得性原则，本书选择餐饮住宿业营业额来反映旅游企业规模，企业规模越大，其参与旅游市场竞争的主动性越大。

旅游业综合性强，关联度高、拉动作用突出，对资源环境的压力较小。从产业发展演化阶段、提升城市形象、推动就业、改善人居环境等各个角度出发，旅游业都是各个国家、地区和城市重点发展的产业之一，这从我国出台的相关旅游政策中就可见一斑。因此，各城市选择旅游业作为支柱产业或主导产业，积极发展旅游业的诉求极为强烈，可从促进经济发展，调整产业结构，提高城市化水平，改善人居环境及政绩需求角度来解释城市旅游竞争的产生与发展动力。为此，本书在结合相关文献研究的基础上，选择三产比重、城市化率、固定资产投资、建成区绿化覆盖率和GDP来反映城市动力。

影响旅游需求的因素包括主观和客观因素。其中，主观因素主要指旅游动机，即促发旅游者旅游的内在因素，可从个人需要角度进行解释；客观因素主要包括足够可随意支配的收入、足够的闲暇时间和其他一些诸如旅游地条件、可进入性等客观因素。旅游动机的测度较为困难，我们的注意力多关注在旅游者的客观因素上。我国在经过多次假期政策调整之后，普通人一年的假期在110天左右，在出游时间上地区之间差别不大。与此同时，私家车数量的快速增长，使得出行更加便利。因此，本书选择能测度旅游者旅游消费能力的城镇居民人均可支配收入指标，反映交通设施条件的私家车拥有量和体现人口因素的周边居民人口数量①指标来共同反映市场动力。

经济全球化是促使城市参与旅游竞争的重要推动力，在经济全球化背景下，任何一个地域单元都将主动或被动参与到各领域的竞争中，旅游产业的竞争尤为激烈。本书选择进出口贸易总额来反映一个城市的经济全球化程度，该值越大，表明城市对外经济联系越紧密，参与旅游竞争的动机及动力也越大。

本章将在上述构建的城市旅游竞争理论模型及指标选择的基础上，构建城市旅游竞争的地理加权回归模型（Geographically Weighted Regression，GWR），对2000年、2005年、2010年和2015年的东北三省城市旅游竞争动力机制进行探究，揭示各动力因子对城市旅游竞争产生的影响程度和区域差异。

## 二、研究方法及数据来源

地理现象、事件和过程往往会由各地区的自然、社会、经济和人文环境的差异而引起空间异质性。空间非平稳性作为空间异质性的主要表现，指的是由地理位置的变化而引起的变量间关系或结构的变化，反映了空间

① 对于周边居民人口数量指标的“周边”界定采用的是“面邻接”法，即共用一个边界的面要素是相邻要素。

数据的本质特征，探索及刻画这种变化对于正确认识和解释空间差异十分必要。以各城市旅游竞争的地区差异为例，其自变量和因变量的回归关系随着地理位置的不同而存在变化，利用一般的线性回归模型较难获得满意结果。GWR 模型扩展了线性回归模型，其回归系数 $\beta$ 不再是全局性的统一单值，而是随着空间位置 $i$ 变化的 $\beta_i$，因此其可以反映解释变量对被解释变量的影响（弹性）随空间位置而变化。

地理加权回归的实质是局部加权最小二乘法，其中的权为待估点所在的地理空间位置到其他各观测点的地理空间位置的距离函数。这些在各地理空间位置上估计的参数值描述了参数随所研究的地理空间位置变化的情况，用以探索空间数据的非平稳性。GWR 数学模型形式为（王劲峰，2010）：

$$y_i = a_0(u_i, v_i) + \sum_k a_k(u_i, v_i)x_{ik} + \varepsilon_i \qquad (6-1)$$

其中，$y_i$为第 $i$ 点的因变量；$x_{ik}$为第 $k$ 个自变量在第 $i$ 点的值，$k$ 为自变量记数；$i$ 为样本点记数；$\varepsilon_i$为残差；（$u_i$，$v_i$）为第 $i$ 个样本点的空间坐标；$a_k$（$u_i$，$v_i$）为连续函数 $a_k$（$u$，$v$）在 $i$ 点的值。如果 $a_k$（$u_i$，$v_i$）在空间保持不变，则 GWR 退化为全局模型。GWR 估计值是：

$$a(u_i, v_i) = (X^T W(u_i, v_i)X)^{-1} X^T W(u_i, v_i)y \qquad (6-2)$$

其中，$W$（$u_i$，$v_i$）为距离权重矩阵，是一个对角矩阵，对角线元素为（$W_{i1}$，$W_{i2}$，…，$W_{in}$），非对角线元素为零，$n$ 为样本量，$W_{ij}$为第 $j$ 个点对第 $i$ 个点的影响，一种定义是 $W_{ij}=exp(-d_{ij}^2/h^2)$，这里 $d_{ij}$为 $i$、$j$ 两点间距离，$h$ 为带宽。一般确定带宽的方法主要采用 Cleveland 等（1979）提出的交叉确认法（$CV$），本章利用 SAM（Spatial Analysis in Macroecology）软件（Rangel 等，2010）进行回归计算，因此，将采用 Fotheringham 等（2000）提出的方法准则，确定当 GWR 模型的 AIC 值最小时的 $b$ 值为最佳带宽。

城市旅游竞争的表现结果通常采用旅游总收入、旅游人数等指标来衡量，本章采用本书第四章测度得到的城市旅游业绩作为研究的因变量（$y$），餐饮住宿业营业额（$x_1$）、三产比重（$x_2$）、城市化率（$x_3$）、固定资产投资（$x_4$）、建成区绿化覆盖率（$x_5$）、GDP（$x_6$）、城镇居民人均可支配收入（$x_7$）、私家车拥有量（$x_8$）、周边居民人口数量（$x_9$）和进出口贸易总额（$x_{10}$）10 项指标[①]作为自变量。

上述指标数据均可直接或间接由《中国城市统计年鉴》（2001～2015 年）、《中国区域经济统计年鉴》（2001～2014 年）查询及计算得到（其中，城市化率=城镇人口÷总人口×100），缺失年份数据来源于辽吉黑三省及各城市年鉴、统计年鉴、政府报告及统计公报。

## 三、结果与分析

### （一）模型构建及计算结果

空间相关性测度通常作为 GWR 模型构建前的预检验。主要是考虑因变量是否存在空间差异性，由前文可知，利用 Moran's I 对 2000～2015 年东北三省各城市的旅游业绩进行空间自相关检验，结果表明城市旅游业绩具有较强的集聚模式特征，统计量值分别为 0.2223、0.1665、0.2745 和 0.2279，空间集聚状态明显，同时也表现出了一定的地区差异性。本章构建的 GWR 模型如下：

$$\begin{aligned} y_i = {} & a_0(u_i, v_i) + a_1(u_i, v_i)x_{i1} + a_2(u_i, v_i)x_{i2} + \\ & a_3(u_i, v_i)x_{i3} + a_4(u_i, v_i)x_{i4} + a_5(u_i, v_i)x_{i5} + \\ & a_6(u_i, v_i)x_{i6} + a_7(u_i, v_i)x_{i7} + a_8(u_i, v_i)x_{i8} + \\ & a_9(u_i, v_i)x_{i9} + a_{10}(u_i, v_i)x_{i10} + \varepsilon_i \end{aligned} \tag{6-3}$$

SAM 软件同时给出了 OLS 和 GWR 的计算结果，如表 6-2 所示。总体来说，GWR 回归结果要优于传统 OLS 回归结果。在四个时间点上，GWR 在统计学意义上的显著性非常明显，要远显著于 OLS；Sigma 在统计学上的标准也显著下降；GWR 的有效单元数（ENoP）均高于 OLS；赤池信息准则（AIC）值略低于 OLS，且两者之差大于 3，表明考虑了模型复杂性的 GWR 模型仍比 OLS 模型要好；从校正的确定系数（$r^2_{adj}$）来看，GWR 的回归解释能力要普通高于 OLS 模型。

---

① 由前文对城市旅游竞争的概念分析可知，基于不同的角度，城市旅游竞争的内涵具有不同的表达方式，如企业、产业以及政府角度等，因此可筛选的相关指标较多。从易获取及可操作层面上，本书最终选取了这 10 项指标。需要说明的是，10 项指标中建成区绿化覆盖率和城镇居民人均可支配收入为城市建成区数据，其余指标为城市行政区域数据，从本书对城市旅游的概念界定上来看，应统一采用城市行政区数据，但现有统计资料中并没有关于这 2 项指标的行政区域层次的统计，因此，本书暂用这 2 项城市建成区数据来替代城市行政区数据。

**表 6-2　OLS 与 GWR 计算结果对比**

| OLS | | | | 模型参数 | GWR | | | |
|---|---|---|---|---|---|---|---|---|
| 2015 | 2010 | 2005 | 2000 | | 2000 | 2005 | 2010 | 2015 |
| 0. 837 | 0. 801 | 0. 862 | 0. 635 | Sigma | 0. 343 | 0. 678 | 0. 599 | 0. 598 |
| 11 | 11 | 11 | 11 | ENoP | 14 | 15 | 14 | 14 |
| 109. 988 | 106. 945 | 111. 994 | 91. 162 | AIC | 83. 27 | 105. 254 | 100. 407 | 103. 27 |
| 0. 348 | 0. 404 | 0. 308 | 0. 625 | $r_{adj}^2$ | 0. 685 | 0. 378 | 0. 448 | 0. 452 |
| 0. 031 | 0. 014 | 0. 05 | 0. 00 | P | 0. 00 | 0. 017 | 0. 008 | 0. 008 |

由表 6-3 至表 6-6 给出的 GWR 回归系数分析可知：

2000 年，10 个自变量对城市旅游竞争影响的重要性依次为 $x_5$、$x_6$、$x_{10}$、$x_2$、$x_7$、$x_4$、$x_8$、$x_1$、$x_3$和 $x_9$，表明建成区绿化覆盖率、GDP 和进出口贸易总额是城市旅游竞争的主要影响因素。$x_6$、$x_8$、$x_1$和 $x_9$的回归系数为负数，这与理论预期不太相符。$x_6$回归系数为负的原因可能在于，东北是我国传统的老工业基地，第二产业比重长期在 50%上下浮动，虽然自 20 世纪 90 年代初普遍显现出工业经济效益下滑的低迷状态，但各级政府仍将大力发展工业作为工作重点，以旅游业为代表的第三产业发展缓慢。$x_1$回归系数为负的原因可能在于，受亚洲金融危机和洪涝灾害等事件影响，全国饭店业出现连年亏损，在某些程度上打击了相关从业者投资信心，城市旅游竞争呈现出“有心无力”之势。$x_8$和 $x_9$回归系数为负的原因可能在于，私家车还未成为大众出行的主要交通工具，本地旅游仍是大众的主要出游方式（见表 6-3）。

**表 6-3　2000 年 GWR 模型的估计系数**

| Variable | Minimum | Lwr Quartile | Median | Upr Quartile | Maximum |
|---|---|---|---|---|---|
| Constant | 0. 00379 | 0. 01174 | 0. 03143 | 0. 05828 | 0. 0975 |
| $x_1$ | -0. 23494 | -0. 1492 | -0. 0687 | -0. 01903 | 0. 03203 |
| $x_2$ | 0. 29165 | 0. 31236 | 0. 35476 | 0. 40184 | 0. 44503 |
| $x_3$ | -0. 07905 | -0. 02373 | 0. 04322 | 0. 08417 | 0. 11324 |
| $x_4$ | 0. 12572 | 0. 17304 | 0. 21619 | 0. 23946 | 0. 27729 |
| $x_5$ | 0. 89376 | 0. 92303 | 0. 96047 | 1. 00393 | 1. 11587 |

续表

| Variable | Minimum | Lwr Quartile | Median | Upr Quartile | Maximum |
|---|---|---|---|---|---|
| $x_6$ | -1. 33987 | -1. 09835 | -0. 8251 | -0. 6553 | -0. 49 |
| $x_7$ | 0. 15542 | 0. 18133 | 0. 22197 | 0. 31264 | 0. 39085 |
| $x_8$ | -0. 288 | -0. 20795 | -0. 1378 | 0. 00798 | 0. 10448 |
| $x_9$ | -0. 16138 | -0. 12023 | -0. 02669 | 0. 05553 | 0. 12083 |
| $x_{10}$ | 0. 69048 | 0. 69625 | 0. 70302 | 0. 74674 | 0. 89728 |

2005 年，10 个自变量对城市旅游竞争影响的重要性依次为 $x_1$、$x_4$、$x_6$、$x_8$、$x_9$、$x_3$、$x_5$、$x_{10}$、$x_2$和 $x_7$，表明餐饮住宿业营业额和固定资产投资是城市旅游竞争的主要影响因素，旅游企业经营规模的系数相较其他变量较大，并且由 2000 年的负数转为正数，对城市旅游竞争起到正向推动作用。在受到 2003 年"非典"疫情短暂影响之后，国家及时出台全国餐饮业和住宿业振兴计划，此后餐饮和住宿业发展迅速，在拉动内需、扩大就业和推动城市旅游竞争等方面具有重要作用。自 2005 年起，私家车拥有量变量的回归系数均转为正值，表明私家车正成为大众的主要出游交通工具。东北老工业基地振兴战略的实施，各城市在大力发展经济的同时，呈现出相关指标上升，但整体环境氛围略有下降的态势，是建成区绿化覆盖率回归系数为负的可能原因。受体制、机制和政策等方面的影响，政府追逐 GDP 仍然对城市旅游竞争体现出负向削弱作用（见表 6-4）。

**表 6-4　2005 年 GWR 模型的估计系数**

| Variable | Minimum | Lwr Quartile | Median | Upr Quartile | Maximum |
|---|---|---|---|---|---|
| Constant | -0. 29644 | -0. 04242 | 0. 09324 | 0. 31935 | 0. 56909 |
| $x_1$ | 0. 06527 | 0. 45066 | 0. 81322 | 0. 99254 | 1. 20899 |
| $x_2$ | -0. 11569 | -0. 04679 | 0. 03873 | 0. 16637 | 0. 29502 |
| $x_3$ | 0. 12185 | 0. 13322 | 0. 13683 | 0. 14556 | 0. 16432 |
| $x_4$ | 0. 23073 | 0. 25026 | 0. 29289 | 0. 30837 | 0. 32456 |
| $x_5$ | -0. 55848 | -0. 3414 | -0. 11728 | 0. 16502 | 0. 4418 |
| $x_6$ | -0. 50713 | -0. 45176 | -0. 24674 | -0. 0049 | 0. 24679 |
| $x_7$ | -0. 3108 | -0. 15236 | 0. 01264 | 0. 16149 | 0. 25206 |

续表

| Variable | Minimum | Lwr Quartile | Median | Upr Quartile | Maximum |
|---|---|---|---|---|---|
| $x_8$ | -1.04914 | -0.34255 | 0.19399 | 0.82212 | 1.68702 |
| $x_9$ | -0.34846 | -0.26063 | -0.1933 | -0.08143 | 0.01848 |
| $x_{10}$ | -0.07564 | 0.01369 | 0.07119 | 0.12049 | 0.15092 |

2010年，10个自变量对城市旅游竞争影响的重要性依次为$x_8$、$x_1$、$x_6$、$x_3$、$x_5$、$x_2$、$x_7$、$x_{10}$、$x_4$和$x_9$，表明私家车拥有量、餐饮住宿业营业额和GDP是城市旅游竞争的主要影响因素，自2005年私家车拥有量回归系数转正以来，首次排在影响重要性首位，且回归系数值较大，表明私家车数量处于井喷态势，对家庭出游影响较大，进而促进了本地旅游业相关行业的快速发展，即各城市均在“内部消化”而“无暇竞争”，这也可能是导致餐饮住宿业营业额的回归系数又转为负的重要原因。固定资产投资和进出口贸易总额两变量的回归系数首次为负，说明该时期投资规模过大导致旅游边际效益普遍下降，经济全球化一方面加强了各城市间的经济联系，但也从另一方面影响了一些旅游基础设施差、旅游竞争力较弱城市参与旅游竞争的态度和信心（见表6-5）。

**表6-5　2010年GWR模型的估计系数**

| Variable | Minimum | Lwr Quartile | Median | Upr Quartile | Maximum |
|---|---|---|---|---|---|
| Constant | 0.79916 | 0.86938 | 0.90816 | 0.9277 | 0.96199 |
| $x_1$ | -0.74676 | -0.66823 | -0.63545 | -0.60276 | -0.52495 |
| $x_2$ | 0.21788 | 0.26084 | 0.28361 | 0.31671 | 0.36034 |
| $x_3$ | 0.42329 | 0.48483 | 0.55309 | 0.57282 | 0.59204 |
| $x_4$ | -0.10585 | -0.04542 | -0.00776 | 0.01202 | 0.03955 |
| $x_5$ | 0.25308 | 0.34253 | 0.36598 | 0.43434 | 0.63579 |
| $x_6$ | -0.76326 | -0.66593 | -0.63293 | -0.57902 | -0.48028 |
| $x_7$ | 0.12885 | 0.19009 | 0.20386 | 0.22188 | 0.22668 |
| $x_8$ | 4.65149 | 5.12042 | 5.24707 | 5.40185 | 5.65147 |
| $x_9$ | -0.15913 | -0.0435 | -0.00076 | 0.01689 | 0.06379 |
| $x_{10}$ | -0.20188 | -0.14385 | -0.11641 | -0.10024 | -0.08461 |

2015年，10个自变量对城市旅游竞争影响的重要性依次为 $x_6$、$x_8$、$x_3$、$x_{10}$、$x_5$、$x_9$、$x_7$、$x_4$、$x_1$ 和 $x_2$，表明GDP和私家车拥有量是城市旅游竞争的主要影响因素（见表6-6）。三产比重在4个时间点上的影响力均不高。尽管自1986年我国首次把旅游业作为国家重点支持发展的一项事业以来，旅游利好政策相继出台，尤其是2009年明确提出要把旅游业培育成国民经济发展的战略性支柱产业，全国各地纷纷把旅游业作为支柱产业，但在我国改革开放以后30多年以高能耗、高污染和粗放式为特征的高速经济发展模式下，产业结构调整不甚理想，尤其是东北三省，这也是导致旅游经济贡献度对城市旅游竞争的影响力较弱的重要原因。城市化水平的回归系数除2000年以外，在其他时间点上的排名均比较靠前，这可能与该指标计算依据（城市人口÷总人口）有关，旅游业是劳动密集型产业，城市人口的增长为旅游业提供了大量劳动力资源，促进了旅游业的快速发展。旅游业是需求推动型产业，但我国旅游业长期处于“政府主导型”的发展模式。改革开放以来，旅游业发展不缺少投资和劳动力投入，政府主导型的发展模式导致资源配置效率低、企业发育水平低、企业效益水平低等问题，也导致出现了居民旅游消费能力对城市旅游竞争的影响力偏弱的情况。市场动力因子中，私家车拥有量对城市旅游竞争仍呈现正向影响，但影响力度较2010年有所减弱，这可能与东北三省经济不景气导致居民出游意愿不强烈有关。周边居民人口数量的回归系数首次为正，表明周边城市正成为重要的旅游客源市场，邻近城市间为争夺客源市场从而引发城市旅游竞争。

**表6-6　2015年GWR模型的估计系数**

| Variable | Minimum | Lwr Quartile | Median | Upr Quartile | Maximum |
|---|---|---|---|---|---|
| Constant | -0.06169 | -0.03482 | 0.02505 | 0.07609 | 0.13863 |
| $x_1$ | -0.43268 | -0.26243 | -0.09241 | 0.01217 | 0.07587 |
| $x_2$ | -0.38985 | -0.19739 | 0.06653 | 0.25413 | 0.37998 |
| $x_3$ | 0.34841 | 0.37945 | 0.396 | 0.41166 | 0.43947 |
| $x_4$ | -0.18951 | -0.17429 | -0.17069 | -0.15947 | -0.13602 |
| $x_5$ | -0.44579 | -0.17639 | 0.263 | 1.0337 | 1.80944 |
| $x_6$ | -2.122 | -1.78333 | -1.36368 | -0.98392 | -0.60143 |
| $x_7$ | 0.06526 | 0.15031 | 0.20792 | 0.23252 | 0.25409 |

续表

| Variable | Minimum | Lwr Quartile | Median | Upr Quartile | Maximum |
|---|---|---|---|---|---|
| $x_8$ | 0. 86953 | 1. 06312 | 1. 1255 | 1. 16642 | 1. 24087 |
| $x_9$ | 0. 08736 | 0. 16005 | 0. 21526 | 0. 24732 | 0. 25875 |
| $x_{10}$ | 0. 28168 | 0. 32747 | 0. 35371 | 0. 4016 | 0. 48276 |

综上所述，各变量对城市旅游竞争的影响因时间和空间位置的不同而存在显著差异。为进一步探究各变量对城市旅游竞争影响的空间变异特征，将4个时间点上各变量的回归系数值在GIS平台上进行空间表达，以便更为直观的分析各变量对城市旅游竞争影响的空间变异情况。

### （二）各主要影响对城市旅游竞争的影响

#### 1. 旅游企业经营规模对城市旅游竞争的影响

由图6-2可知，2000年餐饮住宿业营业额的回归系数由南向北递次增大（绝对值由南向北递次减小），并由负值逐渐向正值转变，说明旅游企业营业规模对城市旅游竞争的相对影响力由南向北逐步减小，辽宁南部大连等沿海城市受影响较大，黑龙江北部黑河等城市受影响较小。辽宁、吉林全部，黑龙江半部地区回归系数均为负值，表明这些城市参与旅游竞争的意愿随旅游企业营业规模的扩大而有所削弱。2005年各城市回归系数均为正值，并由南向北逐渐减小，受旅游企业规模基数影响，辽宁南部以大连为代表的各城市在旅游企业普遍止损盈利背景下继续加大旅游投资力度，餐饮住宿业营业收入增加，城市旅游竞争力进一步增强。2010年回归系数由南向北逐渐减小（绝对值逐渐增大），表明在前期辽宁旅游业较发达城市带动下，黑龙江、吉林两省城市旅游企业跟风规模扩张（旅游竞争的结果）受到的边际效益递减显著。到2015年，回归系数的空间分布格局与2010年基本相似，辽宁南部旅游较发达城市旅游企业改革成效显著，已借助旅游企业经营规模的扩大提高了旅游竞争力，而黑龙江省全部城市、吉林省大部分城市则改革效果较差，仍受到旅游企业规模扩大带来的负向影响。

#### 2. 旅游经济贡献度对城市旅游竞争的影响

如图6-3所示，2000年三产比重回归系数均为正值，且由南向北逐渐减小，说明三产比重对城市旅游竞争的相对影响力由南向北逐渐减小。就提高三产比重方面来看，辽宁省比吉林和黑龙江两省成效更大，在提高相

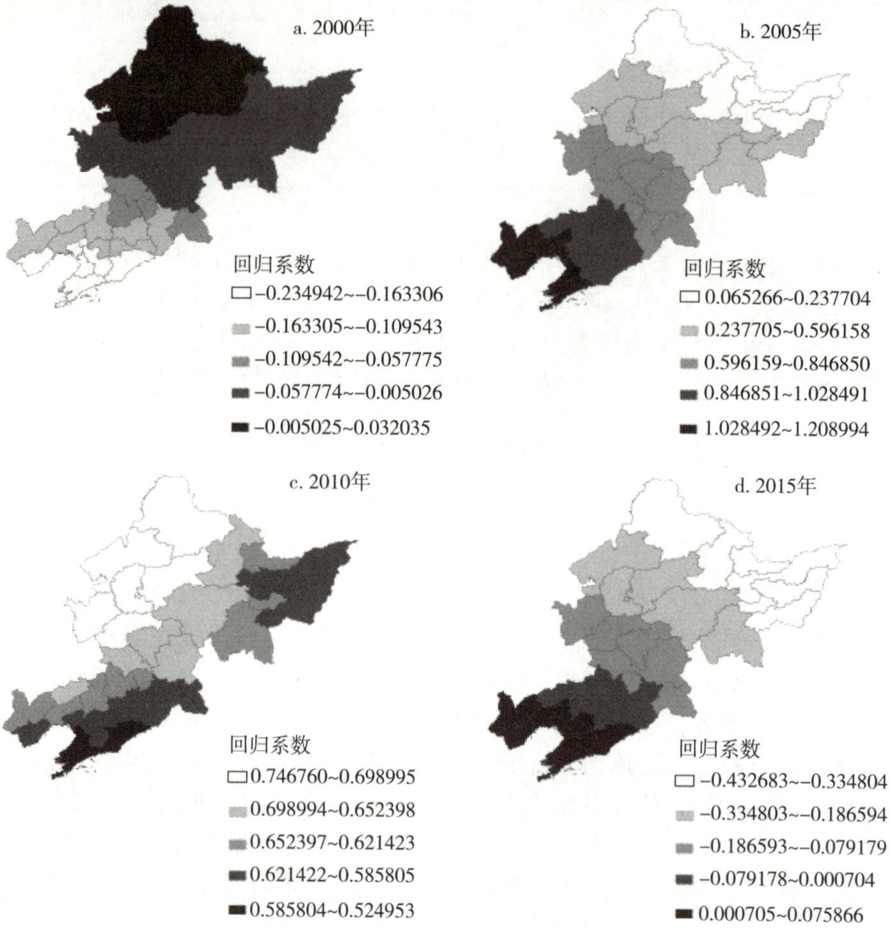


**图 6-2　2000 年、2005 年、2010 年、2015 年 GWR 模型 $x_1$ 回归系数空间分布**

同幅度之下，旅游经济贡献度对提高旅游竞争力辽宁效果最好。2005 年三产比重回归系数在辽宁南部沿海地区出现负值，其他地区则继续受到提高三产比重带来的正向影响，黑龙江北部地区受影响最大。到 2010 年全部城市回归系数再度转变为正值。

3. 城市化水平对城市旅游竞争的影响

从回归系数的空间分布来看（见图 6-4），2000~2015 年回归系数的空间分布波动较大，反映了东北三省城镇化与旅游经济发展不相协调，城镇化对旅游经济增长的作用效应差异较大。总体来说，城市化水平与旅游

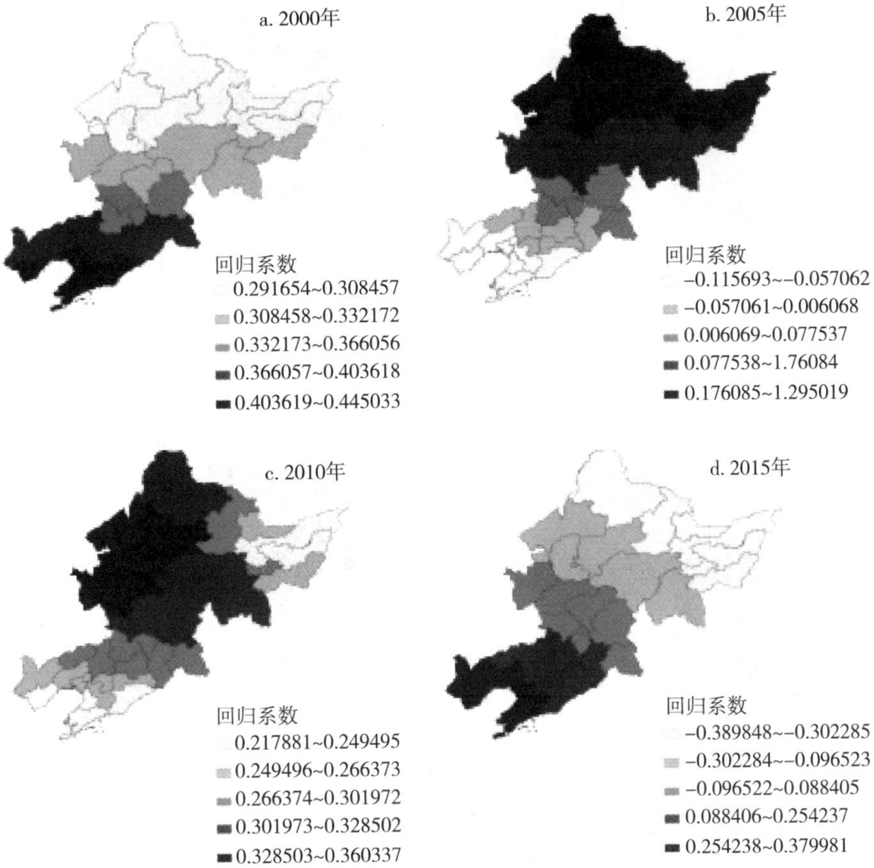


**图 6-3　2000 年、2005 年、2010 年、2015 年 GWR 模型 $x_2$ 回归系数空间分布**

经济发展具有区域的一致性，即城市化水平越高的地区，旅游产业越发达，参与城市旅游竞争的意愿及竞争力越大。但在个别年份少部分区域也呈现特殊情况，如 2005 年旅游经济发展相对较好的辽宁大部分城市，在城市化水平达到一定水平并增长逐渐缓慢的同时，黑龙江城市化水平提高空间较大，因此对旅游经济发展的影响较大。随着新型城镇化战略的提出，辽宁等地的城市化水平逐渐由数量型向内涵型转变，因此对旅游经济的影响力逐渐增强，回归系数的空间分布又呈现出由南向北逐渐减小的趋势。2015 年，黑龙江、吉林两省的新型城镇化实践逐渐深入开展，回归系数的空间分布又呈现出由西北向东南逐渐减小的趋势。

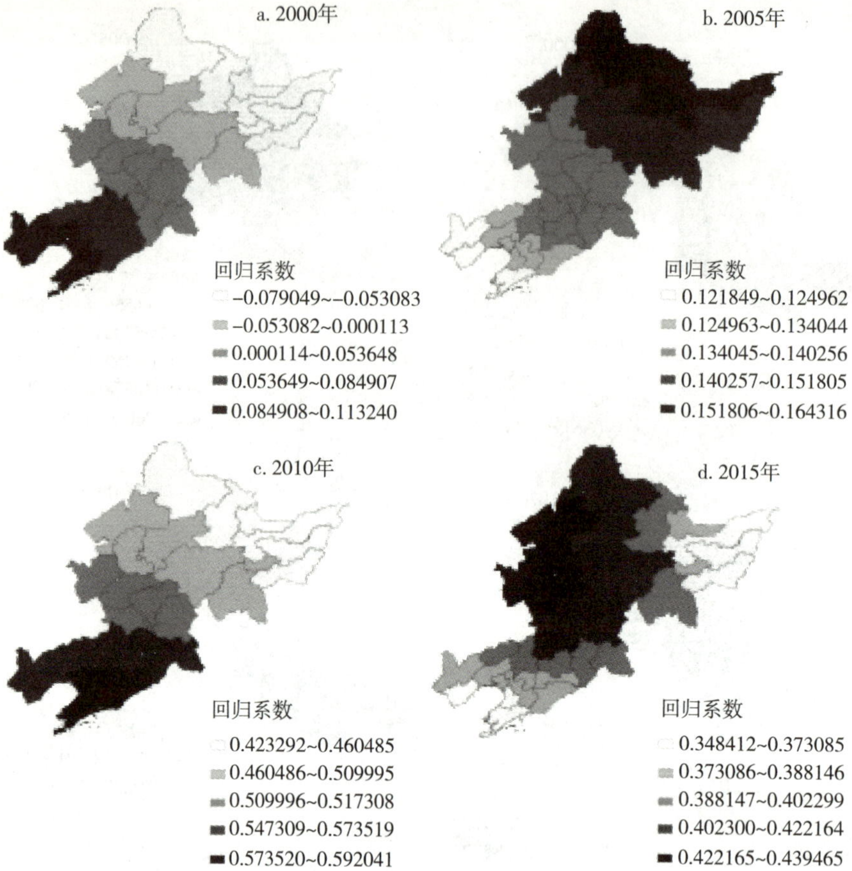


**图 6-4 2000 年、2005 年、2010 年、2015 年 GWR 模型 $x_3$ 回归系数空间分布**

4. 资本投入对城市旅游竞争的影响

从回归系数的空间分布来看（见图 6-5），回归系数在 2000 年呈由南向北逐渐增大，自 2005 年起转变为由南向北逐渐减小，说明资本投入对城市旅游竞争的影响程度存在较大的时空差异。东北三省区域经济发展极不平衡，2000 年辽宁省的城市建设发展较快，而黑龙江省相对要落后很多，这时期资本投入对改善城市投资环境，提供旅游竞争支撑平台，起到明显促进作用；就作用力来说，黑龙江省要比辽宁省大很多。随着区域经济绝对差异的逐渐缩小，这种由大规模高强度的资本投入带来的规模效益递减情况开始显现，在经过了快速的地区发展差异缩小之后，又呈现出扩大的趋势。

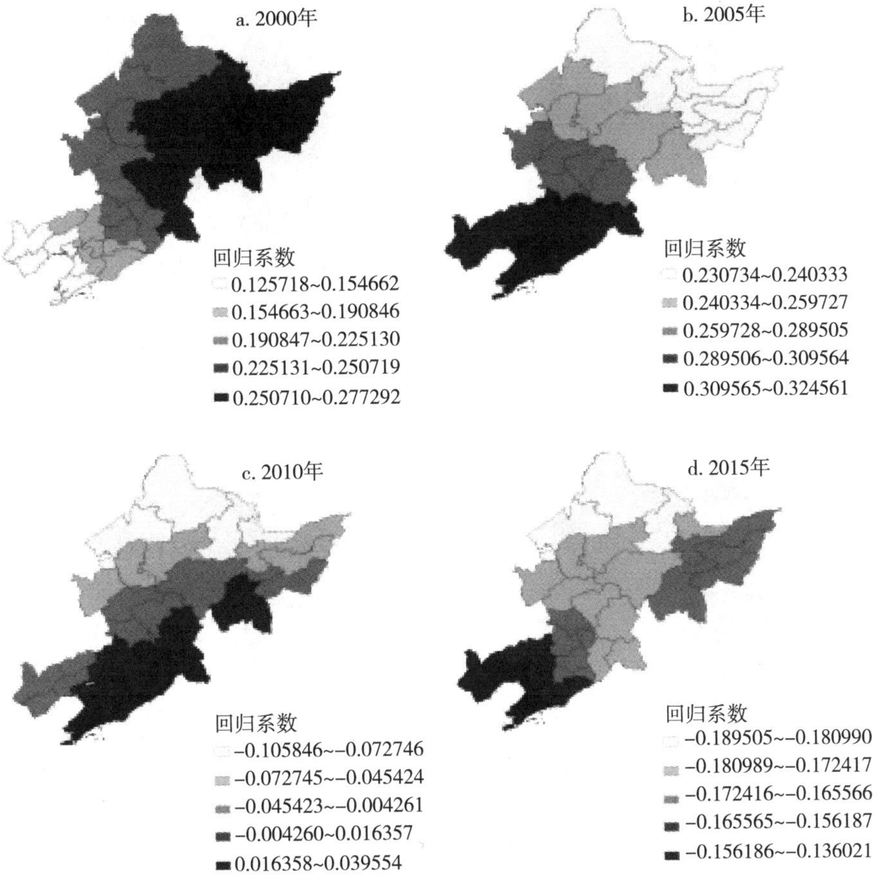


**图 6-5　2000 年、2005 年、2010 年、2015 年 GWR 模型 $x_4$ 回归系数空间分布**

5. 宜居度对城市旅游竞争的影响

从宜居度的回归系数空间分布来看（见图 6-6），回归系数在 4 个年份均呈现出由南向北逐渐增大的趋势，关于这种空间分布的原因，与资本投入的影响情况较为相似，旅游竞争初始形成的差距，虽然在绝对差异上正在明显缩小，但相对差距正在增大。

6. 政府政绩对城市旅游竞争的影响

从回归系数的空间分布来看（见图 6-7），回归系数呈现出先由南向北逐渐减小，到 2010 年转变为由南往北先减小再增大的趋势；到 2010 年呈现出由南向北逐渐增大的趋势，再到 2015 年，政府政绩对城市旅游

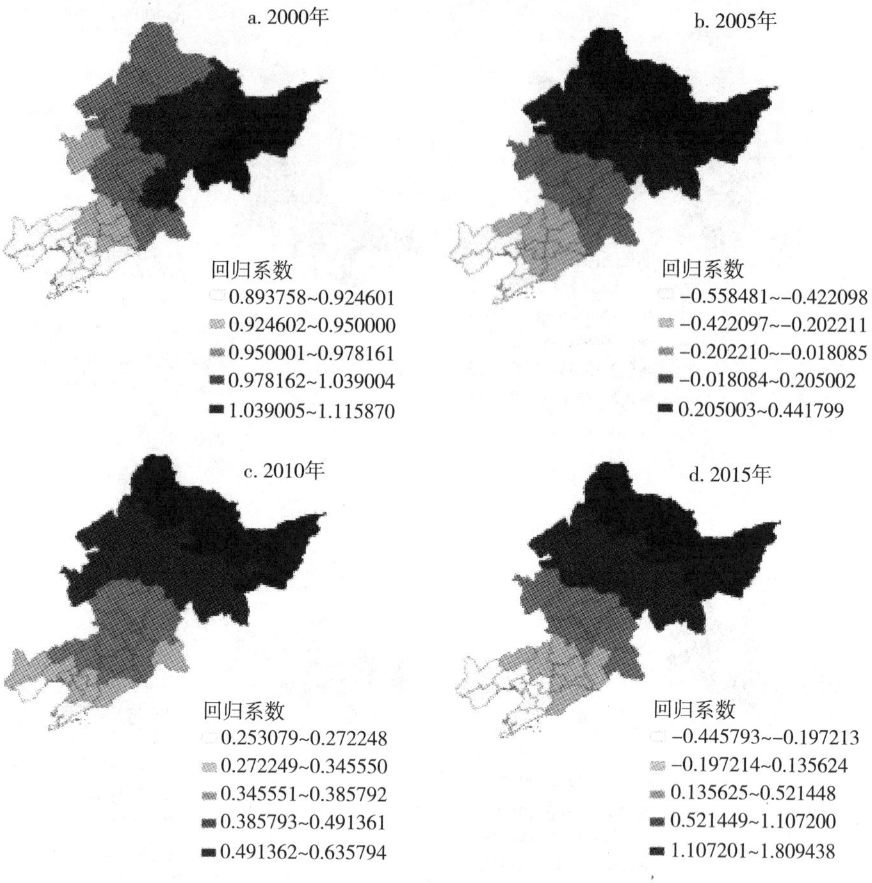


**图 6-6　2000 年、2005 年、2010 年、2015 年 GWR 模型 $x_5$ 回归系数空间分布**

竞争的影响程度呈现出由南向北逐渐减小的趋势。造成这种波动影响的原因在于各地政府对追逐 GDP 的认识和态度出现较大波动，虽然在这几个五年规划中，国家明确提出要调整结构，但中央下达地方的经济增速目标带给地方政府巨大压力，政府政绩对旅游竞争的影响程度时大时小。

7. *居民旅游消费能力对城市旅游竞争的影响*

从居民旅游消费能力回归系数的空间分布上来看（见图 6-8），2000 年回归系数从南向北逐渐增大，表明黑龙江、吉林两省各城市居民人均可支配收入对城市旅游竞争的影响要远大于辽宁省。居民人均可支配收入是旅游消费的物质基础，随着可支配收入水平的提高，人们对旅游的需求将

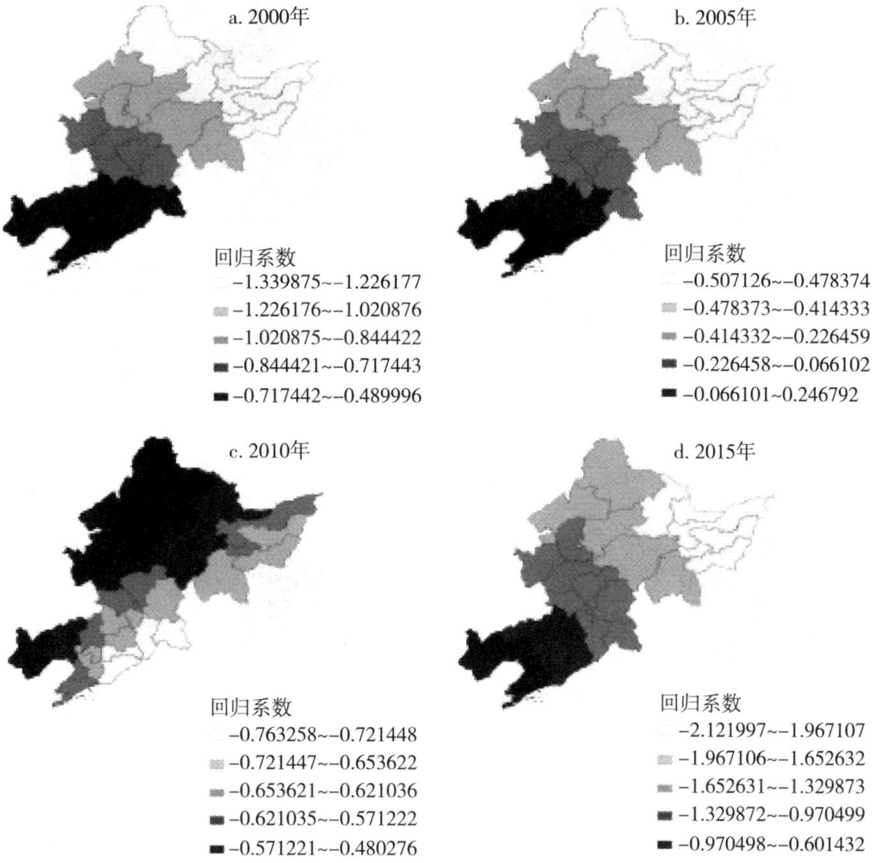


**图 6-7　2000 年、2005 年、2010 年、2015 年 GWR 模型 $x_6$ 回归系数空间分布**

不断增强，因此除 2005 年辽宁部分城市外，居民人均可支配收入与城市旅游竞争呈正向关系，即居民人均可支配收入越高，城市旅游经济发展越好，参与城市旅游竞争的意愿和竞争力越大。2005 年，辽宁部分城市呈现出负向关系，原因可能在于上述城市对于非典过后的消费信心不足，而倾向于储蓄行为所致。2010 年和 2015 年回归系数空间分布格局基本相似，均是从中部向南北两侧由大逐渐减小，总体上仍是由南向北逐渐减小的趋势，表明经济发展相对较好的地区居民人均可支配收入对城市旅游竞争的影响较大。

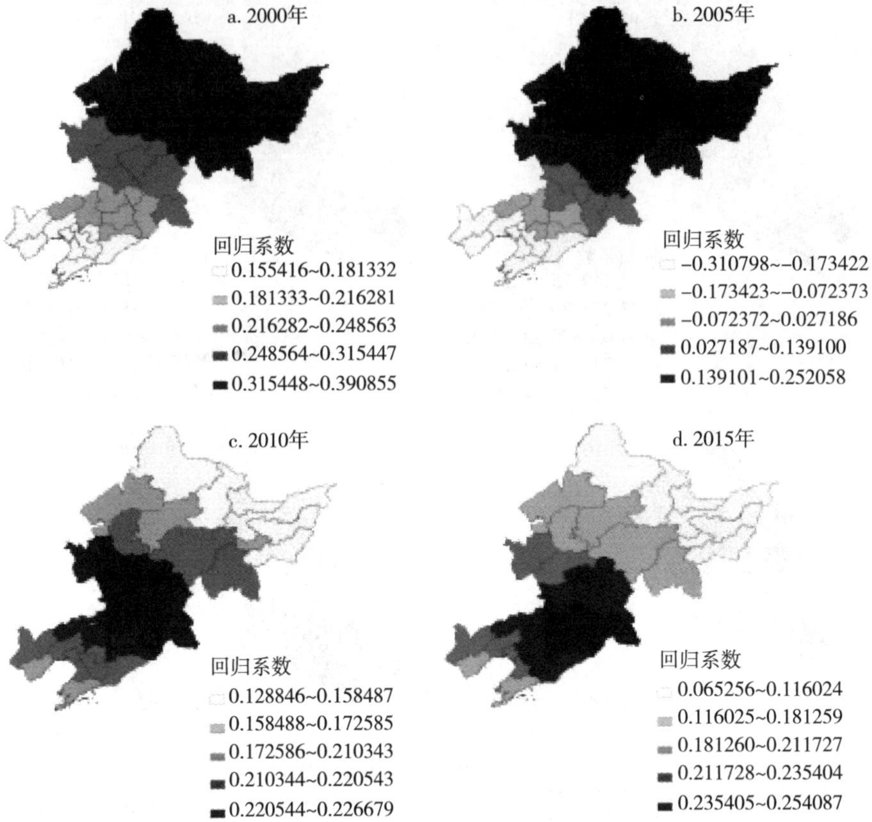


**图 6-8　2000 年、2005 年、2010 年、2015 年 GWR 模型 $x_7$ 回归系数空间分布**

8. 交通设施对城市旅游竞争的影响

从交通设施回归系数的空间分布来看（见图 6-9），2000 年和 2005 年分布规律较为相似，但由于 2005 年以前并未有私人汽车的相关统计数据，因此这两个年份采用的是以 2010 年各城市私人汽车数量结构为比例，以 2000 年和 2005 年各城市的民用汽车拥有量为总量推算得出，导致了这两个年份大部分城市的回归系数为负值，这与交通设施越发达，旅游经济越发达的假设不符，表明私家车还未成为居民出游主要交通工具。2010 年和 2015 年的回归系数分布较为相似，由西南向东北逐渐增大，吉林、哈尔滨和牡丹江三市的私家车拥有量对城市旅游绩效影响最大。

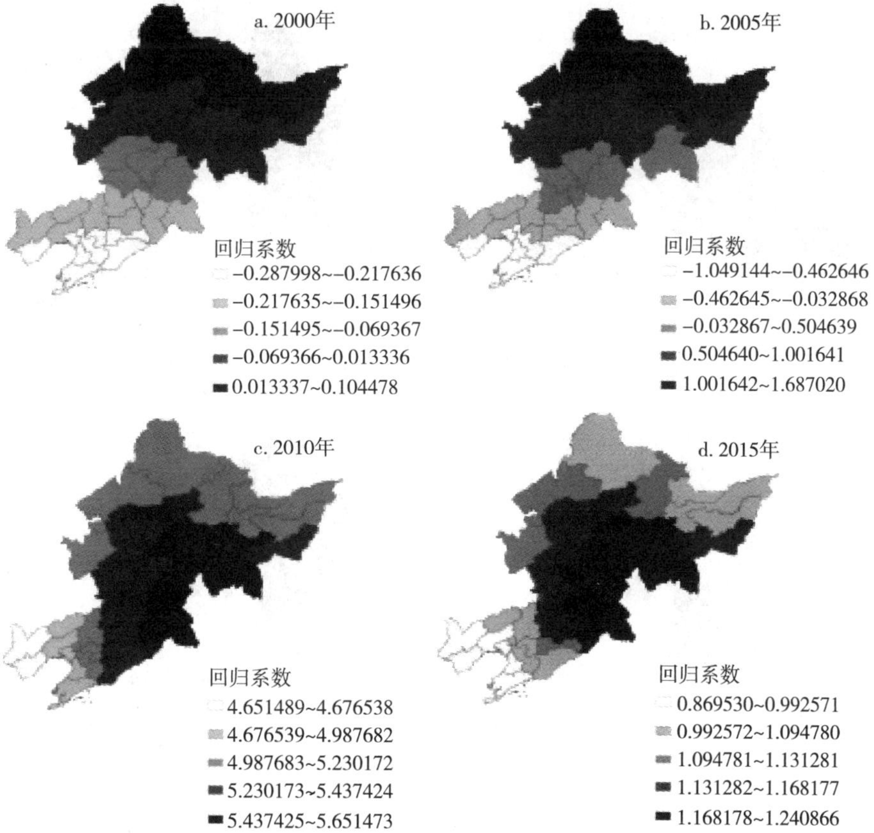


**图 6-9　2000 年、2005 年、2010 年、2015 年 GWR 模型 $x_8$ 回归系数空间分布**

9. 人口对城市旅游竞争的影响

从人口回归系数的空间分布来看（见图 6-10），除 2015 年外，其他年份大部分城市人口因素的回归系数均为负，表明周边居民人口规模的增长并没有带来旅游绩效的增长，反而呈现出抑制态势，原因可能在于：一方面，受出游距离等因素的影响，大部分居民选择在本地出游；另一方面，受选取指标的限制，因周边居民人口选择标准为邻近城市，但现实中游客很可能来自距离目的地更远的其他城市，如辽宁的游客会前往哈尔滨滑雪，夏季哈尔滨的游客也会到大连的海滩游玩。2015 年，回归系数由南向北逐渐增大，反映出旅游经济相对发达的辽宁各城市受人口因素（周边近邻城市居民人口数量）的影响要小于旅游经济欠发达的黑龙江、吉林两省城市，旅游越发达城市受周边城市居民人口数量的影响越小。

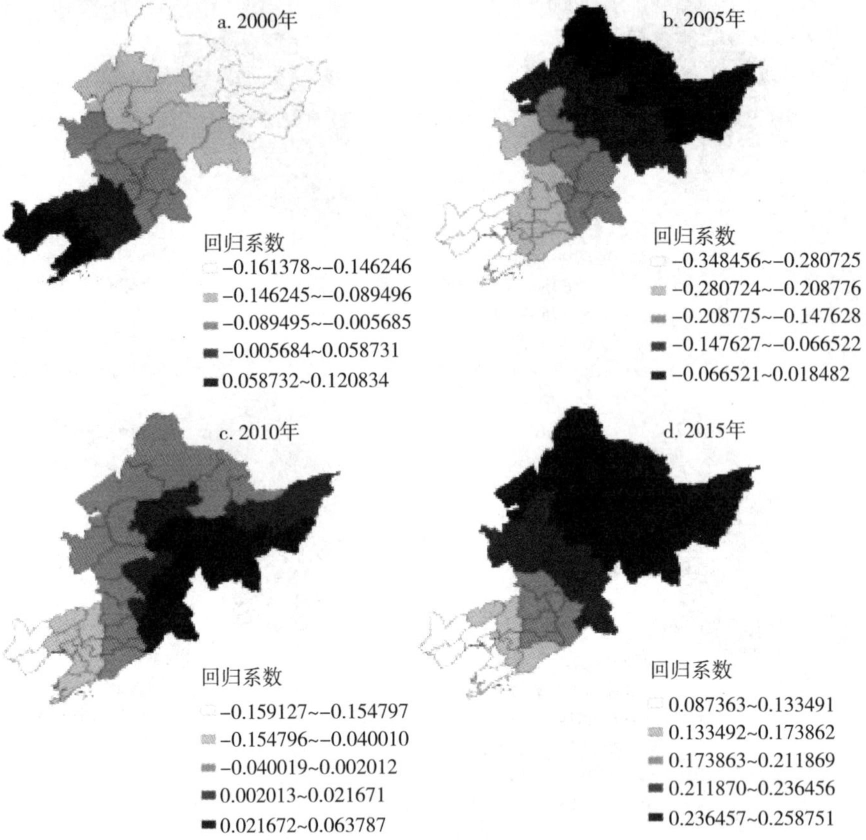


**图 6-10　2000 年、2005 年、2010 年、2015 年 GWR 模型 $x_9$ 回归系数空间分布**

10. 经济全球化对城市旅游竞争的影响

从经济全球化的回归系数的空间分布来看（见图 6-11），回归系数由南向北经历了逐渐增大、逐渐减小再逐渐增大的发展态势。经济全球化使得各个城市主动参与到城市旅游竞争中，而经济较发达的辽宁省对经济全球化较不敏感；相反，处于内陆地区、经济欠发达的黑龙江大部地区来说，积极参与区域竞争与合作，受经济全球化的影响较大。随着这种外部推动力的作用力逐渐减小（经济全球化对经济社会的影响并没有刚加入 WTO 时大），经济全球化的影响力大小再度变为由南往北逐渐减小。在经历了金融危机之后，那些旅游发展欠发达地区，通过加强与外界的经贸往来，积极参与到城市旅游竞争之中。

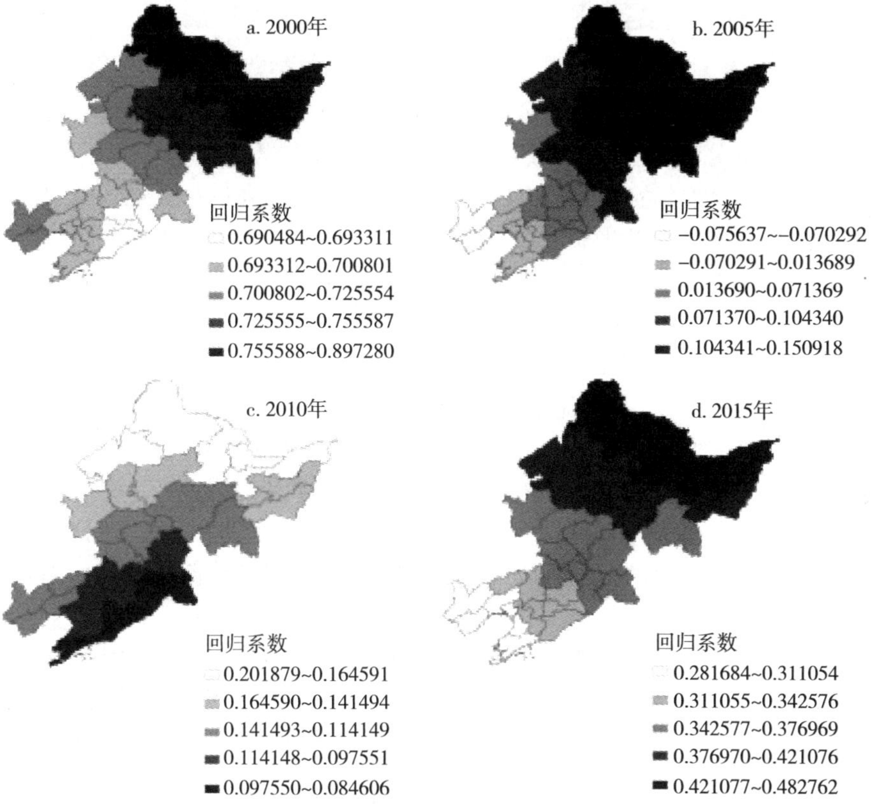


**图 6-11　2000 年、2005 年、2010 年、2015 年 GWR 模型 $x_{10}$ 回归系数空间分布**

# 第三节　城市旅游竞争的主导动力分析

前文探究了城市旅游竞争的空间分异特征，通过对城市旅游竞争影响因素的分析，表明城市旅游竞争呈现地域分异特征是各地区不同影响因素之间相互作用的体现。本书将采用威弗（Weaver）组合指数法进一步分析影响各城市旅游竞争的主导动力及其组合类型。

## 一、研究方法

威弗组合指数法是处理多要素复杂系统类型特征的有效方法，常应用在揭示各类主导因子选择和组合关系中。其基本思想是利用最小方差法，即通过比较要素的实际组合比例与理论组合比例之间的一致性，找出两者之间的最小方差，以此来建立一个最能反映要素实际组合关系的拟合比例关系。威弗组合指数的计算步骤如下：

第一步，引入区位比重概念（赵媛等，2009），即分别计算各城市 4（5）项指标①分别占区域相应指标总量的比重与所有指标该比重之和的百分比（见表 6-7），并作降序排列。

第二步，假设某城市旅游竞争的驱动力只有 n 种（n=1，2，3，4，5），则该驱动力的理论比重应为 100%，其他驱动力为 0；驱动力为两种时，则这两种驱动力的理论比重各为 50%，其他驱动力为 0，以此类推；分别计算各城市驱动力实际比重与理论比重之间的方差值，计算示例如表 6-8 所示。

第三步，以按降序排列的各指标为横坐标，从一元驱动到五元驱动依次排列的组合方差为纵坐标，将各城市的驱动力组合方差绘制成图（张耀光，1986）。此时，仅需从图中找出方差曲线最低点，则可直观判别该点及其左侧若干要素即为某城市旅游竞争的主导动力，从左向右的排列顺序也反映了对城市旅游竞争的影响力大小。此时，即可根据首位要素及其与第 2 位要素的组合关系来划分城市旅游竞争动力机制的主导动力类型。

---

① 为便于分析各动力因素在各城市的主导分布情况，结合前文对旅游企业营业规模等八项指标的影响力分析结果，此处分别选取旅游企业营业规模、建成区绿化覆盖率、城镇居民人均可支配收入和进出口贸易总额四项指标分别代表企业驱动力、城市驱动力、市场驱动力和环境驱动力。进一步地将城市驱动力分解为产业驱动力、现代化驱动力、投资驱动力、人居环境驱动力和政绩驱动力，并分别用三产比重、城市化率、固定资产投资、建成区绿化覆盖率和 GDP 这五项指标来代表。

**表 6-7　各城市旅游竞争影响指标的区位比重构成**

单位：%

| 城市 | 三产比重 | 城市化率 | 绿化率 | 固定资产投资 | GDP | 城市 | 三产比重 | 城市化率 | 绿化率 | 固定资产投资 | GDP |
|---|---|---|---|---|---|---|---|---|---|---|---|
| 沈阳 | 9.07 | 12.41 | 8.03 | 38.92 | 31.57 | 辽源 | 23.35 | 27.04 | 27.51 | 11.19 | 10.91 |
| 大连 | 8.97 | 9.79 | 8.44 | 39.39 | 33.40 | 通化 | 26.97 | 13.80 | 25.45 | 17.91 | 15.87 |
| 鞍山 | 18.76 | 18.25 | 16.00 | 24.24 | 22.75 | 白山 | 23.47 | 32.72 | 20.54 | 12.23 | 11.04 |
| 抚顺 | 19.28 | 32.45 | 20.20 | 13.75 | 14.31 | 松原 | 23.18 | 12.38 | 21.29 | 21.08 | 22.06 |
| 本溪 | 19.76 | 29.97 | 24.19 | 13.09 | 12.99 | 白城 | 30.47 | 20.49 | 21.89 | 14.47 | 12.68 |
| 丹东 | 25.45 | 20.01 | 23.45 | 16.89 | 14.20 | 哈尔滨 | 14.41 | 12.65 | 8.98 | 32.64 | 31.31 |
| 锦州 | 21.12 | 16.47 | 30.10 | 15.73 | 16.57 | 齐市 | 26.80 | 15.61 | 26.92 | 13.93 | 16.74 |
| 营口 | 22.58 | 20.63 | 20.16 | 18.32 | 18.30 | 鸡西 | 25.99 | 33.04 | 28.14 | 4.48 | 8.35 |
| 阜新 | 23.96 | 28.57 | 29.66 | 8.70 | 9.11 | 鹤岗 | 22.56 | 41.90 | 28.08 | 3.48 | 3.98 |
| 辽阳 | 21.08 | 28.53 | 24.19 | 12.69 | 13.51 | 双鸭山 | 28.68 | 26.78 | 33.25 | 3.57 | 7.73 |
| 盘锦 | 18.49 | 26.01 | 21.46 | 18.46 | 15.60 | 大庆 | 8.68 | 20.04 | 19.23 | 12.03 | 40.01 |
| 铁岭 | 26.33 | 10.90 | 33.24 | 14.71 | 14.81 | 伊春 | 25.71 | 46.36 | 20.81 | 2.91 | 4.21 |
| 朝阳 | 28.47 | 13.95 | 20.19 | 19.76 | 17.64 | 佳木斯 | 30.49 | 20.65 | 27.37 | 9.81 | 11.67 |
| 葫芦岛 | 28.35 | 23.03 | 27.07 | 10.81 | 10.74 | 七台河 | 30.41 | 38.93 | 25.27 | 2.14 | 3.25 |
| 长春 | 11.57 | 12.92 | 10.54 | 31.39 | 33.58 | 牡丹江 | 26.33 | 17.74 | 20.58 | 19.42 | 15.92 |
| 吉林 | 17.59 | 17.21 | 15.57 | 27.72 | 21.91 | 黑河 | 38.03 | 13.28 | 31.58 | 7.13 | 9.98 |
| 四平 | 20.63 | 12.22 | 33.66 | 14.70 | 18.79 | 绥化 | 26.75 | 12.20 | 24.61 | 15.12 | 21.32 |

**表 6-8　威弗组合指数计算示例（以沈阳市为例）**

| 类型 | 项目 | 区位比重构成（%） | | | | |
|---|---|---|---|---|---|---|
| | | 固定资产投资 | GDP | 城市化率 | 三产比重 | 绿化率 |
| 一元驱动 | $x$ | 100 | 0 | 0 | 0 | 0 |
| | $x_i$ | 38. 92 | 31. 57 | 12. 41 | 9. 07 | 8. 03 |
| | $(x_i-x)^2$ | 3731. 131 | 996. 9196 | 154. 0338 | 82. 23376 | 64. 47501 |
| | $\sigma^2$ | 1005. 759 | — | — | — | — |
| 二元驱动 | $x$ | 50 | 50 | 0 | 0 | 0 |
| | $x_i$ | 38. 92 | 31. 57 | 12. 41 | 9. 07 | 8. 03 |
| | $(x_i-x)^2$ | 122. 8325 | 339. 5163 | 154. 0338 | 82. 23376 | 64. 47501 |
| | $\sigma^2$ | 152. 6183 | — | — | — | — |
| 三元驱动 | $x$ | 33. 3 | 33. 3 | 33. 3 | 0 | 0 |
| | $x_i$ | 38. 92 | 31. 57 | 12. 41 | 9. 07 | 8. 03 |
| | $(x_i-x)^2$ | 31. 55087 | 2. 978962 | 436. 3489 | 82. 23376 | 64. 47501 |
| | $\sigma^2$ | 123. 5175 | — | — | — | — |
| 四元驱动 | $x$ | 25 | 25 | 25 | 25 | 0 |
| | $x_i$ | 38. 92 | 31. 57 | 12. 41 | 9. 07 | 8. 03 |
| | $(x_i-x)^2$ | 193. 6833 | 43. 21791 | 158. 4821 | 253. 8196 | 64. 47501 |
| | $\sigma^2$ | 142. 7356 | — | — | — | — |
| 五元驱动 | $x$ | 20 | 20 | 20 | 20 | 20 |
| | $x_i$ | 38. 92 | 31. 57 | 12. 41 | 9. 07 | 8. 03 |
| | $(x_i-x)^2$ | 357. 8535 | 133. 9582 | 57. 5924 | 119. 5024 | 143. 2897 |
| | $\sigma^2$ | 162. 4392 | — | — | — | — |

注：$x$、$x_i$和$\sigma^2$分别为各驱动力的实际区位比重、理论区位比重和两者的方差。

## 二、主导动力类型分析

### （一）城市驱动力主导动力细分

城市是旅游竞争开展的地域载体，鉴于城市驱动力来源的复杂性和城市之间存在的巨大差异性，考察基于城市驱动力主导动力细分的东北三省各城市旅游竞争主导动力类型分析，分别计算2015年东北三省各城市三产比重、城市化率、固定资产投资、建成区绿化覆盖率和GDP这五项指标的五种组合类型的方差值，并绘制成组合方差分布图①（见图6-12）。

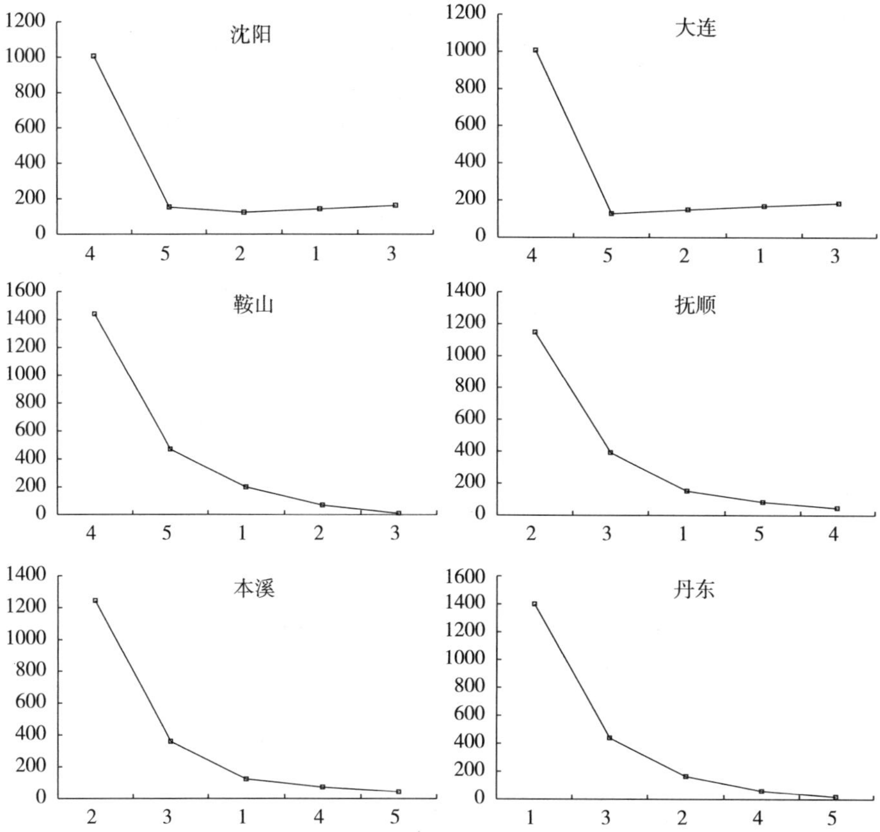


**图6-12　辽宁城市旅游竞争驱动力内部要素组合方差**

① 图中横坐标为按降序排列的各指标，其中，1代表旅游经济贡献度（产业驱动力），2代表城市化率（现代化驱动力），3代表建成区绿化覆盖率（人居环境驱动力），4代表固定资产投资（投资驱动力），5代表GDP（政绩驱动力）。纵坐标为五种组合类型理论比重与实际比重的方差值。

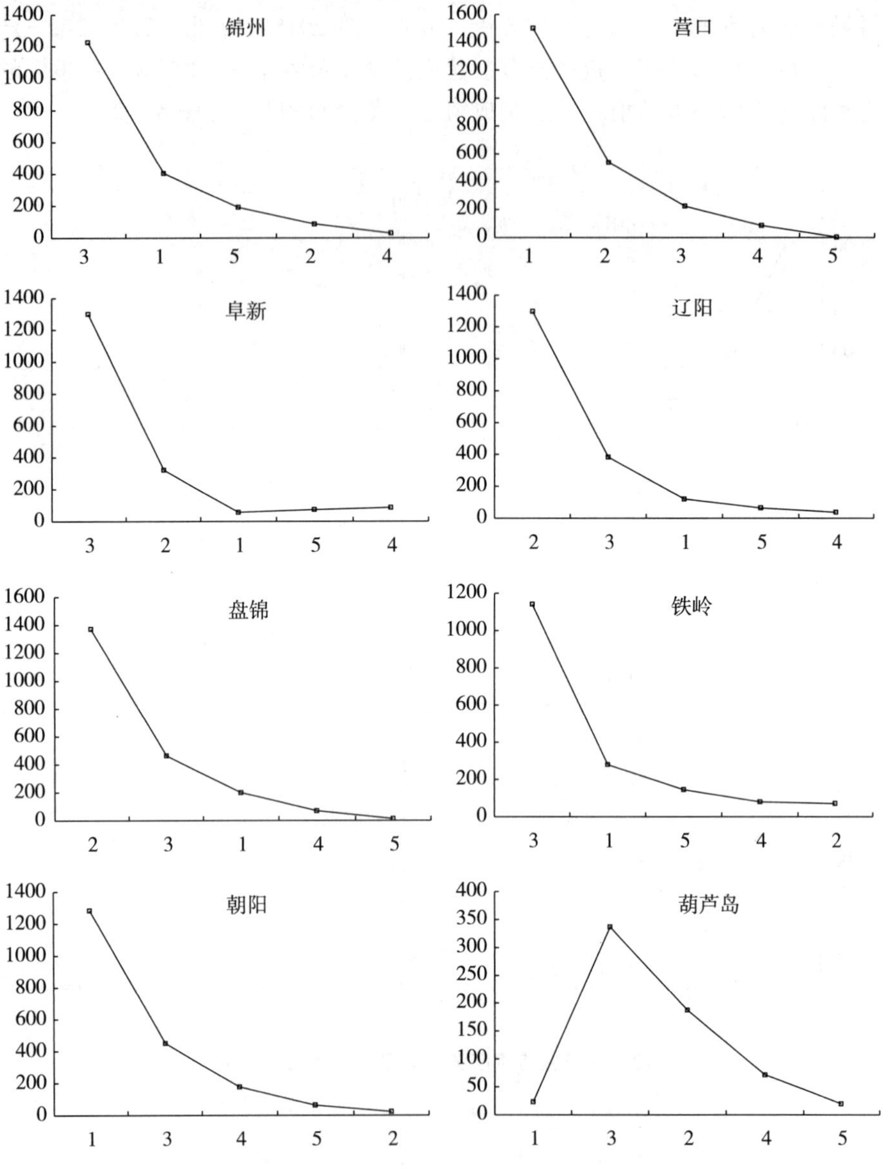


**图 6-12 辽宁城市旅游竞争驱动力内部要素组合方差（续）**

1. 辽宁省城市旅游竞争主导动力类型分析

根据辽宁省各地对城市驱动力分解的各指标组合方差分布图（见图 6-12），各地影响因素的组合关系分别为沈阳（4、5、2、1、3）、大连（4、5、2、

1、3)、鞍山（4、5、1、2、3)、抚顺（2、3、1、5、4)、本溪（2、3、1、4、5)、丹东（1、3、2、4、5)、锦州（3、1、5、2、4)、营口（1、2、3、4、5)、阜新（3、2、1)、辽阳（2、3、1、5、4)、盘锦（2、3、1、4、5)、铁岭（3、1、5、4、2)、朝阳（1、3、4、5、2）和葫芦岛（1)。在城市驱动力各分解动力因子中，辽宁省各地首位影响因素差异较大，根据影响要素组合中的首位要素类型可将辽宁省各城市划分为投资主导驱动型、现代化主导驱动型、产业主导驱动型和人居环境主导驱动型四大类型。

（1）投资主导驱动型，表明城市主要通过资本投入（或为吸引投资）而对城市旅游竞争产生影响，该类型包括沈阳、大连和鞍山 3 个城市。三市均为旅游业较发达城市，固定资产投资强度大，是拉动包括旅游业在内各产业发展的主要动力。

（2）现代化主导驱动型，表明城市主要通过提高城市化水平（或为提高城市化水平）而对城市旅游竞争产生影响，包括抚顺、本溪、辽阳和盘锦 4 个城市。这几个城市大部地处辽宁中部城市群，与周围地区经济社会活动联系紧密，通过中心城市沈阳的经济辐射和吸引，近些年来该类城市旅游发展速度较快。其作为省内典型的资源型城市，正面临着经济转型的重大挑战，相较于鞍山和大连，还处于以加快城市化进程、进一步完善城市基础设施为动力而积极参与区域城市旅游竞争阶段。

（3）产业主导驱动型，表明城市主要通过调整产业结构（或为调整产业结构）而对城市旅游竞争产生影响，根据首位与第 2 位要素的组合关系又可将该类型进一步划分为产业—投资驱动型和产业—现代化驱动型两类。

①产业—投资驱动型，包括丹东和朝阳两个城市。2015 年丹东市第三产业占比已超过第二产业，以旅游业为主导的服务业对经济增长贡献持续加大，丹沈、丹大高铁的开通为丹东旅游业的发展提供了新的发展机遇。朝阳产业结构调整成效显著，三产占比由 2010 年的 27. 4%提高到 2015 年的 43. 2%，但旅游业占比在 5%左右，还未成为该市的支柱产业，依托底蕴深厚的文化旅游资源，加快建设文化旅游产业集聚区是朝阳提高旅游竞争力的重要支撑。

②产业—现代化驱动型，仅包括营口一个城市。营口三产占比长期偏低，产业结构严重失衡，通过发展旅游业，积极参与城市旅游竞争，发挥旅游业的关联带动作用，是优化营口产业结构、促进经济持续发展的重要途径。

葫芦岛为典型产业主导驱动型。2011 年葫芦岛将加快发展文化旅游作为新型支柱产业的战略部署，旅游业实现了快速发展，对经济发展及产业结构调整的影响作用显著，且已逐渐成长为该市的新型支柱产业。

（4）人居环境主导驱动型，表明城市主要通过改善人居环境（或为改善人居环境）而对城市旅游竞争产生影响。根据首位与第2位要素的组合关系又可将该类型进一步划分为人居环境—投资驱动型和人居环境—产业驱动型两类。

①人居环境—产业驱动型包括锦州和铁岭两个城市。2014年锦州市旅游局升格为旅游委，并成立了由市长任组长的旅游业发展领导小组，相继加入多个旅游联盟组织，旅游产业地位进一步提升，通过加大投资力度、加快项目建设速度，持续推动旅游产业转型升级。铁岭城市旅游竞争力的提升依赖于新城建设及老城区改造，如积极打造凡河城区休闲旅游度假区等。

②人居环境—投资驱动型包括阜新一个城市。2001年国务院将阜新作为资源型城市转型试点城市，但其第三产业发展缓慢，旅游业更未能发挥促进作用。2015年阜新被确定为辽宁省唯一的全国旅游扶贫试验市，通过改善环境，加大投资力度，大力发展旅游业，发挥其带动作用，将带动经济的全面发展。

2. 吉林省城市旅游竞争主导动力类型分析

根据吉林省各地对城市驱动力分解的各指标组合方差分布图（见图6-13），各地影响因素的组合关系分别为长春（5、4、2、1、3）、吉林（4、5、1、2、3）、四平（3、1、5、4、2）、辽源（3）、通化（1、3、4、5、2）、白山（2、1、3、4、5）、松原（1、5、3、4、2）和白城（1、3、2、4、5）。在城市驱动力各分解动力因子中，吉林省各城市首位影响因素差异较大，共有5种主导动力类型。

（1）政绩主导驱动型，表明城市主要通过追求GDP（或为追求GDP）而对城市旅游竞争产生影响，该类型城市仅有长春一个城市。通过与同为副省级城市的大连和沈阳比较可发现（首位影响因素与第2位影响因素顺序相反），长春在与这两个城市的较量中还处于劣势地位，城市旅游竞争的主导动力还停留在追求GDP层面，即强调数量多于质量阶段。

（2）投资主导驱动型，表明城市主要通过投资（或为吸引投资）而对城市旅游竞争产生影响，该类型城市为吉林市。吉林市虽与长春毗邻，易受到长春旅游发展的屏蔽效应影响，但从城市旅游竞争的主导动力类型上来看，仍属于依靠投资来拉动经济发展阶段。

（3）人居环境主导驱动型，表明城市主要通过改善人居环境（或为改善人居环境）而对城市旅游竞争产生影响。根据首位与第2位要素的组合关系又可将该类型进一步划分为人居环境—产业驱动型和人居环境单一驱

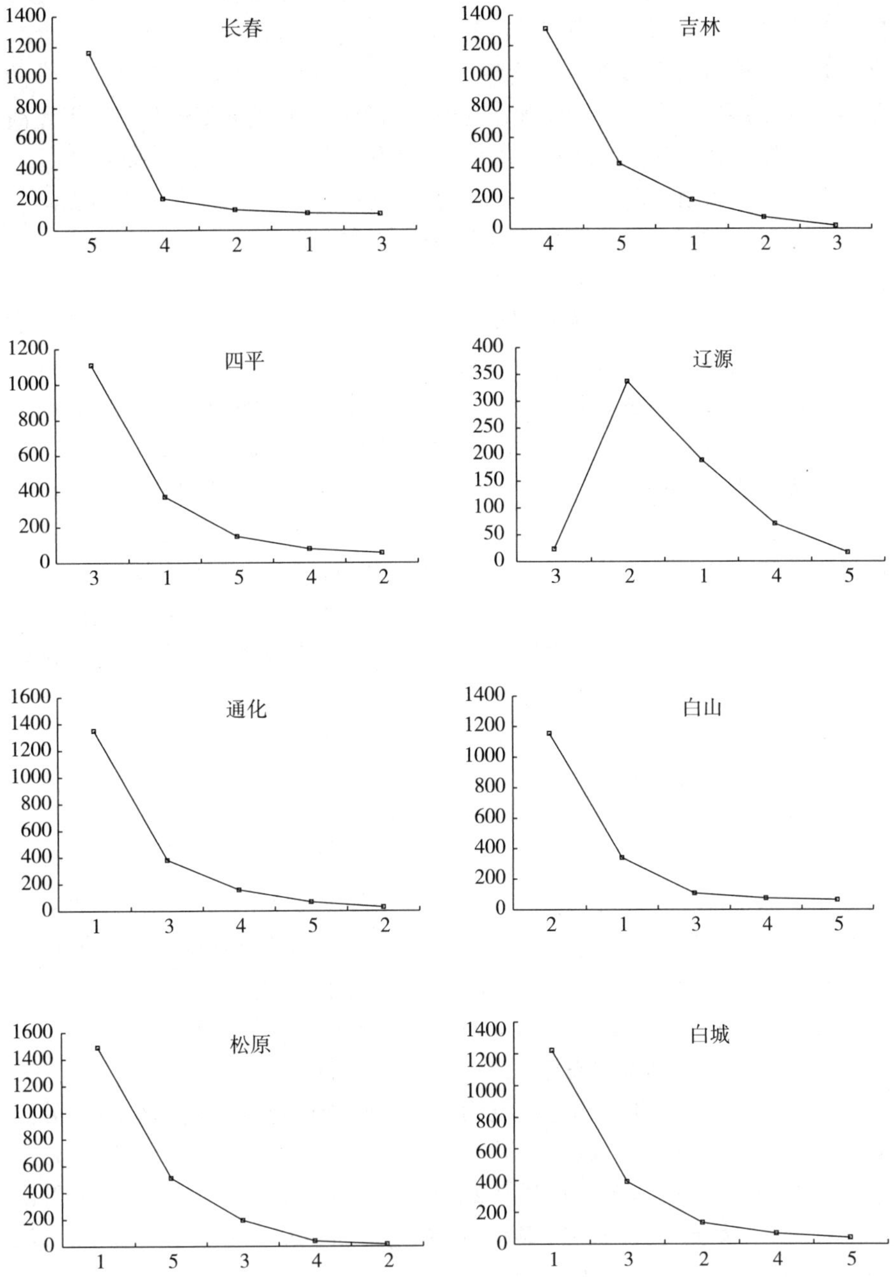


**图 6-13　吉林城市旅游竞争驱动力内部要素组合方差**

动型两类。四平为人居环境—产业驱动型，辽源为人居环境单一驱动型。四平和辽源属于吉林省旅游发展欠发达城市，其中，四平交通区位优越，在立足文化旅游资源基础上，近些年来通过大力开发建设旅游项目，带动了服务业发展；辽源旅游发展存在的最大问题在于基础设施配套工程严重滞后，亟须加大对旅游产业相关设施和交通等配套服务设施的建设和完善。

（4）现代化驱动型，表明城市主要通过提高城市化水平（或为提高城市化水平）而对城市旅游竞争产生影响，该类型仅包含白山一个城市。白山地处环长白山旅游经济圈和长春、沈阳两小时经济圈，是全国首家全幅员森林旅游区、国家可持续发展综合试验区、国家资源型城市经济转型试点市、国家级自然保护区，旅游发展基础条件较好，在全域旅游开发背景下，其城市化水平较高（45.69%），仅次于长春市，城市化水平的提高可为旅游等相关服务业提供大量的劳动力，从而促进旅游业的发展水平。

（5）产业主导驱动型，表明城市主要通过调整产业结构（或为调整产业结构）而对城市旅游竞争产生影响，根据首位与第2位要素的组合关系又可将该类型进一步划分为产业—人居环境驱动型和产业—政绩驱动型两类。

①产业—人居环境驱动型包括通化和白城两个城市。这两个城市通过发展旅游业，在带动相关服务业发展同时，也对产业结构调整产生了显著影响，目前，通化的三产比重为38.29%，仅次于长春、吉林两市。与围绕在长春、吉林两市周边的其他城市类似，通化和白城的旅游业发展也受到来自这两个城市的屏蔽效应，旅游业起点低、发展基础较差，亟须通过改善环境来提高城市魅力，增强旅游竞争力。

②产业—政绩驱动型包括松原一个城市。松原是新兴的资源型城市，为避免走传统资源型城市的道路，提出了发展旅游业作为第三产业的支柱型产业政策。经济转型带来的最大问题在于上级单位下达的经济发展任务完成难度较大，因此，在这一阶段，松原的城市旅游竞争主导动力较依赖于通过调整产业结构，增加旅游业及相关服务业产值等途径。

3. *黑龙江省城市旅游竞争主导动力类型分析*

根据黑龙江省各地对城市驱动力分解的各指标组合方差分布图（见图6-14），各地影响因素的组合关系分别为哈尔滨（4、5、1、2、3）、齐齐哈尔（3、1、5、2、4）、鸡西（2、3、1）、鹤岗（2、3、1）、双鸭山（3、1、2）、大庆（5、2、3、4）、伊春（2、1、3）、佳木斯（1、3、2、5）、七台河（2、1、3）、牡丹江（1、3、4、2、5）、黑河（1、3、2）和绥化（1、3、5、4、2）。在城市驱动力各分解动力因子中，黑龙江省各地首位影响因素差异较大，共有5种主导动力类型。

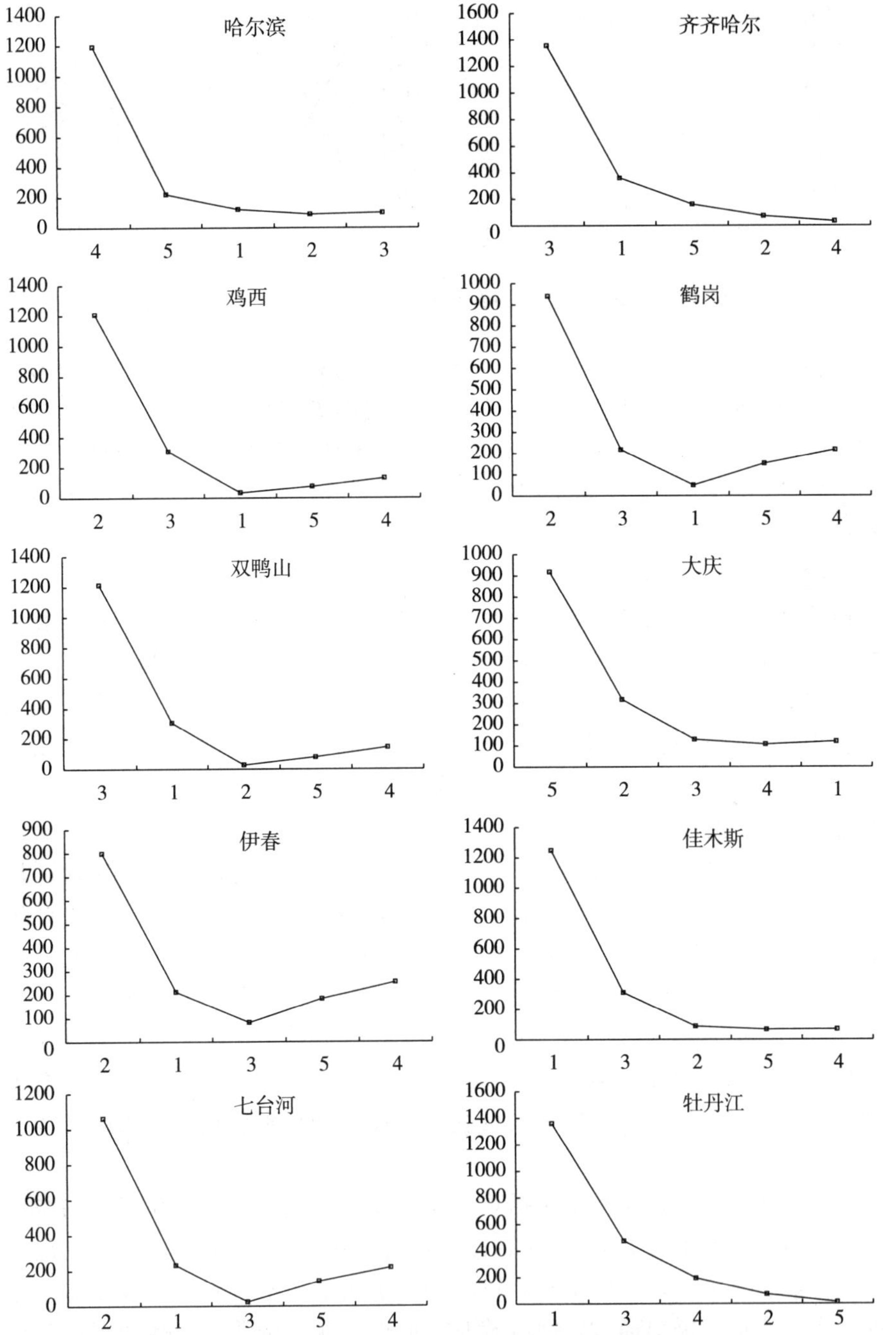


**图 6-14　黑龙江城市旅游竞争驱动力内部要素组合方差**

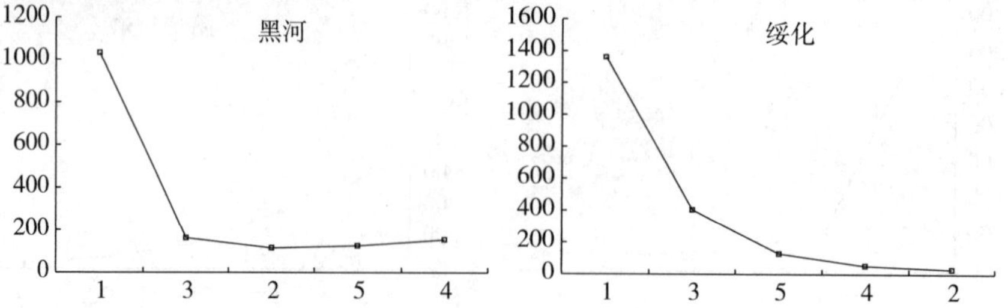


**图 6-14 黑龙江城市旅游竞争驱动力内部要素组合方差（续）**

（1）政绩主导驱动型，表明城市主要通过追求 GDP（或为追求 GDP）而对城市旅游竞争产生影响，该类型城市仅有大庆一个城市。大庆旅游业起步晚，又是一个典型的资源型城市，但短期内依靠旅游业推动城市转型、拉动经济快速发展难度较大，经济增长速度仍然是考核政府的重要指标。

（2）投资主导驱动型，表明城市主要通过投资（或为吸引投资）而对城市旅游竞争产生影响，该类型城市为哈尔滨市。与大连、沈阳和吉林一样，哈尔滨年固定资产投资强度较大，是推动产业发展的重要动力。

（3）人居环境主导驱动型，表明城市主要通过改善人居环境（或为改善人居环境）而对城市旅游竞争产生影响，包括齐齐哈尔和双鸭山两个城市。在“十二五”期间，齐齐哈尔在建、续建和扩建的旅游大项目共 12 个，总投资超 30 亿元，旅游业取得突破性发展，全市共有 4 家和 3 家景区分别晋升为 AAAA 级和 AAA 级景区，是全省晋升 A 级景区最多的城市。双鸭山在“十二五”期间以转型发展作为主线，全力打造北大荒黑土湿地旅游核心区，新建 AAA 级以上景区 15 个，旅游业已经成为第三产业中的支柱产业。

（4）现代化驱动型，表明城市主要通过提高城市化水平（或为提高城市化水平）而对城市旅游竞争产生影响，根据首位与第 2 位要素的组合关系又可将该类型进一步划分为现代化—产业驱动型和现代化—人居环境驱动型两类。

①现代化—产业驱动型包括鸡西和鹤岗两个城市。鸡西和鹤岗的城市化水平较高，具有发展旅游业的良好优势，但这两个城市的三产比重不高。因此，一方面两个城市利用较高的城市化水平发展旅游业等相关服务业，另一方面又需要通过发展旅游业来促进产业结构调整，推动城市转型发展。

②现代化—人居环境驱动型包括伊春和七台河两个城市。这两个城市均是典型的资源型城市，一个是林业资源丰富，另一个是矿产资源丰富，在城市转型发展中，两市均以发展旅游业作为重要落脚点。东北三省各资源型城市在转型发展过程中，经济、社会和生态环境等方面矛盾突出，将丰富的人力资源转化为旅游竞争优势，通过发展旅游来有效推动城市转型发展。

（5）产业主导驱动型，表明城市主要通过调整产业结构（或为调整产业结构）而对城市旅游竞争产生影响，该类型城市包括佳木斯、牡丹江、黑河和绥化。佳木斯是国家"一五"和"二五"时期重点投资建设的老工业基地城市，结构调整和城市转型压力较大；牡丹江的旅游总收入相对较高，但依然面临着产业结构层次不高等问题；黑河是农业大市，经过多年的改革和发展，农业占主导地位在未来一段时期内仍难有转变；绥化同样是农业大市，但农业虽大不强，工业经济总量较小，产业结构层次低。旅游产业的低准入门槛、低资源消耗性及高产业关联性等产业属性，成为上述城市优化产业结构竞相发展的重点产业之一。

### （二）主导动力类型的演变特征

由上文可知，不仅不同城市在同一时期的旅游竞争动力机制存在差异，而且同一城市在不同时期的竞争动力机制也可能不会相同。因此，本书选择旅游业发展基础较好、竞争力较强的大连、沈阳、长春和哈尔滨 4 个典型城市，运用威弗组合系数，分别考察 2000 年、2005 年、2010 年和 2015 年主导动力①的类型及其演变特征。

根据东北三省主要城市旅游竞争驱动力的各指标组合方差分布图显示（见图 6-15），2000 年各地影响因素的组合关系分别为沈阳（1、2、4）、大连（4、1）、长春（1、2、4、3）和哈尔滨（2、1）。表明沈阳和长春的旅游竞争主导动力为企业驱动力，大连的旅游竞争主导动力为环境驱动力，哈尔滨的旅游竞争主导动力为城市驱动力。

---

① 这里仅从宏观角度讨论企业驱动力、城市驱动力、市场驱动力和环境驱动力在不同时期不同城市的主导动力类型分布。基于东北三省城市的经济增长模式大多为投资拉动型，因此仅选择固定资产投资这一个指标来表征城市驱动力。

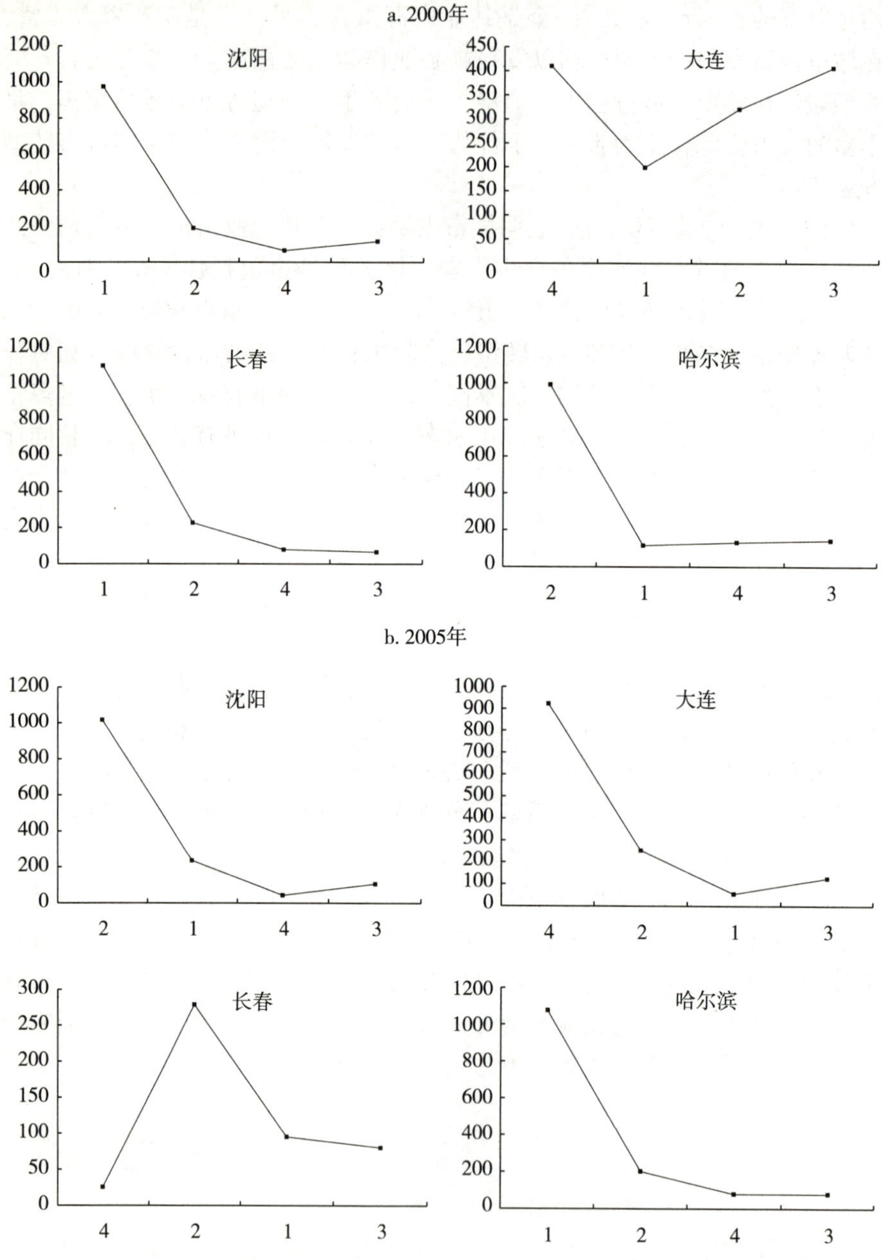


**图 6-15　东北三省主要城市旅游竞争驱动力内部要素组合方差**

c. 2010年

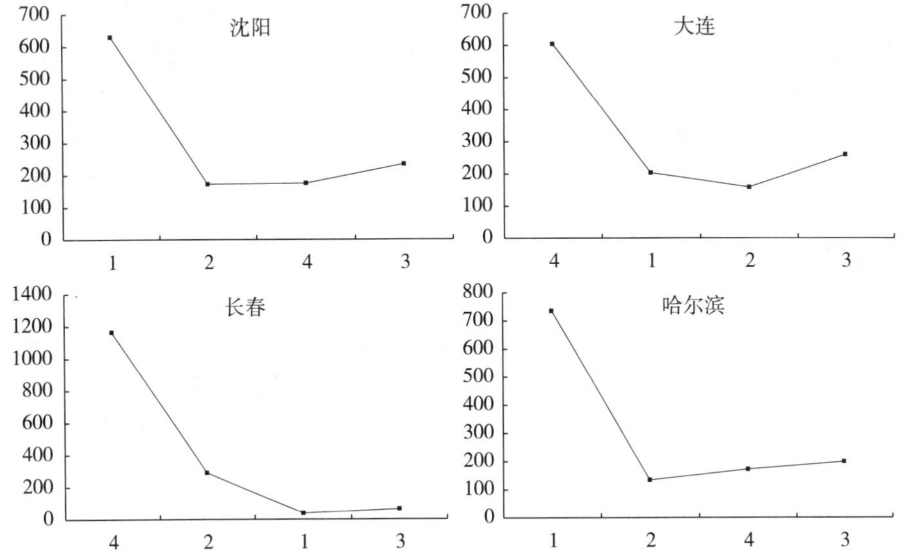


d. 2015年

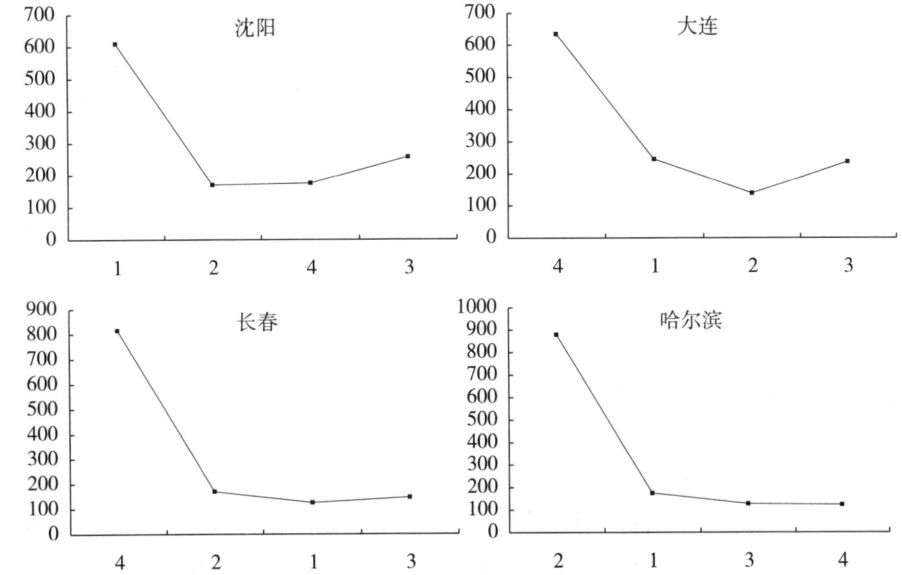


**图 6-15　东北三省主要城市旅游竞争驱动力内部要素组合方差（续）**

2005 年，各地影响因素的组合关系分别为沈阳（2、1、4）、大连（4、2、1）、长春（4）和哈尔滨（1、2、4、3）。各主要城市的主导动力发生明显变化，沈阳的主导动力由 2000 年的市场驱动转变为城市驱动，大连仍然是环境驱动，长春由市场驱动转变为环境驱动，哈尔滨由城市驱动转变为市场驱动。

2010 年，各地影响因素的组合关系分别为沈阳（1、2）、大连（4、1、2）、长春（4、2、1）和哈尔滨（1、2）。沈阳的主导动力再次发生变化，由 2005 年的城市驱动转变为市场驱动，其他三个城市的主导动力类型与 2005 年保持一致。

2015 年，各地影响因素的组合关系分别为沈阳（1、2）、大连（4、1、2）、长春（4、2、1）和哈尔滨（2、1、3、4）。哈尔滨的主导动力类型发生变化，由 2010 年的市场驱动转变为城市驱动，其他三个城市保持不变。

2000~2015 年，沈阳的旅游竞争主导动力类型主要为市场驱动，大连的旅游竞争主导动力类型为环境驱动，长春的旅游竞争主导动力类型为环境驱动，哈尔滨的旅游竞争主导动力类型在市场和政府驱动之间不断转换，表现出主导动力类型的不稳定性。市场驱动力在各个阶段各个城市当中影响力均较弱，表明居民的旅游需求不是影响各城市旅游竞争的主要因素，城市居民的旅游消费已成为经常性消费，目前的旅游产品供给已经无法满足人们丰富多样的出游需求，着力推进结构侧改革，促进了旅游产业结构转型，提高旅游供给体系的质量和效率，将成为未来城市提高旅游竞争力的重要途径。

## 本章小结

在对城市旅游竞争的动力主体理论分析基础上，本章构建了城市旅游竞争的动力机制模型，并提炼归纳影响城市旅游竞争的重要影响因素，在此基础上，通过构建地理加权回归模型，以 2000~2015 年东北三省各地级市为研究对象，揭示各作用力的影响方向和力度。结果表明：各变量对城市旅游竞争的影响受时间和空间位置的不同而存在显著差异；旅游企业经营规模对城市旅游竞争的影响由北向南逐步减小；辽宁各城市受旅游经济贡献度的影响较大；现代化对城市旅游竞争的影响力度由南向北逐渐转移；资本投入对城市旅游竞争的影响存在较大的时空差异，经济越落后地区，资本投入对其城市旅游竞争的影响越大；人居环境对城市旅游竞争的影响由北向南逐步增大；政绩对城市旅游竞争的影响呈现波动变化特征；居民旅游消费能力对城市旅游竞争的影响由南向北逐步增大；经济全球化对欠发达地区影响较大。

采用威弗组合指数，分析影响城市旅游竞争的主导动力组合关系，结果表明：东北三省各城市的旅游竞争主导动力及组合关系差异显著；辽宁省各城市划分为投资主导型、现代化主导型、产业主导型和人居环境主导驱动型四种类型；吉林省各城市首位影响因素差异较大，共有产业主导型、投资主导型、现代化主导型、人居环境主导型和政绩主导型五种类型；黑龙江省各城市主导类型与吉林省主导类型类别和数量一致。选取沈阳、大连、长春和哈尔滨四个城市，识别 2000 年、2005 年、2010 年和 2015 年各年份的旅游竞争主导动力及其类型，研究发现：沈阳的主导动力主要为企业驱动力，大连和长春的主导动力主要为环境驱动力，哈尔滨的主导动力主要为企业和城市驱动力；东北三省各城市居民旅游消费已经成为经常性消费，推进旅游供给侧改革意义重大。

# 第七章 城市旅游竞争的空间效应研究

如前文所述，本书用以揭示城市旅游竞争动态变化过程的思路和技术手段，主要依据的是非均衡化发展理论，即解读城市旅游发展差异是我们探究城市旅游竞争相关问题的基础前提。区域非均衡发展理论的主要代表人物如缪尔达尔曾指出，区域经济增长是非均衡的，某些地区受外部因素的作用，经济增长速度快于其他地区，经济发展就会出现不平衡，这种不平衡发展会引起"累积性因果循环"，使发达地区发展更快，欠发达地区发展更慢，地区经济差距逐渐增大，形成地区性二元结构；经济发展不会同时出现在所有地方，而一旦出现在某处，在巨大的集聚经济效应的作用下，要素将向该地区集聚，使该地区的经济增长加速，最终形成具有较高收入水平的核心区。佩鲁则提出了增长极理论，把经济空间中在一定时期起支配和推动作用的经济部门（产业）称为增长极，当前许多国家从城市与周围地区互相联系的角度出发，把增长极看成是加快区域发展，尤其是加快落后地区经济发展的地域组织模式，而增长极的发展有可能是通过某一个经济中心城市或产业集群发展而获取的。

新古典经济理论和新经济增长理论作为区域经济增长理论的两大基础理论，均是围绕经济增长的决定因素而展开讨论。这些理论均可作为城市旅游竞争的指导思想，可以用来解释城市如何依靠自身的比较优势、竞争优势而获得发展，即强调注重自身的固有属性。然而在新的区域发展背景之下，由区域空间相互作用而产生的空间效应——溢出效应往往被忽略了。溢出效应是促进区域协调发展、缩小区域差异的主要动力，是空间相互作用关系最重要的现象（滕丽等，2010）。一方面，空间相互作用能够加强区域间联系，拓展发展空间；另一方面，空间相互作用使得区域间因对各种资源要素的争夺而产生竞争。城市在旅游竞争中不再是孤立的，不仅依靠自身所拥有的资源以增强竞争实力，而且还会受到周边城市发展带来的空间溢出效应影响，这种空间效应有其两面性，可能会促进城市的旅游发展，也可能会起到抑制作用。如何识别城市旅游竞争间的溢出效应，是城市能够依据自身与周边城市的相互作用关系来制定与调整旅游发展战略的重要前提。

## 第一节　研究方法

### 一、马尔可夫链

对事件的全面预测不仅要能够指出事件发生的各种可能结果，而且还必须给出每一种结果出现的概率，说明被预测的事件在预测期内出现每一种结果的可能性程度。这就是对于事件发生的概率预测。马尔可夫（Markov）预测法，就是一种预测事件发生的概率的方法（徐建华，2002）。它是基于马尔可夫链，根据事件的目前状况预测其将来各个时刻（或时期）变动状况的一种预测方法。应用马尔可夫链（Markov Chain）将连续的城市旅游发展数据离散化为 $k$ 种类型，并计算相应类型概率分布及其年际变化，近似逼近区域演变的整个过程。方法涉及相关的概念有：

（1）状态。在马尔可夫链中，状态是一个重要术语。所谓状态，就是指某一事件在某个时刻（或时期）出现的某种结果。一般而言，随着研究的事件及其预测目标不同，状态可以有不同的划分方式，如在农业收成预测中，有“丰收”“平收”“歉收”等状态，描述经济发展水平的状态有“落后”“较发达”“发达”等。

（2）状态转移过程。事件的发展，从一种状态转变为另一种状态，称为状态转移，如某地区经济发展水平从某个时期的“较发达”转变为“发达”等就是状态转移过程。

（3）马尔可夫过程。在事件的发展过程中，若每次状态的转移都只仅与前一时刻的状态有关，而与过去的状态无关，或者说状态转移过程是无后效性的，则这样的状态转移过程就称为马尔可夫过程。许多地理事件发展过程的状态转移是具有无后效性的，对于这样一些事件发展过程，就可以用马尔可夫过程来描述。

（4）状态转移概率。在事件的发展变化过程中，从某一种状态出发，下一时刻转移到其他状态的可能性，称为状态转移概率。根据条件概率的定义，由状态 Ei 转为状态 Ej 的状态转移概率 $P$（$E_j \to E_i$）就是条件概率 $P$（$E_j/E_i$），即

$$P(E_j \to E_i) = P(E_j/E_i) = P_{ij} \tag{7-1}$$

（5）状态转移概率矩阵。假定某一个事件的发展过程有 $n$ 个可能的状态，$E_i$，$E_i$，…，$E_i$。记 $P_{ij}$ 为从状态 $E_i$ 转变为 $E_i$ 的状态转移概率，则矩阵

$$P = \begin{bmatrix} P_{11} & P_{12} & \cdots & P_{1n} \\ P_{21} & P_{22} & \cdots & P_{2n} \\ \vdots & \vdots & & \vdots \\ P_{n1} & P_{n2} & \cdots & P_{nn} \end{bmatrix} \tag{7-2}$$

若用这个 $n \times n$ 的马尔可夫状态转移概率矩阵 $P$ 来表示不同年份的城市旅游发展指标的状态转移概率，当 $n=4$ 时，表达形式如表 7-1 所示：

**表 7-1　Markov 转移概率矩阵（$n=4$）**

| $t_i/t_i+1$ | 状态 1 | 状态 2 | 状态 3 | 状态 4 |
|---|---|---|---|---|
| 状态 1 | $P_{11}$ | $P_{12}$ | $P_{13}$ | $P_{14}$ |
| 状态 2 | $P_{21}$ | $P_{22}$ | $P_{23}$ | $P_{24}$ |
| 状态 3 | $P_{31}$ | $P_{32}$ | $P_{33}$ | $P_{34}$ |
| 状态 4 | $P_{41}$ | $P_{42}$ | $P_{43}$ | $P_{44}$ |

可用式（7-3）来估计 $P_{ij}$：

$$P_{ij} = \frac{n_{ij}}{n_i} \tag{7-3}$$

其中，$n_{ij}$ 表示在研究期间内，由 $t$ 年份到 $t$+1 年份，归属于类型 $i$ 的区域转移为类型 $j$ 的区域数量之和，$n_i$ 是所有年份中属于类型 $i$ 的区域数量之和。可定义区域三个行为：如果某城市的旅游发展相关指标在 $t$ 年份的类型与 $t$+1 年保持不变，则认为该城市类型转移为平稳；如果类型出现变动，提高意味着城市向上转移；下降意味着向下转移。

利用马尔可夫链可以用来模拟区域发展异同的演变过程，可以较好的从时间序列角度估算两个时期不同状态的转移概率来进行模拟分析。但从区域相互作用关系角度来看，这种方法割裂了地域间的空间相互作用，

不能估算分析不同地理背景条件下的空间单元转移之间的空间溢出效应，因此本章引入将时空特征分析结合在一起的空间马尔可夫链方法，通过构建东北三省地级市旅游发展业绩类型的空间马尔可夫转移概率矩阵，探讨演变过程与区域地理背景之间的相互作用关系及产生的空间溢出效应。

## 二、空间马尔可夫链

空间马尔可夫链（Spatial Markov Chain）方法是建立在空间自相关分析基础之上的。我们可把区域内某一城市周边所有城市视为该城市的邻居，它们之间的空间关系可通过构建空间权重矩阵 W 来表示，引入空间滞后算子（Spatial Lag Operator）来将一个时间序列的前一期值转化为当期值，进而可进一步确定邻居城市的状态，即用邻居观测值与空间权重矩阵的乘积来表示，某个城市的初始状态/类型可用该城市的邻居观测值的加权平均值来替代。若某城市的空间滞后类型也为 $n$ 种，则传统的 $n \times n$ 马尔可夫状态转移概率矩阵可分解为 $n$ 个 $n \times n$ 状态转移概率矩阵（见表 7-2）。其中，第 $n$ 个条件概率矩阵具体表现为区域以空间滞后类型 $n$ 为条件，即以空间滞后算子替代区域当前值，该年份下属于类型 $i$ 在下一年份转移为类型 $j$ 的状态转移概率（$P_{ij/n}$）。

**表 7-2　空间马尔可夫状态转移概率矩阵（$n=4$）**

| *Spatial Lag* | $t_i/t_i+1$ | 状态 1 | 状态 2 | 状态 3 | 状态 4 |
|---|---|---|---|---|---|
| 状态 1 | 状态 1 | $P_{11/1}$ | $P_{12/4}$ | $P_{13/1}$ | $P_{14/1}$ |
| | 状态 2 | $P_{21/1}$ | $P_{22/4}$ | $P_{23/1}$ | $P_{24/1}$ |
| | 状态 3 | $P_{31/1}$ | $P_{32/4}$ | $P_{33/1}$ | $P_{34/1}$ |
| | 状态 4 | $P_{41/1}$ | $P_{42/4}$ | $P_{43/1}$ | $P_{44/1}$ |
| ⋮ | … | … | … | … | … |
| 状态 4 | 状态 1 | $P_{11/4}$ | $P_{12/4}$ | $P_{13/4}$ | $P_{14/4}$ |
| | 状态 2 | $P_{21/4}$ | $P_{22/4}$ | $P_{23/4}$ | $P_{24/4}$ |
| | 状态 3 | $P_{31/4}$ | $P_{32/4}$ | $P_{33/4}$ | $P_{34/4}$ |
| | 状态 4 | $P_{41/4}$ | $P_{42/4}$ | $P_{43/4}$ | $P_{44/4}$ |

## 第二节 研究思路与数据选择

由前述可知，传统马尔可夫链和空间马尔可夫链研究中涉及一个重要概念——状态，如何界定状态，是研究首要解决的问题。类似于研究区域经济发展水平，可将区域旅游经济发展水平按照某种原则划分为低、中、高等若干类型，城市在旅游竞争中的类型也可如此划分。常见的经济发展类型划分如以某个值为标准，在此基础上，通常以 50%、75%、100%、125%等为分界点，进行具体类型划分。但选择哪个分界点、几个分界点需要谨慎考虑。本书参照蒲英霞等（2005）研究成果，认为当分界点增多时，区域及邻居类型数量增多的同时导致某一邻居状态下的区域数量相对减少，一般在省际县域空间尺度上，将区域类型划分为四类比较合适，当研究范围扩大或空间尺度变小时则可适当增加类型种类。

采用前文构建的城市旅游业绩指标（2000~2015 年）来分析探讨演变过程与区域地理背景之间的相互作用关系及产生的空间溢出效应。本书实证研究样本来源于东北三省 34 个地级城市，从样本数量上来说并不多，鉴于类型状态的相对性特征，本章采用自然断裂法（Natural Break）作为分级标准，将 34 个地级市各年旅游业绩水平划分为较低、中等和较高三个类型（分别以 1、2 和 3 来指代）。

采用上述构建的空间马尔可夫状态转移矩阵，分析在不同区域背景条件下某城市的旅游业绩水平平稳（业绩水平没有改变）、上移（业绩水平提高）或下移（业绩水平下降）的可能性。

首先，通过比较传统与空间马尔可夫状态转移概率矩阵中对应元素的大小，可判断城市旅游业绩水平平稳、上移和下移的概率大小及与周围邻居城市的关系，若 $P_{12}>P_{12/1}$，表示一个较低水平城市在不考虑邻居城市影响时由较低水平向上转移到中等水平的概率，大于它以较低水平城市为邻居时向上转移到中等水平的概率；若 $P_{12}<P_{12/3}$，则表示一个较低水平城市在不考虑邻居城市影响时由较低水平向上转移到中等水平的概率，小于它以较高水平城市为邻时向上转移到中等水平的概率；若 $P_{ij/n}=P_{ij}$，则表示区域背景对区域转移不重要。

其次，单独分析空间马尔可夫矩阵可判断在不同区域背景条件下，某城市的旅游业绩平稳、上移或下移的可能性，如要考察较低水平邻居城市对区域城市的转移产生的影响，可通过观察表 7-2 中空间滞后类型为状态 1 的条件矩阵来判断。

# 第三节　结果与分析

城市旅游竞争的空间溢出效应具有两面性，即正溢出和负溢出。空间溢出效应的影响效果导致发生空间溢出的城市之间必然存在差异，且差异越大，溢出效应越显著。前文已就东北三省 34 个地级市旅游竞争过程中数量、质量和结构以及综合旅游业绩的地区发展差异进行论述，可为进一步分析城市旅游竞争空间效应提供数量分析依据和理论支撑。

结合我国在 2000 年（加入 WTO）前后宏观背景变化，特别是近些年来全球化在各个领域的全面加速情况，以及从本章案例实证背景前后统一（研究时间为 2000~2015 年）的角度出发，将东北三省城市旅游竞争过程划分为两个阶段：2000~2010 年和 2010~2015 年。分别计算这两个时期东北三省地级市旅游业绩类型的传统马尔可夫和空间马尔可夫状态转移概率矩阵，并制作成专题图。

## 一、时间变化特征

如表 7-3 所示，矩阵对角线上的数值表示城市为平稳类型的概率，在对角线上/下的数值表示城市由当前状态向上转移/向下转移的概率。在两个研究时期之内，由表 7-3 可知：

**表 7-3　2000~2015 年城市旅游业绩类型的 Markov 矩阵（$n=3$）**

| $t_i/t_i+1$ | 2000~2010 年 | | | 2010~2015 年 | | |
|---|---|---|---|---|---|---|
| | 较低 | 中等 | 较高 | 较低 | 中等 | 较高 |
| 较低 | **0.750** | 0.167 | 0.083 | **0.769** | 0.231 | 0.000 |
| 中等 | 0.267 | **0.400** | 0.333 | 0.200 | **0.500** | 0.300 |
| 较高 | 0.000 | 0.286 | **0.714** | 0.000 | 0.364 | **0.636** |

第一，两个时期概率矩阵对角线上的概率值要远大于非对角线数值，即在研究期间内城市类型通常较难发生转变，如 2000~2010 年矩阵中，城市旅游业绩在初始年份由较低水平、中等水平和较高水平在研究期末仍为原状态的概率最小为 40%，最高达 75%。

第二，不同类型之间发生转移的概率较小。非对角线上的数值均较小，说明不同状态类型之间发生转移的概率较小，且较低水平跨级转移到较高水平的概率更小，如 2010~2015 年，两两状态之间发生转移的最大概率值仅为 36.4%，由较低水平向较高水平转移和由较高水平向较低水平转移的概率均为 0。

第三，城市旅游竞争呈现出高低两极的马太效应，即高低水平俱乐部的趋同现象。在两个研究期间内，初始年份位于较低旅游业绩水平的城市，在各个研究期末仍保持原类型的概率至少在 75%以上，而向上转移的概率最高仅为 23.1%；初始年份位于较高业绩水平的城市，在各个研究期末仍保持原类型的概率至少在 63%以上，而向下转移的概率最高仅为 36.4%。较低水平向上转移的概率比较高水平向下的概率还要小，说明旅游业绩水平较低的城市易陷入“贫困陷阱”，而旅游业绩水平较高的城市存在区域趋同趋势。

第四，比较两个研究时段，虽然城市旅游竞争仍存在着“富者更富、穷者更穷”的马太效应，但这种效应正逐渐减弱。旅游业绩水平较低的城市向上转移的概率提高了将近 10 个百分点，与此同时，旅游业绩水平较高的城市向下转移的概率也提高了近 10 个百分点，这意味着弱者恒弱，强者恒强的旅游竞争格局正在发生改变。中等水平的城市则在两个时期没有发生明显变化。

## 二、空间分布特征

中华人民共和国成立以来，我国区域经济发展战略大体经历了三个阶段：以地区间平均分布生产力的均衡发展战略；以先进带动后进，缩小区域差距的梯度发展战略；目前我国实践中采取的非均衡区域突进策略（陈文晖等，2010）。由于自然环境和地理区位条件等差异，加之上述战略的实施，导致我国区域经济发展极不平衡，区域差异显著，东北地区内部亦是如此。在城市旅游竞争地区差异方面，东北三省存在明显的区域差异，由南向北，辽宁、吉林和黑龙江三省呈现出梯度指向性明确的城市旅游竞争格局。图 7-1 反映了在 2000~2010 年和 2010~2015 年两个时期，东北三省城市旅游业绩类型转移在空间上的分布格局，表现出的空间分布特征包括：

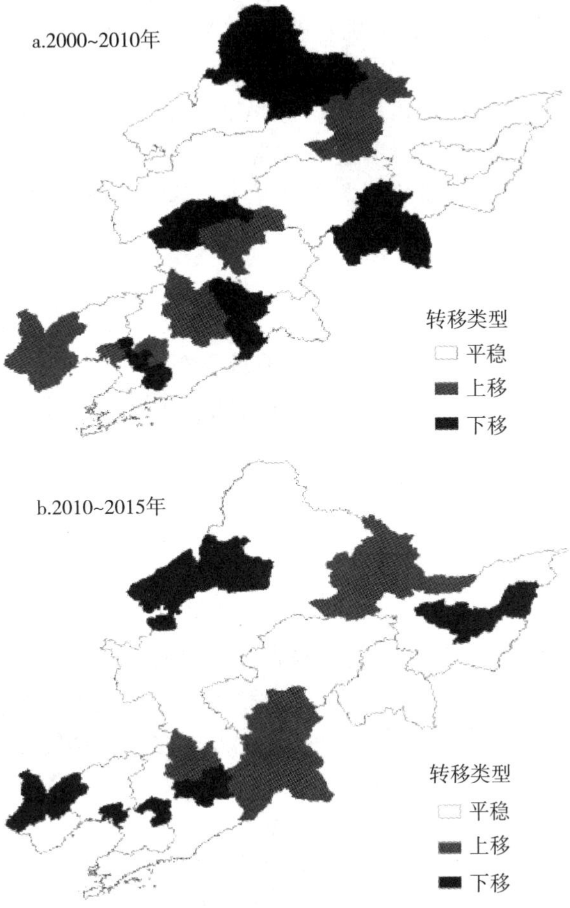


**图 7-1　2000~2015 年东北三省城市旅游业绩类型转移的空间分布格局**

第一，2000~2010 年，东北三省共有 8 个城市的旅游业绩类型发生向上转移，其中大部分城市位于辽宁省，包括辽阳、盘锦、朝阳、铁岭、抚顺和葫芦岛 6 个城市，吉林和黑龙江各分布有一个城市，分别是长春和伊春市；同期出现下移的城市有鞍山、通化、辽源、松原、牡丹江和黑河 6 个城市，同样散落分布在三个省份之中，但显然吉林向下移动的城市数量最多，说明辽宁和吉林在此期间存在着显著的“俱乐部趋同”现象，而黑龙江的这一现象并不显著，原因主要在于受其经济区位的影响。

第二，2010~2015年，向上转移的城市缩减为5个，在各省份的分布情况为辽宁省的铁岭、吉林省的白山和通化、黑龙江省的伊春和鹤岗，向上转移城市数量上呈现出逐渐由北向南增多的趋势；与此同时，向下转移的城市也发生了明显变化，分别是朝阳、盘锦、辽阳、抚顺、齐齐哈尔和双鸭山6个城市，虽然数量上与上一个时间段相同，但空间分布存在显著差异，原分布向下转移城市数量较多的吉林省，已转变为辽宁省，吉林向下转移城市数量最少，说明辽宁和吉林在此期间区域差异正逐渐缩小，上个时期出现的“俱乐部趋同”现象有所减弱。黑龙江省仍没有明显变化，从两个时间段的研究结果来看，其表现可能受空间单元相互关系的影响。

“邻近”现象存在于时空、尺度及其转换及地域等级系统中（孙俊等，2012）。正如Tobler在1969年提出的地理学第一定律（Tobler's First Law of Geography）中对空间相关性的重新发现：任何事物都与其他事物相联系，但邻近的事物比较远事物联系更为紧密。东北三省各城市的旅游业绩水平在空间上是相互关联的，并且这种联系发生的空间溢出效应影响着空间竞争格局。图7-1和图7-2分别是东北三省城市旅游业绩类型转移未考虑和考虑邻居呈现出的空间分布格局，从中可以发现：

第一，2000~2010年，城市自身和周围邻居城市旅游业绩类型同时向下转移的城市分布在吉林和黑龙江两省，同时向上转移的城市分别在吉林和黑龙江两省各有一个分布，城市自身和周围邻居城市旅游业绩类型单方向上转移的城市大部分分布在辽宁省，单方面向下转移的城市在三个省份均有分布，辽宁、吉林、黑龙江三省分别为4、2和3个城市。

第二，2010~2015年，城市自身和周围邻居城市同时发生向下转移的城市全部位于辽宁省，同时向上转移的城市均匀分布在三个省份，三个省份各包含一个城市，单方面发生上移的城市主要分布在吉林和黑龙江两省，单方面发生下移的城市在三个省份均有分布，其中分布在辽宁的城市最多（5个）。

以上结果表明在不同时期城市旅游业绩提升的相对速度是不同的，因城市旅游竞争的特殊性质，导致城市旅游业绩水平将受到邻居城市及区域宏观背景的较大影响。因此，城市旅游竞争空间效应分析应着重考虑区域的地理空间特征。

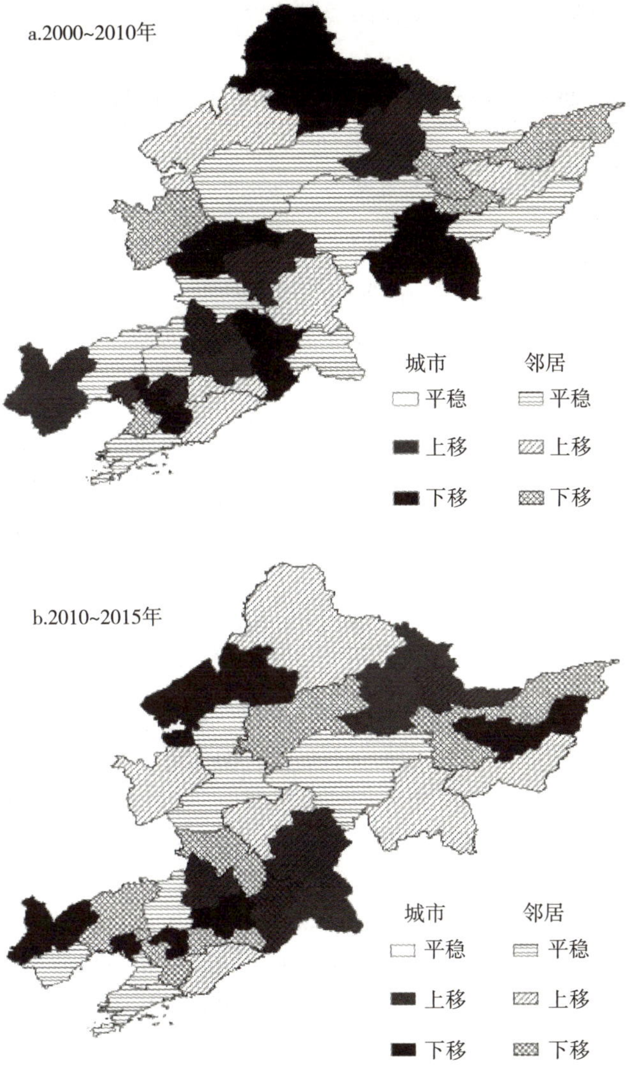


**图 7-2　2000~2015 年东北三省城市旅游业绩类型转移及邻居转移的空间分布格局**

## 三、空间溢出效应

上述结果表明东北三省城市旅游业绩类型转移在时间上存在显著差异。由前文可知，空间马尔可夫状态转移概率矩阵可用来分析不同地理背景条件下空间单元之间的溢出效应，因此，分别构建 2000~2010 年和

2010~2015 年的空间马尔可夫矩阵（见表 7-4）。

**表 7-4　2000~2015 年城市旅游业绩类型的空间 Markov 矩阵（$n=3$）**

| *Spatial Lag* | $t_i/t_i+1$ | 2000~2010 年 | | | 2010~2015 年 | | |
|---|---|---|---|---|---|---|---|
| | | 较低 | 中等 | 较高 | 较低 | 中等 | 较高 |
| 较低 | 较低 | **0.250** | 0.250 | 0.500 | **1.000** | 0.000 | 0.000 |
| | 中等 | 0.750 | **0.000** | 0.250 | 1.000 | **0.000** | 0.000 |
| | 较高 | 0.000 | 0.500 | **0.500** | 0.250 | 0.250 | **0.500** |
| 中等 | 较低 | **0.800** | 0.200 | 0.000 | **0.400** | 0.400 | 0.200 |
| | 中等 | 0.000 | **0.667** | 0.333 | 0.625 | **0.125** | 0.250 |
| | 较高 | 0.143 | 0.286 | **0.571** | 0.000 | 0.667 | **0.333** |
| 较高 | 较低 | **0.600** | 0.400 | 0.000 | **1.000** | 0.000 | 0.000 |
| | 中等 | 0.000 | **0.500** | 0.500 | 0.333 | **0.500** | 0.167 |
| | 较高 | 0.500 | 0.500 | **0.000** | 0.500 | 0.500 | **0.000** |

如前所述，若表 7-3 和表 7-4 中相对应的概率值分别相等，则表示区域背景在城市旅游业绩类型转移中不重要，但实际上两张表格中效率值存在显著差异。区域背景在东北三省城市旅游竞争中发挥着重要作用。在不同邻居城市背景下，城市旅游业绩类型的转移概率各不相同。

通常来说，在区域经济增长方面，如果一个区域的邻居为较富裕地区，则其由较低水平向上转移的概率将增加，向下转移的概率将减小；反之，若以相对落后的地区为邻，则其向上转移的概率将减小，向下转移的概率将增加。已有学者就区域发展趋同和空间溢出效应进行相关研究（王少剑等，2015），得出与上述表述相似的结果。但通过前文对城市旅游竞争的概念界定和理论分析，结合表 7-3 和表 7-4 的对比分析可知，东北三省城市旅游竞争的空间效应确实存在，但并未表现出显著的空间趋同现象，具体内容及存在差异包括以下两个方面：

一是在 2000~2010 年，一个旅游业绩水平为较低的城市向上转移的概率平均为 16.7%，当分别引入“中等”和“较高”两个空间滞后条件之后，该概率增加至 20%和 40%，这显然符合“以富为邻，亦易富”这一经济发展现象；但若与落后地区比邻，在引入“较低”空间滞后条件之后，概率并未出现降低，反而出现小幅提高，达到了 25%，以较低水平为邻时城市向上转移的概率未降反升，即“以贫为邻，未必贫”。

二是在 2010～2015 年，上述情况发生变化。一个旅游业绩水平为较低的城市向上转移的概率平均为 23.1%，若与中等水平城市为邻，这一概率值上升为 25%，但若与较低和较高水平城市为邻，概率值均降为 0，这一变动结果值得深入思考。

类似于从资源优劣势角度提出的“旅游资源非优区”的概念，在城市旅游竞争过程中，因各自资源条件、社会经济环境等因素影响，势必存在着竞争优势较强的地区及相对优势较弱的地区，暂且可称这两类城市为“旅游优势区”和“旅游非优区”，优势和非优不仅针对的是旅游资源方面，还受到区位条件、经济基础、社会环境和文化氛围等多方面的影响。从区域均衡发展和加强区域交流合作的角度出发，引入旅游优势区和旅游非优区的重点在于研究一个竞争优势较强的城市如何带动周边较弱的城市，处于较强竞争优势城市之下的弱势城市所受到的负面影响，以及如何摆脱这种负面影响，即如何应对城市旅游竞争中产生的空间负溢出效应。利用旅游优势区和非优区的概念和思路可解释 2000～2015 年东北三省城市旅游业绩类型转移出现的“以贫为邻，未必贫”和“以富为邻，未必富”现象。

“以贫为邻，未必贫”。我们注意到，2000～2010 年，在考虑了“较低”这一空间滞后条件后，较低水平跨级转移到较高水平的概率增大，达到了 50%。旅游业与其他产业的最大区别之处在于易出现爆发式、跨越式发展，这种现象可能与政策导向、需求导向和经济环境等因素有关，当条件充分满足后，发展的动力将会抵消掉来自周边地区产生的负溢出空间效应，而越是在初始时期沦为旅游非优区的城市，其实现爆发式、跨越式发展的概率不会因与同为非优区的城市为邻而降低。例如，2000～2010 年，黑龙江省伊春市旅游业实现了跨越式发展，“十一五”期间共实现旅游总收入 80.7 亿元，分别是“十五”期间的 5.075 倍，2010 年旅游总收入占 GDP 比重为 12.43%，远高于全省的平均水平。伊春旅游业跨越式发展得益于其拥有丰富的林业生态资源、便利的交通条件、日益增长的旅游消费需求和最为关键的经济转型发展的需要，2005 年、2008 年先后被确定为林业资源型城市经济转型试点单位和国家首批资源枯竭城市之一，伊春将旅游业作为重要的替代产业，集全市之力发展旅游业，终实现旅游业的跨越式发展。

“以富为邻，未必富”。通过观察两个时间段的空间马尔可夫矩阵发现，东北三省城市旅游业绩类型转移的“俱乐部趋同”现象并不明显，与较高水平地区相邻，并没有有效地提高该区域向上转移的可能性，如表 7-4 所示，2010~2015 年，以“较高”作为滞后条件下的较低类型向上转移到中等和较高类型的可能性为 0。正如屏蔽现象广泛地存在于自然界和人文社会之中一样，基于旅游地之间的空间竞争关系产生的旅游屏蔽现象亦广泛存在于区域旅游发展之中，并时刻重塑着区域旅游空间竞争格局。张志宏（2010）曾将朝阳市划为辽宁省的旅游非优区，该市在 2000~2010 年同样也实现了旅游业的跨越式发展，但在 2010~2015 年，跨越式增长的动力逐渐衰竭，周边沈阳和大连对其产生的屏蔽效应越发显著，导致其在第二阶段仍相对保持在较低类型。

## 四、远期概率预测

经过无穷多次状态转移后所得到的状态概率，称为平衡状态概率。记平衡状态概率向量为 $\pi=[\pi_1, \pi_2, \cdots, \pi_n]$，有

$$\pi=\pi P \tag{7-4}$$

且满足

$$0\leqslant\pi_i\leqslant1$$

$$\sum_{i=1}^{n}\pi_i=1 \tag{7-5}$$

根据表 7-3 和表 7-4 中第二阶段的概率矩阵，经过 $n$（$n\to\infty$）次转移后，可预测得到东北三省城市旅游业绩演变的长期发展趋势。表 7-5 是东北三省城市旅游业绩类型转移概率矩阵及其在各种空间滞后条件下的平衡分布。由表 7-5 可知，在不考虑空间滞后条件的情况下，按照 2010~2015 年的发展趋势，东北三省城市旅游业绩类型将随着时间的推移在三个等级上的分布概率分别为 32.2%、37.2%和 30.6%，这表明远期预测结果与研究期间得出的结论大体一致。按研究时段内发展趋势，东北三省城市旅游业绩类型的趋同现象不显著，维持在中等水平的概率仅比其他两个状态高几个百分点，表明若无外部力量干预，远期状态转移概率呈正态分布。

**表 7-5 东北三省城市旅游业绩类型转移的远期预测**

| *Spatial Lag* | 较低（%） | 中等（%） | 较高（%） |
|---|---|---|---|
| 无 | 32.2 | 37.2 | 30.6 |
| 较低 | 100 | 0 | 0 |

续表

| *Spatial Lag* | 较低（%） | 中等（%） | 较高（%） |
|---|---|---|---|
| 中等 | 38.1 | 36.6 | 25.3 |
| 较高 | 1 | 0 | 0 |

将各类空间滞后条件引入后，观察表 7-5 可知，在不同的空间滞后类型影响下，城市旅游业绩类型的远期转移概率明显不同。以较低和较高水平为空间滞后条件，按研究时段内发展趋势，所有类型的城市都将最终稳定在较低水平；而以中等水平为空间滞后条件，所有类型城市稳定在较低水平的概率最大，为 38.1%，中等和较高水平分别为 36.6%和 25.3%。比较有无空间滞后条件的远期预测概率表明：东北三省城市旅游业绩水平的远期发展趋势受区域背景的影响十分明显，在分别与较低和较高水平城市为邻时，城市旅游业绩水平都将稳定在较低水平，而与中等水平城市为邻时，不同类型的城市稳定在较低水平上的概率较高，依次为中等和较高水平。每个最初处于较低水平的城市，或迟或早在经历了爆发式、跨越式旅游发展之后，若与较低水平的城市为邻，受到的溢出效应是负向的（差距相当，整体缺乏竞争优势，区域交流合作较难），若与较高水平的城市为邻，受到的溢出效应也是负向的（差距过大，旅游屏蔽效应显现，区域交流合作较难），只有与中等水平城市为邻，才有可能从对抗性旅游竞争走上合作性竞争之路。

## 本章小结

本章利用前文构建的 2000~2015 年东北三省城市旅游业绩指标，基于传统和空间马尔可夫链方法，分别构建城市旅游业绩的非空间和空间马尔可夫转移概率矩阵，对 2000~2015 年东北三省城市旅游竞争的空间效应进行了时空动态分析。首先，按照自然断裂法标准将所有城市旅游业绩水平离散为较低、中等和较高三种类型，并构建其马尔可夫转移概率矩阵，考察东北三省地级城市尺度上的旅游业绩水平是否存在趋同现象；其次，以每个城市在初始年份的空间滞后类型为条件，构建其空间马尔可夫转移概率矩阵，分析在不同地理背景条件影响下东北三省城市旅游业绩的时空演变特征；最后，以 2010~2015 年的非空间和空间马尔可夫概率转移矩阵为初始概率，对东北三省城市旅游业绩远期发展趋势进行预测。结果表明：①2000~2010 年存在“富者更富，穷者更穷”的马太效应，但随着时间的推进，这种效应正逐渐减弱。②空间马尔可夫链研究表明，东北三省城市旅游竞争的空间溢出效应确实存在，但并未表现出显著的空间趋同现象，具体表现形式可总结为“与富为邻，未必富”和“与贫为邻，未必贫”。③在不同区域背景下，东北三省城市旅游业绩水平的远期发展趋势各有不同，只有在中等水平背景下，城市旅游竞争才有可能从对抗性竞争走向合作性竞争。

# 第八章 城市旅游竞争的策略研究

前文已对城市旅游竞争的过程、动力机制及空间效应进行了具体研究，但如何在激烈的城市旅游竞争中使资源能够达到合理配置，保障城市旅游可持续发展，即区域各城市应该采取何种旅游竞争策略，来使自身能够在竞争中保持竞争优势，获取最大利益，是目前许多学者及政府管理者关注的热点问题。区域内各城市在旅游竞争过程中，逐渐会形成内部功能和结构上的趋同和差异性，都会影响各自竞争的空间态势，对各种资源或影响旅游竞争力的因子利用程度成为支撑城市采取何种旅游竞争策略的重要依据。

近年来，生态位理论被引入人文社会科学研究领域，用来研究“种群”间的竞争态势。最早提出将生态位理论应用于旅游研究中的是黄芳（黄芳，2001）。随后学者们开始从不同方面对旅游生态位相关概念及实践意义等理论进行了探讨（张序强等，2003；祁新华等，2005；李向明，2007；李丰生等，2008）。本章将引入生态位理论，定量描述各城市之间旅游竞争的相互关系，对解释城市旅游竞争的功能分异及各城市间的旅游竞争关系具有重要的参考价值。

## 第一节　城市旅游竞争生态位

生态位是现代生态学中一个既抽象又很重要的概念，最早是 Johson 在 1910 年使用了生态位一词，随着跨学科交叉研究的深入，生态位理论被引入到多个研究领域，众多学者根据相关领域的特性，纷纷给出了不同的生态位概念。其中，空间生态位、功能生态位和多维超体积生态位（Grinnell J.，1916）是最具代表性的对生态位的定义。从系统论角度来说，城市旅游竞争可看作特定区域内的一个复杂竞争系统，区域内各城市以客源市场为争夺对象，构成了一种相互依赖和制约的生态关系。借鉴其他相关领域对生态位概念的界定，本书将东北三省整体视作一个闭合的生态系统，各地级市作为一个种群，则可将城市旅游竞争生态位定义为：各城市在特定时期特定环境下与其他城市在旅游竞争过程中所形成的相对地位与功能作用。了解各城市在系统中的相对地位及功能结构，才能有针对性地提出既能保持旅游竞争优势，又适合自身发展的竞争策略。

鉴于生态位概念的抽象性和模糊性，本章在界定城市旅游竞争生态位概念的基础上，采用生态位宽度（Niche Breadth）和生态位重叠（Niche Overlap）来刻画和描述城市旅游竞争生态位之间的关系。

## 一、城市旅游竞争生态位宽度

生态位宽度又称生态位广度或生态位大小，反映了物种或种群对环境适应的状况或对资源利用的程度（Colwell R. K. et al.，2009）。城市旅游竞争生态位宽度可定义为各城市在旅游竞争过程中对影响城市旅游竞争优势相关资源的利用程度。若某地区城市旅游生态位宽度值越大，表明对影响城市旅游竞争优势的资源因素利用程度越高，反之则越低。鉴于此，本章选用模糊综合评价法计算城市旅游竞争生态位宽度。评价公式：

$$F_i = \sum_{j=1}^{k} a_i r_{ij} \tag{8-1}$$

式（8-1）中，$F_i$为城市 $i$ 旅游竞争生态位宽度；$a_i$为各指标的权重；$r_{ij}$为标准化后的各指标数据。

引入信息熵测度公式（郭东强，2003）计算指标熵值：

$$e_j = -(1 - /\ln m) \sum_{i=1}^{m} P_{ij} \ln P_{ij} \quad (i = 1, 2, \cdots, m; j = 1, 2, \cdots, k) \tag{8-2}$$

式（8-2）中，$P_{ij} = \frac{r_{ij}}{\sum_{i=1}^{m} r_{ij}}$，$r_i$为标准化后的指标值。则：

$$a_i = (1 - e_j) / \sum_{j=1}^{k} (1 - e_j) \tag{8-3}$$

## 二、城市旅游竞争生态位重叠度

许多学者对生态位重叠度下过不同定义，从资源竞争角度来看，生态位重叠体现了物种在对同类资源的利用程度上的竞争态势。与物种生态位一样，城市旅游竞争生态位也存在重叠现象，即在区域城市旅游竞争系统中，当两个以上城市之间出现生态位重叠现象时，意味着竞争出现了。独特的、垄断性的旅游资源及旅游产品毕竟还是少数，在全球化背景下，各城市间的交通距离进一步缩短，基于旅游资源及其他可利用手段的相似性，这种旅游竞争生态位重叠现象越显著，导致区域内城市旅游竞争越激烈。针对各城市为获取旅游竞争优势而对相关资源利用的态势，本章选用非对称 α 模型（黄英姿，1994）来对我国东北三省各地级市的城市旅游竞争生态位重叠度进行计算分析。

$$O_{ij} = \sum_{k=1}^{n} p_{ik}p_{jk} / \sum_{k=1}^{n} p_{ik}^{2} \qquad (8-4)$$

$$O_{ji} = \sum_{k=1}^{n} p_{ik}p_{jk} / \sum_{k=1}^{n} p_{jk}^{2} \qquad (8-5)$$

式（8-4）和式（8-5）中，$O_{ij}$为城市 $i$ 对城市 $j$ 的旅游竞争生态位重叠度；$O_{ji}$为城市 $j$ 对城市 $i$ 的旅游竞争生态位重叠度；$p_{ik}$、$p_{jk}$分别为城市 $i$ 和城市 $j$ 对第 $k$ 个资源位的利用效率；$n$ 为资源位个数。

为进一步解析各城市间旅游竞争生态位重叠压力情况，引入城市旅游竞争生态位净压力指数，计算公式为：

$$P_i = \sum_{j=1}^{n} O_{ij} - \sum_{i=1}^{n} O_{ji} \qquad (8-6)$$

式（8-6）中，$P_i$表示城市 $i$ 所受到的旅游竞争净压力；$\sum_{i=1}^{n} O_{ji}$ 为其他城市对城市 $i$ 的旅游竞争压力之和；$\sum_{j=1}^{n} O_{ij}$ 为城市 $i$ 对其他城市产生的旅游竞争压力之和。

## 三、数据来源

鉴于数据的可获得性，本书选取 2014 年东北三省 34 个地级市为研究对象，相关指标数据来源于《中国城市统计年鉴》（2001~2015 年）、《中国区域经济统计年鉴》（2001~2014 年）、《辽宁统计年鉴》（2001~2015 年）、《吉林统计年鉴》（2001~2015 年）、《黑龙江统计年鉴》（2001~2015 年），以及各城市统计年鉴、国民经济与社会发展统计报告和政府工作报告。

## 第二节　城市旅游竞争生态位指标体系构建

回顾区域旅游竞争优势影响因素方面的研究成果（窦文章等，2000），拟从资源、需求、环境、管理和介入五个维度进行城市旅游竞争生态位的计算与分析。

第一，资源维度。旅游资源是城市旅游发展的基础，资源条件涉及城市旅游资源的数量、质量、类型、结构等方面，因此其是城市旅游竞争的“本钱”和扩大再生产的资源条件。显然，旅游者更容易选择那些资源禀赋度高和影响力大的城市，因此其是影响旅游者产生旅游行为的重要影响因素。本章在该维度下选择 A 级以上景区数量、高等级称号/荣誉（如世界自然与文化遗产、国家历史文化名城、国家重点风景名胜区、国家自然保护区和国家森林公园等称号）和高等级称号/荣誉组合来分别表征一个城市在资源维度方面的数量、质量和结构。其中：

高等级称号/荣誉采用计分法赋值，计分规则为世界级称号/荣誉赋值 10 分，国家级（相当于 AAAAA 级景区）7.5 分，省级（相当于 AAAA 级景区）5 分，其他（对应为 AAA 级景区）为 2.5 分。

高等级称号/荣誉组合也采用计分法赋值，计分规则为上述高等级称号/荣誉中占一项的赋值 2.5 分，两项赋值 5 分，三项赋值 7.5 分，四项以上的赋值 10 分。

高等级称号/荣誉和高等级称号/荣誉组合均为满分 10 分。

第二，需求维度。需求条件主要指旅游者需求偏好、出游能力、旅游规模结构等综合性、多层次因素组成的客源市场条件。旅游消费和旅游价格是影响客源市场竞争的重要因素，其中，价格竞争是最普遍也是竞争最为激烈的领域。鉴于国内旅游统计工作的特殊性及数据可得性，在该维度下，选择旅游总收入、旅游外汇收入、国内旅游人数和入境接待人数作为表征需求维度的具体指标。

第三，环境维度。环境维度包含如一个城市经济、社会、人文、生态环境等方面的条件及发展水平，是宏观角度上承载旅游活动的大背景。通过前述可知，城市的经济、社会、人居环境、现代化等方面对城市旅游竞争具有重要影响，维护和改善区域旅游大环境，是竞争的依托和需求的重要保障。本书选取了人均GDP、星级饭店数量、旅行社数量、旅游业占GDP比重、城市化率、人均绿地面积、绿化覆盖率、每平方千米$SO_2$排放量、污水处理厂集中处理率和年客运总量作为表征环境维度的具体指标。这里考虑将星级饭店和旅行社放在环境维度下的主要原因在于，它们作为旅游基础设施发挥的功用要比作为旅游吸引物大得多，另外有特色、具有较高品位的星级饭店如同高等级、影响力大的旅游资源一样，数量上较为稀少。

第四，管理维度。旅游活动发生在区域旅游系统内部，将受到来自政府相关部门的管理和监控等，具有复杂性特点。目前，我国旅游业发展政府主导模式较为普遍，对市场的干预较多，未能充分发挥市场自我调节作用。当然，在充分给予旅游企业相关自主权的同时，政府管理行为在旅游市场宏观调控方面，如出台和完善相关法律、法规和政策，规范市场秩序，营造良好的市场竞争氛围，仍然发挥着巨大作用。在该维度下，选取第三产业就业人数、每万人拥有高等学校在校人数、人均固定资产投资和人均城市维护建设资金等具体指标来反映行业管理行为对旅游竞争系统的影响情况。

第五，介入维度。介入为外生变量，是推动区域旅游交通组织、政府管理和市场营销等方面对城市旅游竞争力发挥作用的外部推动力，如哈大高铁的开通为哈大交通线上的各个节点城市带来了前所未有的发展机遇。介入维度的指标衡量较为困难，在最大限度反映该维度的作用力及数据可得性、有效性角度下，同样选择计分赋值法来反映该维度，并构建了介入指数指标，具体做法为将是否作为全国优秀旅游城市、是否加入了区域旅游联合组织、是否为高铁沿线城市和是否入选了全国优选旅游项目作为考量，零项计1分，1项计2分，以此类推，占满4项计5分，满分共5分。

综上，构建城市旅游竞争生态位评价指标体系，如表8-1所示。

**表8-1 城市旅游竞争生态位评价指标体系**

| 目标 | 资源位 | 具体指标 |
|---|---|---|
| 城市旅游竞争生态位 | 资源 | A级景区数量 |
| | | 高等级称号/荣誉 |
| | | 高等级称号/荣誉组合 |

续表

| 目标 | 资源位 | 具体指标 |
| --- | --- | --- |
| 城市旅游竞争生态位 | 需求 | 旅游总收入 |
| | | 旅游外汇收入 |
| | | 国内旅游人数 |
| | | 入境旅游人数 |
| | 环境 | 人均 GDP |
| | | 星级饭店数量 |
| | | 旅行社数量 |
| | | 旅游业占 GDP 比重 |
| | | 城市化率 |
| | | 人均绿地面积 |
| | | 建成区绿化覆盖率 |
| | | 每平方公里 $SO_2$ 排放量 |
| | | 工业废水达标率 |
| | | 年客运总量 |
| | 管理 | 第三产业就业人员数 |
| | | 每万人拥有高等学校在校人数 |
| | | 人均城市维护建设资金 |
| | | 人均固定资产投资 |
| | 介入 | 介入指数* |

注：*介入指数赋值规则在前文有表述。

# 第三节　城市旅游竞争生态位评价结果与分析

## 一、城市旅游竞争生态位宽度评价结果与分析

根据式（8-1）、式（8-2）、式（8-3），分别计算 2014 年东北三省各

城市旅游竞争生态位宽度，结果如表 8-2 所示。

**表 8-2　各城市旅游竞争生态位宽度**

| 城市 | 资源/排名 | | 需求/排名 | | 环境/排名 | | 管理/排名 | | 介入/排名 | | 总生态位/排名 | |
|---|---|---|---|---|---|---|---|---|---|---|---|---|
| 沈阳 | 0.033 | 1 | 0.339 | 1 | 0.242 | 2 | 0.137 | 2 | 0.013 | 4 | 0.764 | 2 |
| 大连 | 0.025 | 3 | 0.304 | 2 | 0.265 | 1 | 0.168 | 1 | 0.017 | 1 | 0.779 | 1 |
| 鞍山 | 0.015 | 10 | 0.148 | 6 | 0.176 | 3 | 0.039 | 16 | 0.017 | 1 | 0.395 | 5 |
| 抚顺 | 0.012 | 19 | 0.096 | 9 | 0.119 | 12 | 0.054 | 11 | 0.013 | 4 | 0.296 | 10 |
| 本溪 | 0.015 | 12 | 0.128 | 8 | 0.135 | 7 | 0.096 | 5 | 0.007 | 20 | 0.380 | 7 |
| 丹东 | 0.010 | 27 | 0.188 | 5 | 0.117 | 13 | 0.042 | 15 | 0.007 | 20 | 0.363 | 8 |
| 锦州 | 0.012 | 21 | 0.080 | 10 | 0.093 | 16 | 0.055 | 10 | 0.010 | 10 | 0.250 | 13 |
| 营口 | 0.010 | 26 | 0.052 | 14 | 0.132 | 8 | 0.028 | 24 | 0.013 | 4 | 0.236 | 15 |
| 阜新 | 0.009 | 29 | 0.027 | 20 | 0.120 | 10 | 0.044 | 13 | 0.010 | 10 | 0.210 | 17 |
| 辽阳 | 0.008 | 33 | 0.049 | 15 | 0.127 | 9 | 0.047 | 12 | 0.010 | 10 | 0.241 | 14 |
| 盘锦 | 0.010 | 25 | 0.069 | 12 | 0.152 | 5 | 0.062 | 8 | 0.010 | 10 | 0.304 | 9 |
| 铁岭 | 0.009 | 30 | 0.037 | 17 | 0.066 | 20 | 0.017 | 28 | 0.010 | 10 | 0.139 | 21 |
| 朝阳 | 0.014 | 14 | 0.033 | 19 | 0.069 | 18 | 0.013 | 31 | 0.007 | 20 | 0.136 | 22 |
| 葫芦岛 | 0.013 | 16 | 0.048 | 16 | 0.120 | 11 | 0.037 | 17 | 0.007 | 20 | 0.224 | 16 |
| 长春 | 0.023 | 4 | 0.198 | 4 | 0.162 | 4 | 0.127 | 3 | 0.013 | 4 | 0.523 | 3 |
| 吉林 | 0.014 | 13 | 0.075 | 11 | 0.104 | 15 | 0.060 | 9 | 0.013 | 4 | 0.267 | 11 |
| 四平 | 0.011 | 24 | 0.005 | 31 | 0.050 | 28 | 0.027 | 25 | 0.007 | 20 | 0.100 | 29 |
| 辽源 | 0.008 | 31 | 0.003 | 32 | 0.059 | 21 | 0.030 | 21 | 0.007 | 20 | 0.108 | 26 |
| 通化 | 0.013 | 18 | 0.036 | 18 | 0.071 | 17 | 0.030 | 22 | 0.003 | 27 | 0.153 | 18 |
| 白山 | 0.014 | 14 | 0.019 | 23 | 0.066 | 19 | 0.032 | 20 | 0.010 | 10 | 0.141 | 20 |
| 松原 | 0.015 | 10 | 0.014 | 27 | 0.057 | 23 | 0.016 | 29 | 0.013 | 4 | 0.115 | 25 |
| 白城 | 0.010 | 27 | 0.007 | 30 | 0.039 | 32 | 0.044 | 14 | 0.003 | 27 | 0.103 | 27 |
| 哈尔滨 | 0.029 | 2 | 0.147 | 7 | 0.137 | 6 | 0.083 | 6 | 0.017 | 1 | 0.412 | 4 |
| 齐齐哈尔 | 0.019 | 5 | 0.021 | 21 | 0.048 | 29 | 0.027 | 26 | 0.010 | 10 | 0.126 | 23 |
| 鸡西 | 0.013 | 17 | 0.014 | 26 | 0.051 | 27 | 0.018 | 27 | 0.003 | 27 | 0.099 | 30 |
| 鹤岗 | 0.008 | 32 | 0.011 | 28 | 0.056 | 24 | 0.012 | 32 | 0.003 | 27 | 0.091 | 32 |

续表

| 城市 | 资源/排名 | | 需求/排名 | | 环境/排名 | | 管理/排名 | | 介入/排名 | | 总生态位/排名 | |
|---|---|---|---|---|---|---|---|---|---|---|---|---|
| 双鸭山 | 0.012 | 22 | 0.017 | 24 | 0.039 | 31 | 0.009 | 34 | 0.003 | 27 | 0.080 | 33 |
| 大庆 | 0.017 | 7 | 0.019 | 22 | 0.107 | 14 | 0.107 | 4 | 0.010 | 10 | 0.261 | 12 |
| 伊春 | 0.015 | 9 | 0.010 | 29 | 0.056 | 25 | 0.029 | 23 | 0.007 | 20 | 0.117 | 24 |
| 佳木斯 | 0.012 | 22 | 0.015 | 25 | 0.039 | 33 | 0.034 | 19 | 0.003 | 27 | 0.103 | 28 |
| 七台河 | 0.003 | 34 | 0.001 | 34 | 0.051 | 26 | 0.036 | 18 | 0.003 | 27 | 0.094 | 31 |
| 牡丹江 | 0.016 | 8 | 0.241 | 3 | 0.058 | 22 | 0.063 | 7 | 0.010 | 10 | 0.389 | 6 |
| 黑河 | 0.012 | 19 | 0.062 | 13 | 0.044 | 30 | 0.014 | 30 | 0.010 | 10 | 0.143 | 19 |
| 绥化 | 0.019 | 6 | 0.002 | 33 | 0.028 | 34 | 0.009 | 33 | 0.003 | 27 | 0.062 | 34 |

由表8-2观察可知：

第一，资源维度方面，生态位宽度位列前5位的城市包括沈阳、哈尔滨、大连、长春和齐齐哈尔，表明这些城市在资源维度上具有较强的旅游竞争优势。生态位宽度排名后5位的是铁岭、辽源、鹤岗、辽阳和七台河，这几个城市的旅游资源禀赋较差。

第二，需求维度方面，生态位宽度排在前5位的城市包括沈阳、大连、牡丹江、长春和丹东，表明这些城市在需求维度上具有较强的旅游竞争优势，这几个城市均是入境旅游市场较为发达地区，符合计算判断。生态位宽度排在后5位的是白城、四平、辽源、绥化和七台河，除伊春外，其他几个城市旅游资源禀赋一般，旅游市场份额占比较小。

第三，环境维度方面，生态位宽度排在前5位的城市包括大连、沈阳、鞍山、长春和盘锦，表明这些城市在环境维度上具有较强的旅游竞争优势，这几个城市除长春外，均归属于辽宁省，可见辽宁省较好的旅游环境氛围不仅针对单个城市，对全部城市均有一定辐射作用。生态位宽度排在后5位的城市有黑河、双鸭山、白城、佳木斯和绥化，从各省入选排位情况来看，黑龙江省的旅游环境在3个省份中排名垫底。

第四，管理维度方面，生态位宽度排在前5位的城市包括大连、沈阳、长春、大庆和本溪，表明这些城市在管理维度上具有较强的旅游竞争优势。排在后5位的城市则有黑河、朝阳、鹤岗、绥化和双鸭山。

第五，介入维度方面，生态位宽度排在前5位的城市包括大连、哈尔滨、鞍山（以上城市并列第一）、沈阳、抚顺、营口、长春、吉林和松原

(以上城市并列第四)，因该维度指标较为单一，虽然从四个方面归口进行统计，但具有相同竞争优势的城市较多。排在第 27 位的城市为鸡西、佳木斯、白城、通化、七台河、鹤岗、双鸭山和绥化，这几个城市得分较弱有两个原因，一是并未处于高铁沿线上，二是这几个城市几乎没有加入任何区域旅游联盟。

综上结果，东北三省城市旅游竞争总生态位宽度的排名次序为：大连、沈阳、长春、哈尔滨和鞍山分列总排名前 5 位。表明上述城市在区域城市旅游竞争中竞争优势较强，在各个资源位维度的排名均比较靠前，这也比较符合发展实际。大连、沈阳、长春和哈尔滨不仅是各自省份的经济、政治和文化中心，旅游业较为发达，鞍山仅在介入维度排名较高，其他如资源维度排名在前 5 位之外，总排名较靠前的原因可能在于城市旅游竞争的介入维度不仅本身对城市旅游竞争优势起到推动作用，还依靠影响其他维度资源位共同作用于城市旅游竞争力。反观总生态位排名在后几位的鸡西、七台河、鹤岗、双鸭山和绥化，各个维度的生态位排名均不理想，是东北三省旅游发展较为落后地区，并且都集中分布在黑龙江省。

## 二、城市旅游竞争生态位重叠度评价结果与分析

根据式（8-4）、式（8-5）、式（8-6）计算 2014 年东北三省各城市旅游竞争生态位重叠状况及城市旅游竞争生态位的净压力，结果如表 8-3 所示。

结合表 8-2 和表 8-3 可知，2014 年东北三省城市旅游竞争生态位宽度总排名靠前的城市的生态位净压力均为正值，表明这些城市都具有较强的旅游竞争优势，对周边城市形成一定的旅游竞争压力。其中，沈阳的净压力最大，为 139.16，表明在东北三省内部旅游竞争格局中居于主导地位，对沈阳产生较强生态位重叠压力的城市主要包括大连、哈尔滨和长春，沈阳的经济区位反映了其在空间上将受到来自周边众多旅游业较发达城市的竞争压力。大连的净压力为 124.9，对大连造成较强生态位重叠压力的城市包括沈阳、长春和哈尔滨，表明在某些维度上这三个城市与大连形成较为明显的旅游竞争对手。长春、哈尔滨和鞍山的净压力均为正值，并且在净压力排名中比较靠前，表明这三个城市都是具有较强的旅游竞争优势，并且在空间小范围尺度内，对周边城市产生较强的生态位重叠压力，如四平和辽源，始终处在长春的旅游屏蔽效应之下，旅游竞争处于显著劣势地位。

表 8-3 各城市旅游竞争生态位重叠度及净压力

| 城市 | 对外总压力 | 自身承受压力 | 净压力 | 城市 | 对外总压力 | 自身承受压力 | 净压力 |
|---|---|---|---|---|---|---|---|
| 沈阳 | 156.40 | 17.24 | 139.16 | 辽源 | 24.82 | 106.55 | -81.73 |
| 大连 | 141.87 | 16.97 | 124.90 | 通化 | 35.65 | 51.62 | -15.97 |
| 鞍山 | 100.41 | 24.72 | 75.69 | 白山 | 36.95 | 50.17 | -13.22 |
| 抚顺 | 77.06 | 27.48 | 49.58 | 松原 | 37.63 | 54.62 | -16.99 |
| 本溪 | 77.90 | 27.30 | 50.60 | 白城 | 26.03 | 90.67 | -64.65 |
| 丹东 | 82.95 | 30.35 | 52.59 | 哈尔滨 | 111.72 | 20.01 | 91.71 |
| 锦州 | 67.30 | 29.59 | 37.72 | 齐齐哈尔 | 42.20 | 38.16 | 4.05 |
| 营口 | 54.63 | 33.77 | 20.86 | 鸡西 | 27.15 | 66.49 | -39.35 |
| 阜新 | 43.52 | 37.12 | 6.40 | 鹤岗 | 23.87 | 87.46 | -63.60 |
| 辽阳 | 57.16 | 33.80 | 23.36 | 双鸭山 | 26.02 | 65.36 | -39.34 |
| 盘锦 | 59.08 | 28.37 | 30.71 | 大庆 | 42.75 | 35.57 | 7.18 |
| 铁岭 | 46.08 | 38.42 | 7.66 | 伊春 | 28.94 | 57.07 | -28.13 |
| 朝阳 | 43.53 | 37.73 | 5.80 | 佳木斯 | 27.42 | 66.16 | -38.74 |
| 葫芦岛 | 54.65 | 33.17 | 21.48 | 七台河 | 15.64 | 396.47 | -380.83 |
| 长春 | 110.31 | 21.23 | 89.08 | 牡丹江 | 79.13 | 28.51 | 50.61 |
| 吉林 | 72.55 | 27.59 | 44.96 | 黑河 | 41.04 | 36.10 | 4.94 |
| 四平 | 29.42 | 88.94 | -59.52 | 绥化 | 23.79 | 120.79 | -96.99 |

四平、辽源、通化、白山、松原、白城、鸡西及鹤岗等 13 个城市的净压力为负值，表明这些城市在城市旅游竞争中处于被动竞争地位，竞争优势不明显。净压力最小的城市是七台河，与鹤岗和双鸭山较为相似，所有资源位维度排名均非常靠后，并且受到临近城市哈尔滨的较强的生态位重叠压力，始终处于竞争弱势地位。

## 第四节 东北三省城市旅游竞争策略

按照生态位宽度排名情况，结合旅游生态位重叠度及净压力计算结果，将东北三省 34 个地级市划分为以下几种类型：

## 一、第一阵营城市：大连、沈阳、长春和哈尔滨

这 4 个城市的旅游综合生态位排名前 4 位，并且对其他城市的生态位压力较大，涉及城市较多，在区域旅游竞争格局中处于中心优势地位。根据竞争优势理论，竞争是瞬时态，任何事物的竞争优势都处于变动之中。虽然根据城市旅游竞争空间效应分析结果来看，未来相当长一段时间内，这些城市的区域中心优势地位不会有大的变动，但如不采取有效措施，竞争优势也会逐渐消退（如大连与青岛的城市之争案例）。因此，这些城市未来可采取的旅游竞争策略可从以下几点入手：

1. 生态位扩充策略

虽然这几个城市的生态位都比较大，但这 4 个城市之间的竞争将随着交通、经济距离的进一步缩短日趋白热化。对于哈尔滨来说，未来仍需贯彻执行生态位扩充策略，在需求、环境和管理维度应加大投入力度，以扩充其在这几个维度上的生态位。长春的生态位在各个维度上的排名较为相似，除受到南北（南部有沈阳、大连，北部为哈尔滨）“夹击”之外，自身在各个维度上的生态位都有提升的空间。

2. 生态位联动发展策略

上述这 4 个城市分别是各自省内的经济核心，无论是在经济总量上，还是发展潜力上都远超其他城市，但毕竟一个城市的资源和能力是有限度的，绝对的、恶性的竞争是不可持续的。在自身既定的战略目标之下，在竞争中寻求合作，在合作中和谐竞争、互利互惠、共同发展才是有效的发展策略，如大连应加强与周边城市营口和丹东的区域联动发展，借助高铁开通的利好时机，扩大客源市场，降低营销成本，提高供给质量，共同增强区域旅游的综合竞争力。

## 二、第二阵营城市：鞍山、牡丹江、本溪、丹东、盘锦和抚顺

这些城市除牡丹江之外，其他城市主要分布在辽宁省，作为各自省内旅游发展的第二梯队成员，在与区域中心城市竞争中处于一定的弱势地位，但和其他非中心城市相比，竞争优势又较为明显，因此，未来应采取的竞争措施包括以下几个方面：

1. 生态位联动发展策略

应主动寻求与大连、沈阳、哈尔滨的区域联动发展，共同打造区域旅游发展战略联盟，形成搭配合理的产品组合，构建互补的产品体系，并注重自身环境的改善，将会对这些城市的旅游发展带来巨大的提升速度。

2. 特色生态位竞争策略

这些城市当中，牡丹江和丹东都是沿边城市，应借助这一独特地理、经济区位所带来的发展优势，形成具有自身发展特色的文化和山水旅游产品体系，以增强旅游竞争优势。

## 三、第三阵营城市：吉林、大庆、锦州、辽阳、营口和葫芦岛等其他城市

这些城市的总生态位宽度排名位列 10 名以后，未来可采取的旅游竞争策略有以下几点：

1. 生态位扩充策略

吉林与长春为邻接城市，应避免与长春发生直接竞争接触，而采取生态位扩充策略，观察其各个维度的生态位值，均排名不高，特别是环境资源位维度，应注重城市基础旅游设施的完备完善，通过营造优美的城市环境来吸引旅游投资和旅游者。

2. 生态位联动发展策略

这些城市在竞争中都处于比较不利的地位，除了积极向区域中心城市抱团，寻求联动发展机会之外，应积极在周边地区寻求那些同样处于竞争劣势地位但又能与其优势互补的城市建立区域旅游联动发展联盟，共同发展。

# 本章小结

本章引入生态位理论，构建城市旅游竞争生态位宽度、生态位重叠度及生态位净压力指标，以东北三省 34 个地级市为研究对象分析各城市旅游竞争发展策略。研究表明：大连、沈阳、长春、哈尔滨和鞍山的城市旅游竞争生态位宽度排名较高，在城市旅游竞争中处于比较有利的地位，而鸡西、七台河、鹤岗、双鸭山和绥化各个维度的生态位排名均不理想，是东

北三省旅游发展较为落后地区，并且都集中分布在黑龙江省；各城市间彼此的竞争压力较大，沈阳的净压力最大，七台河的净压力最小；在此基础上，针对各城市的旅游竞争生态位大小和净压力情况，提出了相对应的旅游竞争策略。

# 第九章 结论和展望

## 第一节 主要结论

旅游业作为关联性较强的产业，具有带动区域就业、调整产业结构、拉动内需等重要作用，因其更符合低碳经济、循环经济、绿色经济发展趋势，已被许多城市明确确定为支柱产业。城市旅游竞争无时不在，无处不在，任何一个城市发展旅游都不可避免的要参与到城市旅游竞争中来。各城市要想在城市旅游竞争中获益，必须认识城市旅游竞争过程，弄清影响城市旅游竞争产生与发展的动力机制，探究城市旅游竞争产生的空间效应。总之，本书主要结论体现在以下几个方面：

第一，通过对城市旅游发展相关研究成果的梳理和分析，认为目前城市旅游竞争力方面的研究成果较为丰富，但产生这种竞争能力的动力机制如何则较少触及。本书在借鉴竞争、城市竞争相关概念基础上，提出了城市旅游竞争的概念，其本质内涵是城市旅游竞争是指两个或两个以上的城市为实现自身旅游经济、社会、环境等效益的最大化及可持续发展，依托城市综合环境而展开的对有限的客源市场和发展空间的争夺行为，并产生的直接或间接地影响对方发展的空间关系。

第二，城市旅游竞争是一个动态过程，在这个过程中，竞争优势和竞争程度是暂时的，并处于不断变化的演进过程中。本书梳理了我国城市旅游竞争的发展阶段；以东北三省 34 个地级市为研究对象，分别从数量、质量和结构三个层面构建城市旅游业绩指标并建立城市旅游竞争识别模型对城市旅游竞争程度进行识别和测度；通过考察城市旅游竞争的时空演变特征，为进一步探究城市旅游竞争的动力机制等问题提供数量分析基础。

第三，识别与分析城市旅游竞争的主体是研究城市旅游竞争的动力机制的基础。基于对城市旅游竞争的动力主体的认识，从政府和市场两个方面阐释了这两大动力主体是如何作用于城市旅游竞争的。其中，政府的角色主要体现在政府是城市旅游竞争的主导者、推动者、协调者、管理者和决策者。市场的动力主体作用体现在市场是城市旅游竞争存在的本质，其促进和调节城市旅游竞争。政府受经济利益、产业发展、城市建设、政策及政绩驱动而主导城市参与城市旅游竞争。市场则从需求、供给及市场环境等方面作用于城市旅游竞争。

第四，城市旅游竞争的动力机制是城市旅游竞争产生与发展所需动力的作用机理，除各动力要素对竞争的作用影响之外，还包括各影响要素间相互作用、相互制约的关系。本书构建城市旅游竞争的动力机制理论分析框架，借助空间自相关分析手段，基于地理加权回归模型对各影响因素的影响力进行估算，定量化研究结果表明，企业驱动力和城市驱动力是最主要的主导动力因素，市场驱动力和外部环境驱动力也发挥着辅助作用。基于威弗组合系数进一步分析了东北三省各城市的旅游竞争主导动力类型，结果表明各城市的主导动力因素几乎涵盖全部主种类，同时期各城市旅游竞争动力主导类型差别较大。

第五，城市旅游竞争是发生在地域空间上的经济现象、产业现象。因此，各城市旅游竞争动力系统不是封闭的，各要素间均存在着相互作用，这种相互作用关系也影响着城市旅游竞争。本书采用空间马尔可夫链方法，以城市旅游业绩为分析指标，考察了 2000~2015 年东北三省城市旅游竞争的空间溢出效应，研究发现，东北三省城市旅游竞争的空间效应的表现形式为“与富为邻，未必富”和“以贫为邻，未必贫”。

第六，制定科学合理的旅游竞争策略是保障城市旅游可持续发展的关键问题。引入生态位理论，提出应用城市旅游竞争生态位宽度和重叠度来进一步分析区域内各城市的旅游竞争关系及空间位置。结果表明，旅游竞争优势较大的城市基本上为各子区域内部中心城市，对其他城市的生态位压力较大。根据研究结果，提出了各类城市的旅游竞争策略。

## 第二节 研究创新点

第一，解析城市旅游竞争力形成的根源，拓展了城市旅游研究框架。竞争是竞争力形成的本源，城市旅游竞争力形成表现于竞争的过程和结果中，但是城市旅游竞争的结果未必会带来所有城市旅游或旅游城市的整体发展与竞争力的有效提升，文章从竞争视角解析了城市旅游竞争力形成的根源。鉴于城市旅游竞争力等相关方面的研究成果较为丰厚，而缺少对城市旅游竞争的研究，本书系统开展了城市旅游竞争的动态演进过程及其特征、动力机制、空间效应及旅游竞争策略等方面的研究，拓展了城市旅游研究框架。

第二，提出城市旅游竞争的概念，构建城市旅游竞争程度测度模型。在借鉴竞争、城市竞争概念的基础上，提出了城市旅游竞争的概念，并总结归纳了城市旅游竞争的特征、类型和功能，为科学研究城市旅游竞争提供概念基础。鉴于目前缺乏从旅游发展效率和产业集聚等角度对城市旅游业绩的探讨，本书从数量、质量和结构三个方面构建了城市旅游业绩指标来反映城市在旅游竞争期末的业绩情况。其中，用旅游总收入来表征城市旅游业绩在数量上的表现，用旅游效率来表征城市旅游业绩在质量上的表现，用旅游业区位商来表征城市旅游业绩在结构上的表现。通过计算城市旅游业绩的变异系数用以反映城市旅游竞争程度，变异系数越大，说明城市旅游业绩差异较大，表明城市旅游竞争越不激烈，反之则越激烈，从而提升了城市旅游竞争研究的科学性。

第三，运用定量方法研究城市旅游竞争的动力机制与空间效应等，丰富城市旅游竞争研究内容。本书利用地理学、旅游学、管理学、经济学等相关学科的成果，在计量地理学、空间计量学等方法体系的基础上，首先，通过具体运用地理加权回归模型与威弗组合指数检验各动力因子对城市旅游竞争影响的方向、程度及主导动力组合关系，从而揭示各动力因子对城市旅游竞争的影响因时间和空间位置的不同而存在显著的区域差异性，及主导动力及组合关系存在显著的空间差异性。其次，在目前现有的研究中，城市旅游竞争所产生的空间溢出效应往往被忽略了，导致其研究匮乏，而空间效应的识别是城市能够依据自身与周边城市的相互作用关系来制定与调整旅游发展战略的重要前提，本书通过构建非空间和空间马尔可夫链证实城市旅游竞争的空间效应确实存在，并针对其时空动态演进及特征方面进行全面分析。最后，引入生态位理论，构建城市旅游竞争生态位宽度、生态位重叠度及生态位净压力指标体系，为城市制定科学、合理的旅游竞争策略提供参考借鉴。

## 第三节 研究展望

限于时间、精力和自身能力限制，本书还存在着一定的研究缺陷和不足，尚需做进一步的深入研究。

第一，本书以行政区域概念上的城市为研究对象，若能将城市建成区数据从目前的宏观数据中剥离出来，进行城市建成区概念上的城市旅游竞争研究，所得结论可能会有所不同；此外，本书选取了东北三省 34 个地级市为研究对象，若能选取县级行政单位，或全国地级市作为研究对象，研究结论会更加具有理论意义。

第二，本书虽然采用了加权地理回归模型定量分析了各驱动力对城市旅游竞争的作用力度，考虑了地理位置变化而引起的变量间关系或结构的变化这一基本事实，如能应用其他空间计量模型进行对比分析，对于我们正确认识和解释空间差异十分必要。

第三，城市旅游竞争的空间效应研究方面。城市旅游竞争的空间效应还可以理解为特定地域上的城市通过旅游竞争，反映在城市组织形态、产业转移、集聚等方面在空间上的效应变化情况。基于此点认识，全面、客观的识别及评价这种空间效应对于推动城市的整体发展具有深入研究的必要性及重大价值。

第四，对城市旅游竞争差异的量化表达应值得进一步关注。目前学界通常采用旅游总收入、旅游总人数等指标刻画城市旅游发展差异，其还存在着改进与提升空间。本书首次提出采用反映城市旅游发展“数量”“质量”和“结构”的综合评价指标，刻画了一定时期内城市旅游竞争的相对激烈程度，是一次有益尝试，未来还存在很大的改进空间，而只有正确认识城市旅游竞争差异，才能作出科学的城市旅游发展决策，因此，本书具有深入研究的重要价值。

# 参考文献


[1] 白祖成. 建设北京雄美迷人的旅游形象 优化北京得天独厚的旅游产品 [J]. 旅游学刊，1994（2）：26-31.

[2] 保继刚. 滨海沙滩旅游资源开发的空间竞争分析 [J]. 经济地理，1991，11（2）：89-93.

[3] 保继刚. 城市旅游——基于原理、案例 [M]. 昆明：南开大学出版，2005.

[4] 保继刚. 喀斯特石林旅游开发空间竞争研究 [J]. 经济地理，1994（3）：93-96.

[5] 保继刚，彭华. 名山旅游地的空间竞争研究 [J]. 人文地理，1994，9（2）：4-9.

[6] 保继刚. 颐和园环境容量研究 [J]. 中国环境科学，1987，7（2）：32-38.

[7] 保继刚. 主题公园发展的影响因素系统分析 [J]. 地理学报，1997，52（3）：237-245.

[8] 不列颠百科全书（第 14 卷）[M]. 北京：中国大百科全书出版社，1992.

[9] 蔡建明. 中国城市化发展动力及发展战略研究 [J]. 地理科学进展，1997，16（2）：9-14.

[10] 曹芳东，黄震方，吴江，等. 城市旅游发展效率的时空格局演化特征及其驱动机制初步探讨——泛长江三角洲地区为例 [J]. 地理研究，2012，31（8）：1431-1444.

[11] 陈文晖，鲁静. 产业规划研究与案例分析 [M]. 社会科学文献出版社，2010.

[12] 陈晓，李悦铮. 环渤海主要滨海城市旅游竞争力定量研究 [J]. 经济地理，2008，28（1）：158-162.

[13] 陈秀山. 再学马克思的竞争理论 [J]. 北京：教学与研究，1994（2）：45-46.

［14］辞海［M］. 上海：上海辞书出版社，1989：2013.

［15］大卫·李嘉图. 政治经济学及赋税原理［M］. 北京：光明日报出版社，2009.

［16］邓祝仁. “东亚模式”和政府主导型旅游发展战略［J］. 学术论坛，2000（3）：47-50.

［17］邓祝仁. 知识经济对旅游促销的新要求［J］. 旅游学刊，1998（2）：6-8.

［18］丁蕾，吴小根，丁洁. 城市旅游竞争力评价指标体系的构建及应用.［J］. 经济地理，2006，26（3）：39-42.

［19］董观志. 深圳华侨城旅游客源分异规律的量化研究［J］. 经济地理，1999，19（6）：118-122.

［20］窦文章，杨开忠，杨新军. 区域旅游竞争研究进展［J］. 人文地理，2000（3）：22-27.

［21］杜铁凤. 广州旅游竞争力影响因素研究［D］. 暨南大学硕士学位论文，2011.

［22］方叶林，黄震方，陆玮婷，等. 中国市域旅游经济空间差异及机理研究［J］. 地理与地理信息科学，2013，29（6）：100-104+110.

［23］甘萌雨，保继刚. 城市旅游竞争力研究初步［J］. 现代城市研究，2003（4）：22-25.

［24］苟自钧. 旅游市场需求与旅游产品的开发设计［J］. 经济经纬，2001（5）：91-93.

［25］郭东强. 利用熵权系数法评价企业信息化建设项目［J］. 运筹与管理，2003，12（3）：76-79.

［26］郭来喜，刘锋. 21 世纪的中国旅游业——向高技术化、质量型、效益型方向发展［N］. 科技报，1999（10）：46-47+25.

［27］郭清霞，秦张平. 国内旅游竞争力研究进展与评价［J］. 世界地理研究，2011，20（3）：155-162.

［28］郭舒，曹宁. 滨海城市旅游竞争力评价研究［J］. 自然资源学报，2004，7（2）：95-99.

［29］郭舒，曹宁. 城市旅游发展的竞争力分析及政策建议［J］. 商业研究，2004，（9）：138-140.

［30］郭舒，曹宁. 旅游目的地竞争力问题的一种解释［J］. 南开管理评论，2004（2）：95-99.

［31］郭亚军，曹卓，杜跃平. 区域旅游竞争力影响因素分析——基于

案例比较研究的视角［J］. 旅游科学，2008，22（4）：65-69.
［32］郭阳旭. 提升重庆旅游的整体竞争力［J］. 探索（哲社版），2000（4）：84-87.
［33］郭毓洁，陈怡宁. 全域旅游的旅游空间经济视角［J］. 旅游学刊，2016，31（9）：28-29.
［34］和红，叶民强. 中国旅游业与经济增长相关关系的动态分析［J］. 社会科学辑刊，2006（2）：134-138.
［35］黄芳. 优化旅游系统的生态学原理［J］. 生态经济，2001（11）：19-20.
［36］黄秀娟. 旅游资源影响国际旅游竞争力的经济分析［J］. 资源科学，2008，30（11）：1768-1775.
［37］黄英姿. 生态位理论研究中的数学方法［J］. 应用生态学报，1994，5（3）：331-337.
［38］黄震方，吴江，候国林. 关于旅游城市化问题的初步探讨——以长江三角洲都市连绵区为例［J］. 长江流域资源与环境，2000，9（2）：160-165.
［39］黄中，钱亚畅. 城乡划分标准的变迁［J］. 中国统计，2004（2）：6-7.
［40］金准. 中国城市旅游的现状及前瞻［J］. 中国经贸导刊，2014（32）：36-37.
［41］匡林. 旅游业政府主导型发展战略研究［M］. 北京：中国旅游出版社，2001.
［42］匡林. 市场失灵与旅游政策［J］. 旅游科学，1998（4）：19-21.
［43］李德华. 城市规划原理［M］. 北京：中国建筑工业出版社，2001.
［44］李丰生，吴琳. 旅游资源生态位的概念及整合开发策略研究［J］. 旅游论坛，2008，1（4）：39-44.
［45］李怀建，刘鸿钧. 城市竞争力的结构与内涵［J］. 城市问题，2003（2）：14-15.
［46］李金早. 全域旅游的价值和途径［N］. 人民日报，2016-03-04（007）.
［47］李菊霞，林翔. 我国旅游业政府主导型发展战略辨析［J］. 社会科学家，2000（6）：45-47.
［48］李娟文. 论城市旅游形象塑造［J］. 人文地理，1999（3）：17-20.
［49］李蕾蕾. 城市旅游形象设计探讨［J］. 旅游学刊，1998（1）：47-49.

［50］李鹏升，李悦铮，江海旭. 沈阳经济区城市旅游竞争力评价研究［J］. 资源开发与市场，2014（2）：252-256.

［51］李实，邓曲恒. 中国城镇失业和非正规再就业的经验研究［J］. 中国人口科学，2004（4）：4-12.

［52］李向明. 略论旅游资源生态位的概念与选择策略［J］. 旅游学刊，2007，22（2）：49-53.

［53］李雪，董锁成，张广海，金贤锋. 山东半岛城市群旅游竞争力动态仿真与评价［J］. 地理研究，2008，27（6）：1466-1477.

［54］李雪鹏. 城市旅游竞争力的指标体系构建及评价研究［D］. 辽宁师范大学博士学位论文，2010.

［55］李瑶亭. 城市旅游化发展的经济效应研究［J］. 北京工业大学学报（社会科学版），2013，13（4）：29-35.

［56］李志飞. 全域旅游时代的变与不变［J］. 旅游学刊，2016，31（9）：26-28.

［57］李子奈，叶阿忠. 高等计量经济学［M］. 北京：清华大学出版社，2000.

［58］厉无畏，王振. 中国产业发展前沿问题［M］. 上海：上海人民出版社，2003.

［59］厉新建，马蕾，陈丽嘉. 全域旅游发展：逻辑与重点［J］. 旅游学刊，2016，31（9）：22-24.

［60］厉新建，张凌云，崔莉. 全域旅游：建设世界一流旅游目的地的理念创新——以北京为例［J］. 人文地理，2013（3）：130-134.

［61］梁明珠，陈小洁. 主题旅游城镇竞争力提升策略探析［J］. 商业时代，2006（1）：79-81.

［62］林南枝，陶汉军. 旅游经济学［M］. 天津：南开出版社，2000.

［63］林炎钊. 旅游形象设计：我国旅游城市面临的新课题［J］. 北京第二外国语学院学报，1995（3）：122-126.

［64］刘敦荣，袁照英. 旅游市场需求和现代旅游产品开发——以北京旅游产品开发为例［J］. 桂林旅专学报，1998，9（4）：31-33.

［65］刘桂玉，张战仁. 国民旅游收入与地方经济增长动态关系的实证分析——以桂林市为例［J］. 旅游论坛，2008，1（1）：106-109.

［66］刘霜，邱继勤. 重庆市旅游产业发展与经济增长实证分析［J］. 重庆交通大学学报（社科版），2011，11（5）：57-59.

［67］刘素平，邱扶东，冯学钢. 城市旅游竞争力研究综述［J］. 经济

地理，2008，28（5）：867-871.

［68］刘卫东，邹嘉龄. 区域发展研究方向探讨［J］. 地域研究与开发，2014，33（1）：1-5.

［69］刘再兴. 区域经济理论与方法［M］. 北京：北京物价出版社，1996.

［70］刘赵平. 美国旅行社业最新发展态势研究［J］. 旅游学刊，1999（3）：27-31.

［71］刘住，张帆. 形象驱动：城市旅游新趋势［J］. 旅游学刊，1999（3）：1-3.

［72］楼嘉军. 试论资源配置对上海都市旅游发展的影响.［J］. 旅游学刊，2001，16（4）：56-59.

［73］陆林. 旅游城市化：旅游研究的重要课题［J］. 旅游学刊，2005，20（4）：10.

［74］马克思，恩格斯. 马克思恩格斯全集（第23卷）［M］. 北京：人民出版社，1965：579.

［75］马晓龙. 2000-2011年中国主要旅游城市全要素生产率评价［J］. 资源科学，2014，36（8）：1626-1634.

［76］马耀峰. 旅游资源开发［M］. 北京：科学出版社，2005.

［77］迈克尔·波特. 国际竞争优势［M］. 李明轩，邱如美，译. 北京：华夏出版社，2002：119.

［78］孟凡荣，刘继生. CI战略与长春城市旅游形象塑造［J］. 人文地理，2003（2）：60-64.

［79］苗红. 甘南州旅游开发的空间竞争研究［J］. 干旱区资源与环境，2004，18（6）：108-111.

［80］倪鹏飞. 中国城市竞争力报告［M］. 北京：社会科学文献出版社，2004：324-349.

［81］聂献忠. 旅游形象建设与都市旅游业发展［J］. 城市规划汇刊，1998（2）：59-61+44.

［82］宁越敏. 新城市化进程——90年代中国城市化动力机制的特点探讨［J］. 地理学报，1998，53（5）：470-477.

［83］彭华，钟韵. 创建优秀旅游城市的思考：旅游开发与城市建设一体化［J］. 旅游学刊，1999（2）：21-25+78.

［84］蒲英霞，马荣华，葛莹，等. 基于空间马尔可夫链的江苏区域趋同时空演变［J］. 地理学报，2005，60（5）：817-826.

［85］祁新华，陈烈，程煜，等. 区域旅游可持续发展的生态学透视［J］. 地理与地理信息科学，2005，21（1）：74-78.

［86］秦学. 我国城市旅游研究的回顾与展望［J］. 人文地理，2001，22（2）：73-78.

［87］屈海林，邱汉琴. 香港都市旅游的形象及竞争优势［J］. 旅游学刊，1996（1）：24-28.

［88］沈惊宏，陆玉麒. 中国市域旅游综合吸引力指数评价［J］. 自然资源学报，2012（4）：661-673.

［89］石培华. 全域旅游是新阶段旅游发展总体战略［N］. 中国旅游报，2016-02-05（004）.

［90］石奇. 产业经济学［M］. 北京：中国人民大学出版社，2008.

［91］宋家增. 发展都市旅游之我见［J］. 旅游学刊，1996（3）：23-25.

［92］宋章海. 从旅游者角度对旅游目的地形象的探讨［J］. 旅游学刊，2000（1）：63-67.

［93］苏伟忠，杨保英，顾朝林. 城市旅游竞争力评价初探［J］. 旅游学刊，2003，18（3）：39-42.

［94］粟路军. 不同类型旅游地竞合关系研究——基于旅游者忠诚差异分析［J］. 旅游科学，2011（5）：41-56.

［95］孙俊，潘玉君，和瑞芳，等. 地理学第一定律之争及其对地理学理论建设的启示［J］. 地理研究，2012，31（10）：1749-1763.

［96］孙振宇. 现代企业竞争的理论及其应用［D］. 南京理工大学硕士学位论文，1998.

［97］滕丽，蔡砥，吕拉昌. 经济一体化背景下的区域溢出分析［J］. 人文地理，2010（2）：116-119.

［98］滕丽，王铮，蔡砥. 中国城市居民旅游需求差异分析［J］. 旅游学刊，2004，19（4）：9-13.

［99］万绪才，丁登山，马永立，等. 旅游客源市场结构分析——以南京市为例［J］. 人文地理. 1998（3）：58-62.

［100］汪德根，陆林，等. 近20年中国旅游地理学文献分析［J］. 旅游学刊，2003（1）：68-75.

［101］汪克会. 国内城市旅游形象研究综述［J］. 宁夏大学学报（人文社会科学），2004，26（5）：78-82.

［102］汪侠，连漪，梅虎，等. 关于北海国内旅游需求的调查研究［J］. 北京第二外国语学院学报，2004（3）：58-62.

［103］汪宇明，全伟，胡燕雯，张朋. 在区域一体化进程中受益——提升上海都市旅游竞争力的战略思考［J］. 人文地理，2002，17（3）：31-33.

［104］王慧敏. 旅游产业的新发展观：5C 模式［J］. 中国工业经济，2007（6）：13-20.

［105］王劲峰. 空间数据分析教程［M］. 北京：科学出版社，2010.

［106］王琪延，罗栋. 中国城市旅游竞争力评价体系构建及应用研究——基于我国 293 个地级以上城市的调查资料［J］. 统计研究，2009，26（7）：49-54.

［107］王少剑，王洋，赵亚博. 1990 年来广东区域发展的空间溢出效应及驱动因素［J］. 地理学报，2015，70（6）：965-979.

［108］王滔，甘颖进，杨开忠. 从竞争与合作看洛阳旅游业发展［J］. 人文地理，2001，12（6）：34-37.

［109］魏权龄. 数据包络分析（DEA）［M］. 北京：科学出版社，2006.

［110］魏小安. 全域旅游解析［N］. 中国旅游报，2015-12-02（C2）.

［111］吴承照. 城市旅游的空间单元与空间结构［J］. 城市规划学刊，2005（3）：82-87.

［112］吴国新. 旅游产业发展与我国经济增长的相关性分析［J］. 上海应用技术学院学报，2003，3（4）：238-241.

［113］吴军. 突发事件影响下的区域旅游竞争力——以山东省为例［J］. 经济地理，2005（26）：38-43.

［114］吴志强，吴承照. 城市旅游规划原理［M］. 北京：中国建筑工业出版社，2005.

［115］夏学英. 论城市旅游形象的旅游导向性［J］. 经济地理，2002，22（5）：620-623.

［116］谢礼珊. 重视人力资源开发提高旅行社竞争力［J］. 旅游学刊，1998（3）：25-27.

［117］邢珏珏，李业锦，赵明. 我国城市旅游竞争优势特征及影响因素分析［J］. 经济地理，2005，25（5）：712-719.

［118］徐福英，马波. 城市旅游在中国：研究回顾与发展展望［J］. 旅游科学，2012（4）：52-64.

［119］徐建华. 现代地理学中的数学方法［M］. 北京：高等教育出版社，2002：93-94.

［120］徐喆，刘吉平，梁雨华. 吉林省城市旅游竞争力定量评价比较研究［J］. 干旱区资源与环境，2010，24（10）：191-196.

［121］徐喆，张立峰. 吉林省城市旅游竞争力评价及可持续发展研究［J］. 资源与产业，2010，12（4）：41-45.

［122］许学强，周一星，宁越敏. 城市地理学［M］. 北京：高等教育出版社，2009.

［123］亚当·斯密. 国民财富的性质和原因的研究［M］. 北京：商务印书馆，1979.

［124］闫卫阳，王发曾，秦耀辰. 城市空间相互作用理论模型的演进与机理［J］. 地理科学进展，2009，28（4）：511-518.

［125］杨效忠，陆林. 旅游地生命周期研究的回顾和展望［J］. 人文地理，2004，19（5）：5-10.

［126］杨英宝. 城市旅游竞争力的系统分析与评价研究——以郑州市为例［D］. 河南大学硕士学位论文，2002.

［127］杨勇. 旅游业与我国经济增长关系的实证分析［J］. 旅游科学，2006，20（2）：40-46.

［128］易丽蓉，李传昭. 旅游目的地竞争力五因素模型的实证研究［J］. 管理工程学报，2007，21（3）：105-120.

［129］于涛方，顾朝林. 论城市竞争与竞争力的基本理论［J］. 城市规划汇刊，2004（6）：16-21+95.

［130］余青，吴必虎，殷平，童碧沙，等. 中国城市节事活动的开发与管理［J］. 地理研究，2004，23（6）：845-854.

［131］俞晟. 城市旅游与城市游憩学［M］. 上海：华东师范大学出版社，2003.

［132］约翰·伊特韦尔，米尔盖特，彼得·纽曼. 新帕尔格雷夫经济学大辞典［M］. 北京：经济科学出版社，1992.

［133］岳川江，吴章文，郑天翔，易小力. 滨海城市旅游竞争力评价研究［J］. 自然资源学报，2010，25（5）：795-801.

［134］臧德霞，黄洁. 海滨旅游目的地竞争力影响因素实证分析［J］. 地理与地理信息科学，2007，23（5）：105-108.

［135］臧德霞，于春玲. 旅游目的地竞争力研究进展与评述［J］. 北京第二外国语学院报，2008（7）：8-13.

［136］张车伟. 失业率定义的国际比较及中国城镇失业率［J］. 世界经济，2003（5）：47-54+80.

［137］张洪，顾朝林，张燕. 基于 IEW&TOPSIS 法的城市旅游业竞争力评价——以长江三角洲为例［J］. 经济地理，2009，29（12）：2044-2049.

[138] 张辉，岳燕祥. 全域旅游的理性思考 [J]. 旅游学刊，2016，31 (9)：15-17.

[139] 张辉. 转型期中国旅游产业环境、制度与模式研究 [M]. 北京，中国旅游出版社，2005：31-43.

[140] 张清河，何奕霏，田晓辉. 广东省县域旅游竞争力评价体系研究 [J]. 经济地理，2012，32 (9)：172-176.

[141] 张荣天，焦华富. 泛长三角城市发展效率时空格局演化与驱动机制 [J]. 经济地理，2014，34 (5)：48-54.

[142] 张序强，董雪旺，李华. 旅游地间生态关系分析 [J]. 人文地理，2003，18 (1)：14-18.

[143] 张延飞，汪国华. 基于 PCA 和 FCA 的江西省城市旅游竞争力综合评价 [J]. 东华理工大学学报（社会科学版），2010 (4)：336-340.

[144] 张耀光. 最小方差在农业类型（或农业区）划分中的应用——以我国粮食作物结构类型划分为例 [J]. 经济地理，1986 (1)：49-55.

[145] 张月，仇燕苹. 江苏省滨海. 旅游竞争能力分析 [J]. 海洋经济，2011，1 (4)：53-56.

[146] 张争胜，周永章. 城市旅游竞争力的实证研究——以广东省为例 [J]. 资源开发与市场，2005，21 (1)：13-16.

[147] 张志宏. 旅游非优区的界定、测评及开发研究——以辽宁省为例 [D]. 辽宁师范大学博士学位论文，2010.

[148] 章尚正. 止言政府主导型旅游发展战略 [J]. 安徽大学学报，2002 (1)：118-121.

[149] 赵磊. 旅游发展与经济增长——来自中国的经验证据 [J]. 旅游学刊，2015，30 (4)：33-46.

[150] 赵媛，郝丽莎. 我国石油资源空间流动的地域类型分析 [J]. 自然资源学报，2009，24 (1)：93-103.

[151] 郑杭生. 社会学概论新修 [M]. 北京：人民出版社，1998.

[152] 郑嫜婷，陆林，章锦河，杨钊. 近十年国外城市旅游研究进展 [J]. 经济地理，2006，26 (4)：686-691.

[153] 钟敬秋，李悦铮，江海旭，吕俊芳. 中国主要沿海城市旅游竞争力定量研究 [J]. 世界地理研究，2013 (4)：136-144.

[154] 周常春，保继刚. 肇庆城市旅游竞争力研究 [J]. 地域研究与开发，2005，24 (2)：78-83.

[155] 周四军，张墨格. 中国旅游业发展与经济增长的统计分析 [J].

统计与信息论坛，2006，21（4）：60-63.

[156] 邹益民，韩晓燕. 寻求我国饭店企业全球竞争致胜之路［J］. 商业经济与管理，2001（1）：65-69.

[157] Achana F. T., Avgoustis S. H. A Competitive Advantage Approach to Urban Tourism Sustainability: A Case for Indianapolis [J], Tourism: An International Interdisciplinary Journal, 2003, 51 (2): 127-140.

[158] A. Jhaahti. Finland's Competitive Position As a Destination [J]. Annals of Tourism Research, 1986, 13 (1): 11-35.

[159] Anne-Maried' Hauteserre. Lessons in Managed Destination Competitiveness: The Case of Foxwoods Casino Resort [J]. Tourism Management, 1999, 21 (1): 23-32.

[160] Ashworth G. J. Is There An Urban Tourism? [J]. Tourism Recreation Research, 1992, 17 (2): 3-8.

[161] Bill Brawell. Tourism Marketing Images of Industrial Cities [J]. Annals of Tourism Research, 1996, 23 (1): 201-221.

[162] Bruce Prideaux. The Role of Transport System in the Destination Development [J]. Tourism Management, 2000, 21 (1): 53-63.

[163] Buhalis D. Marketing the Competitive Destination of the Future [J]. Tourism Management, 2000, 21 (1): 97-116.

[164] Buhalis, Dr Dimitrios. Marketing the Competitive Destination of the Future [J]. Tourism Management, 2000, 21 (1): 97-116.

[165] Choi W. M., Chan A., Wu J. A Qualitative and Quantitative Assessment of Hong Kong's Image As a Tourist Destination [J]. Tourism Management, 1999, 20 (3): 361-365.

[166] Choy D. J. L., Dong G. L., Wen Z. Tourism in PR China: Market Trends and Changing Policies [J]. Tourism Management, 1986 (3): 197-201.

[167] Cleveland W. S. Robust Locally Weighted and Smoothing Scatterplots [J]. Journal of the American Statistical Association, 1979, 74 (368): 829-836.

[168] C. L. Morley. A Microeconomic Theory of International Tourism Demand [J]. Annals of Tourism Research, 1992, 19 (2): 250-267.

[169] Colwell R. K., Rangel T. F. Hutchinson's Duality: The Once and Future Niche [J]. Proc Natl Acad Sci USA, 2009, 106 (2): 19651-19658.

[170] Dahles H. Tourism, Government Policy, and Petty Entrepreneurs in Indonesia [J]. South East Asia Research, 1998, 6 (1): 73-98.

[171] D. Fodness, B. Murray. Tourism Information Search [J]. Annals of Tourism Research, 1997, 22 (3): 503-523.

[172] Dimitrios Buhalis. Marketing the Competitive Destination of the Future [J]. Tourism Management, 1999, 21 (1): 97-116.

[173] Douglas G. Pearce. An Intergrative Framework for Urban Tourism Research [J]. Annals of Tourism Research, 2001 (4): 926-946.

[174] Douglass W. A., Raento P. The Tradition of Invention-Conceiving Las Vegas. [J]. Annals of Tourism Research, 2004, 31 (1): 7-23.

[175] Durbarry R. The Economic Contribution of Tourism of Tourism in Mauritius [J]. Annals of Tourism Research, 2002, 29 (3): 862-865.

[176] Durbarry R. Tourism and Economic Growth: The Case of Mauritius [J]. Tourism Economics, 2004, 10 (4): 389-401.

[177] Dwyer L. , Kim C. Destination Competitiveness: Determinants and Indicators [J]. Current Issues in Tourism, 2003, 6 (5) : 369-414.

[178] Eccles G. Marketing, Sustainable Development, and International Tourism [J]. International Journal of Contemporary Hospitality Management, 1995, 7 (7): 6-20.

[179] Enright M. J. , Newton J. Determinants of Tourism Destination Competitiveness in Asia Pacific: Comprehensiveness and Universality [J]. Journal of Travel Research, 2005, 43 (4): 339-350.

[180] E. Szivas, M. Riley. Tourism Employment During Economic Transition [J]. Annals of Tourism Research, 1999, 26 (4): 747-771.

[181] Fotheringham, Stewart A. Spatial Models and GIS [M]. Oxford: Taylor & Francis, 2000.

[182] G. Deasy, P. G. Riess. Impact of a Tourist Facility on Its Hinterland [J]. Annals of the Association of American Geographers, 1966, 56 (1): 290-306.

[183] Geoffrey I. Crouch, J. R. Brent Ritchie. Tourism Competitiveness and Social Prosperity [J]. Journal of Business Research, 1999 (44): 37-152.

[184] Go F. M., Govers R. Integrated Quality Management for Tourist Destinations: A European Respective on Achieving Competitiveness [J]. Tourism Management, 1999, 21 (1) : 79-88.

[185] Grable K., Maier G., Mazanec J. A. International City Tourism: Analysis and Stategy [M]. London: Pinter, 1997: 15-54.

[186] Grinnell J. The Niche Relationships of The California Thrasher [J].

Auk, 1916, 34 (4): 427-433.

[187] G. Shaw, A. M. Williams. Critical Issues in Tourism: A Geographical Perspective [J]. Critical Issues in Tourism, 1994, 19 (4): 498-499.

[188] Gunduz L., Hatemi J. Is the Tourism-Led Growth Hypothesis Valid for Turkey? [J]. Applied Economics Letter, 2005, 12 (8): 499-504.

[189] Gunn C. A. Tourism Planning [M]. New York: Taylor & Francis, 1988.

[190] Hailin Qu, Lan Li, Gilder Kei Tat Chu. The Comparative Analysis of Hong Kong As An International Conference Destination in Southeast Asia [J]. Tourism Management, 2000, 21 (6): 643-648.

[191] Hanqin Qiu Zhang, King Chong, John Ap. An Analysis of Tourism Policy Development in Modem China [J]. Tourism Management, 1999 (4): 471-485.

[192] Jafari J. Cultural Tourism and Regional Development [J]. Annals of Tourism Research, 1992, 19 (3): 576-577.

[193] Jansen-Verbeke. Demand for Cities Tourism in Europe [J]. Annals of Tourism Research, 1994, 21 (4): 823-833.

[194] Jansen-Verbeke M. C. Leisure, Recreation and Tourism in Inner Cities: Explorative Case Studies [J]. Research, 1988.

[195] Judd D. R., Fainstein S. S. The Tourist City [M]. New Haven, CT: Yale University Press, 1999.

[196] Judd D. R. Promoting tourism in US Citles [J]. Tourism Management, 1995, 16 (3): 175-187.

[197] Kevin K. F. Wong, Haiyan Song, Kaye K. S. Chon. Bayesian Models for Tourism Demand Forecasting [J]. Tourism Management, 2006, 27 (5): 773-780.

[198] Kozak M., Rimmington M. Measuring Tourist Destination Competitiveness: Conceptual Considerations and Empirical Findings [J]. Hospitality Management, 1999 (18): 273-283.

[199] K. Wober, U. Gretzel. Tourism Managers' Adoption of Marketing Decision Support Systems [J]. Journal of Travel Research 2000, 39 (2): 172-181.

[200] Lean H., Tang C. Is The Tourism-Led Growth Hypothesis Stable for Malaysia? A Note [J]. International Journal of Tourism Research, 2010, 12 (4): 375-378.

[201] Leriper, Neil . The Framework of Tourism: Towards a Definition of Tourism, Tourist and the Tourist Industry [J]. Annals of Toursim Researeh, 1979, 6 (4): 390-407.

[202] Lew A. A. A Framwork for Tourism Attention Research [J]. Annals of Tourism Research, 1987.

[203] L. Moutinho. Consumer Behavior in Tourism [J]. European Journal of Marketing, 1987, 21 (5): 89-98.

[204] M. Jansenverbeke. Inner-City Tourism Resources, Tourists and Promoters [J]. Annals of Tourism Research, 1986, 13 (1): 79-100.

[205] Mullins P. Tourism Urbanization [J]. International Journal of Urban and Regional Research, 1991, 15 (3): 326-342.

[206] Muzaffer Uysal, Joseph S. Chen, Daniel R. Williams. Increasing State Market Share Through a Regional Positioning [J]. Tourism Management, 2000, 21 (1): 89-96.

[207] Page Stephen. Urban Tourism [M]. London and New York: Routledge, 1995.

[208] P. D. Loeb. International Travel to The US an Econometic Evaluation [J]. Annals of Tourism Research, 1982, 9 (1): 7-20.

[209] Pearce P. Fundamentals of Tourist Motivation Tourist Research: Critiques and Challenges [M]. London: Rutledge, 1993: 113-34.

[210] Peter Murphy, Mark P. Pritchard, Brock Smith. The Destination Product and Its Impact on Traveler Perceptions [J]. Tourism Management 2002, 21 (1): 9-22.

[211] P. L. Pearce. Perceived Changes in Holiday Destinations [J]. Annals of Tourism Research, 1982, 9 (2): 145-163.

[212] Rangel, T. F. L. V. B., Diniz-Filho, J. A. F. and Bini, L. M. SAM: A Comprehensive Application for Spatial Analysis in Macroecology [J]. Ecography, 2010, 33 (1): 46-50.

[213] Ritchie J. R. B. , C. Rouc G. I. The Competitive Destination: A Sustainability Perspective [J]. Tourism Management 2000, 21 (1): 1-7.

[214] R. W. Butler. The Concept of A Tourist Area Cycle of Evolution: Implication for Management of Resources [J]. Canadian Geographer, 1980, 24 (1): 5-12.

[215] R. W. Mcintosh, C. R. Coeldner. Tourism: Princles, Practice,

Philosophies [M]. New York: Wiley, 1990.

[216] Sahli M. , Hazari B. , Sgro P. Tourism Specialization: A Comparison of 19 OECD Destination Countries [EB/OL]. http: //www. erc. ucy.

[217] Shan J., Wilson K. Causality Between Trade and Tourism: Empirical Evidence from China [J]. Applied Economics Letters, 2001, 8 (4): 279-283.

[218] Smouse P. E., Peakall R. Spatial Autocorrelation Analysis of Individual Multiallele and Multilocus Genetic Structure [J]. Heredity, 1999, 82 (5): 561-573.

[219] S. Smith. Tourism Analysis: A Handbook [M]. Harlow: Longman, 1989.

[220] Stansfield C. A. A Note on The Urban - Nonurban Imbalance in American Recreational Research [J]. Tourist Review, 1964, 19 (4): 196-200.

[221] Tanja Mihalic. Environmental Management of A Tourist Destination—A Factor of Tourim Competitiveness [J]. Tourism Management, 2000, 21 (1): 65-78.

[222] Ullman E. L. American Commodity Flow [M]. Seattle: University of Washington Press, 1957.

[223] Vanden B. L., Vander B. J., Vander M. J. Urban Tourism Performance and Strategies in Eight European Cities. Aldershot [M]. Aldershot: Aerbury, 1995: 5-17.

[224] W. Christaller. Some Consideration of Tourism Location in Europe: The Peripheral Regions Under Developed Countries Recreation Areas [J]. Papers in Regional Science. 1964, 12 (1): 95-105.

[225] Wight P. Ecotourism: Ethics or Eco-Sell [J]. Journal of Travel Research, 1993, 31 (3): 3-9.

[226] W. Schertler. Information and Communication Technologies in Tourism [M]. New York: Springer-Verlag Wien, 1998.

[227] Yoon Y. Development of A Structural Model for Tourism Destination Competitiveness from Stakeholders' Perspectives [D]. Blacksburg, Virginia: The Virginia Polytechnic Institute and State University, 2002.